上海大学高峰高原项目资助

教育部人文社会科学研究重大课题攻关项目
“人工智能的哲学思考研究”（18JZD013）资助

信息文明与中国发展

智能时代的马克思主义研究

王天恩——著

上海人民出版社

总　　序

人类文明发展到当代，站在人工智能制高点回顾，看到的是文明进步令人吃惊的幂次加速过程。在漫长的农业文明发展阶段，GDP 的增长以万分比计，第一次工业革命之后，这一增速计算上升到千分比，我们所熟悉的 GDP 百分比计算，还只是 20 世纪以来的事情。而在人工智能发展的基础上前瞻，所看到的则是未来已来，以量化方式已经不足以把握人类发展，必须以质性把握方式才能辨明发展前景。从原始时代到农业文明再到工业文明，文明发展的进程清晰可辨，而当人类社会发展进入信息时代，关于文明发展的观点就变得莫衷一是。对于信息研究的深化表明，人类文明进程的把握面临前所未有的范式转换。

一、从后工业社会到信息文明

信息科技的发展，使人类进入了一种新形态的文明：信息文明。信息文明研究肇始于先完成工业化的西方发达国家，所谓"后工业社会"(post-industrial society)①正反映了从工业文明到信息文明的过渡社会形态。"后工业社会"主要以产业为定位，以

① Daniel Bell, *The Coming of Post-Industrial Society: A Venture in Social Forecasting*, Basic Books, 1973.

“工业社会”为参照定义信息社会。虽然丹尼尔·贝尔(Daniel Bell)在 1976 年《后工业社会的到来》一文中只在一处用到“信息”概念,但信息却是理解“后工业社会”性质的关键:“后工业社会建立在服务业基础之上。生活成了人们之间的游戏。其所依赖的不是体力或能源,而是信息。”①人们从信息技术、职业结构和经济、空间结构和文化论证信息社会,信息社会被量化地描述为:“其中超过国民生产总值的一半产生自信息经济领域,就业人数的一半在信息经济领域活动。”②虽然这主要是在社会生产特别是经济发展的范式中讨论信息社会,但已经转向了信息社会和信息时代的社会定位。而互联网的发展,则为从经济或产业定位转向社会定位提供了重要基础。与工业社会不同,信息社会的根基正是网络。

1996 年,在《网络社会的崛起》一书中,有“当代马克斯·韦伯”之称的美国信息社会学家曼纽尔·卡斯特(Manuel Castells)提出了“信息技术革命”(the information technology revolution)概念,“在整个人类活动领域无处不在”的“信息技术革命”成了他“分析形成中的新经济、社会和文化复杂系统的切入点”。他认为,“作为一种革命,信息技术革命出现于 20 世纪 70 年代”③。信息技术革命拉开了信息时代的大幕,早在 20 世纪 80 年代初,托夫勒在《第三次浪潮》中就提到“信息时代”(information age)概念,并看到了“一种新的文明正在我们生活中涌现”,它“将拥有更多为自己所支配的信息,而且是更精细组织的信息”。④“第三次浪潮”涌动出的,正是“信息社会”发展的最初澎湃。

如果说,网络是信息社会的基础,那么,大数据则是信息文明发展的基础。随着大数据的发展,在“信息社会”和“信息时代”的基础上出现了“新信息社会”(new information society)和“新信息时代”(new information age)的概念,它们建立在大数据的基础之上,大数据是新信息社会的基本构成。在新信息社会中,一切都是可测量的,人和我

---

① Daniel Bell, “The Coming of the Post-Industrial Society, ” *The Educational Forum*, 1976, 40:4, 574—579.

② Peter Sasvari, “The Effects of Technology and Innovation on Society,” *Bahria University Journal of Information; Communication Technology*, 2012, 12, 5.

③ Manuel Castells , *The Rise of the Network Society*, John Wiley & Sons Ltd, 2010, pp.5, 54.

④ Alvin Toffler, *The Third Wave*, Bantam Books, 1981, pp.9, 177.

们所能想到的几乎所有设备都通过互联网全天候连接在一起。[①]"新信息社会"和"新信息时代"概念的提出，经历了一个以计算机出现为标志的新信息技术到以大数据出现为根据的过程。随着新信息技术的发展，"网络和流动的物质性确实在社会各层面创造了一种新的社会结构。正是这种社会结构，实际上构成了新信息社会，一个可以更恰当地称之为流动社会的社会，因为流动不仅由信息构成，而且由人类活动的所有物流组成(资本、劳动力、商品、图像、游客和个人互动中变化的角色等)"。[②]以大数据为基础的"新信息时代"和"新信息社会"已经完全超出了其信息时代和信息社会的信息技术定位，进一步反映了作为人类文明全新形态的信息文明。

二、信息文明发展的智能化时代

信息文明的发展以信息科技的发展为基础，当信息科技的发展进入人工智能发展阶段，在"新信息时代"和"新信息社会"研究的基础上，相应出现了"智能时代"和"智能社会"的概念。

随着智能科技的发展，作为时代特点的反映，"智能时代"概念以多种不同具体形式先后出现。与信息时代的信息文明层次把握相联系，"智能时代"概念出现的最早文献之一，见于哈佛大学肖莎娜·祖博夫(Shoshana Zuboff)的"智能机器时代"(the age of the smart machine)，她于1988年出版《在智能机器时代：未来的工作和权力》(*In the Age of the Smart Machine: the Future of Work and Power*)一书，其中有段话令人印象深刻："一个世界将逝去，我们将获得另一个世界。那些看起来只是技术性的选择，将重新定义一起工作的生活。这不仅仅意味着考虑新技术的影响或后果。这意味着一种强大的新技术(比如以计算机为代表的技术)，从根本上重新组织

① Sander Klous, Nart Wielaard, *We Are Big Data: The Future of the Information Society*, Atlantis Press, 2016, pp.xiv, xviii, 77.

② Manuel Castells, *Flows, Networks, and Identities: A Critical Theory of the Informational Society*, Critical Education in the New Information, Rowman & Littlefield Publishers, Inc., 1999, p.63.

了我们物质世界的基础设施。它消除了以前的选择。它创造了新的可能性。它需要新的选择。”①几乎在同时，库兹韦尔（Ray Kurzweil）先后出版《智能机器时代》（*The Age of Intelligent Machines*）和《精神机器时代》（*The Age of Spiritual Machines*）。在“面对未来”的讨论中，库兹韦尔对智能时代的发展做了触目惊心的预测，从2009年一直到2099年。②如今，浩如烟海的文献都在措辞上稍有差异地使用“智能时代”概念。

人类社会从信息化时代到智能化时代的发展，所反映的实质上是信息文明从“信息时代”发展到“智能时代”。智能时代是信息文明的智能化发展阶段。作为信息文明发展的高级阶段，智能时代表现为环境和活动及至人的存在方式的智能化。

随着新一代人工智能的发展，专用人工智能领域不断取得突破，通用人工智能研究也开始起步，人工智能成为新一轮科技革命的核心驱动力。随着人工智能技术从高深学术到日常生活的全方位融入，越来越多的学者认为我们正在进入智能时代，正在创造更高层次的人类文明发展阶段——智能文明，由此人类历史发展到智能时代。越是高层次的人类文明发展阶段，其性质越是复杂。深入探索智能时代及其性质和特征，对于当代社会和人的发展具有前提性基础意义。成素梅认为从2015年开始，信息文明发展进入以智能化为标志的高峰阶段。③智能时代是信息时代发展的高级阶段，从更高整体层次看，智能化时代意味着信息科技发展基础上人类信息文明的当代发展。

三、智能时代的马克思主义研究

信息文明是一种基于信息本性的人类文明，信息的本性在信息文明发展中不断展开。作为信息文明的高级发展阶段，智能时代进一步展开了相互性（reciprocity）和共享性等基本特性，为人类解放和人的自由全面发展提供了更直接的基础。在新的时代条件下，从信息科技发展给社会结构带来的革命性变革中，可以看到人类信息文明研

---

① Shoshana Zuboff, *In the Age of the Smart Machine*: *The Future of Work and Power*, Basic Books, 1988, p.5.

② R.Kurzweil, *The Age of Spiritual Machines*, Viking Adult Publisher, 1999, pp.137—190.

③ 成素梅：《信息文明的内涵及其时代价值》，《学术月刊》2018年第5期。

究与马克思主义理论的密切关联。正是在这个意义上，智能时代既是一个亟需在马克思主义更高理论层次整体观照下把握的时代，又是一个推进马克思主义时代化的历史时代。智能时代的马克思主义研究，就是用马克思主义理论理解和把握智能时代，并在此过程中推进马克思主义时代化。

作为人类社会未来发展的整体预见，马克思主义理论具有特别丰富的思想生长点和非常深刻的内在逻辑。而智能时代的发展，又为马克思主义理论思想生长点和内在逻辑的展开提供了前所未有的时代条件。一方面，人工智能的发展需要更高层次理论整体观照。人工智能的个体发展困境和人类的社会性之间的张力，凸显智能进化的社会维度理解及其深化空间。在马克思主义理论视域中，人是一切社会关系的总和，这意味着类人智能不可能从车间流水线上直接生产出来。类人机器智能不仅应当构成一个类，而且个体必须在这个类群的亲历中才可能"社会化"为类人智能或通用人工智能。这对于人工智能的发展至为根本，因为通用化的核心机制是人工智能研究领域的"圣杯"。由此可以越来越清楚地看到，对于智能时代的把握，马克思主义理论的更高层次整体性具有时代优势。由于超级智能发展的可能性，人工智能发展条件下人类生存意义面临严峻形势，甚至人们的安身立命都需要马克思主义理论层次的社会视域理解。另一方面，人工智能的发展在人类解放中具有重要地位。人的解放是一个类的事业，整个类的解放，对这个类中的每一个体来说，都是同时实现的，但没有人类个体承担必不可少的低层次劳动，就不可能实现类的整体解放。人工智能几乎是走出这一困境的不二选择，其发展可以有一个从工具性专用人工智能到通用机器智能整个系列。这可以是一个从无生命到有生命，甚至到更高级生命形态的系列，远比人类利用低级生命更符合人类本性。人类利用畜力，不仅只限于体力，而且甚至在某种意义上涉及人的道德情感，而无生命的专用人工智能则不存在这方面的问题。专用人工智能是纯粹工具性的，而能完成更复杂工作的通用人工智能也可以有不同发展阶段。

无论是对智能时代的更高层次理论把握，还是在智能时代马克思主义内在逻辑的展开，都有很多重要课题亟待开展系统研究。在这一研究领域，由于信息科技发展的先机，西方马克思主义者在很多方面走在前面，涉及信息生产方式，数字劳动和监视资本主义批判等广泛领域。祖博夫等的研究为保卫信息文明精神而展开了对“监视资本主义”(surveillance capitalism)的批判,“描述了‘监视资本主义’网络环境中积累的层创逻辑(emergent logic),并考虑将其应用于信息文明”。①美国历史学家马克·珀斯特(Mark Poster)基于马克思主义的生产方式理论,提出了“信息方式”(mode of information)的概念并进行了系统探索②。互联网和新媒体时代马克思主义交往研究专家克里斯蒂安·福克斯(Christian Fuchs)等根据马克思主义基本原理对数字劳动及其大量相关问题进行了深入研究③。在马克思主义理论更高层次把握智能时代,同时在这种把握中展开马克思主义的内在逻辑,我们责无旁贷。这正是开展智能时代的马克思主义研究,推出本丛书的基本考虑。

推出“智能时代的马克思主义研究”系列丛书,旨在集中反映上海市Ⅰ类高原学科建设项目“马克思主义时代化”的标志性成果。上海高校高峰高原学科建设计划是上海市高校学科发展与优化布局规划的重点任务,旨在引导高校结合经济社会发展需求,通过重点突破,以点带面,优化上海高校学科布局结构,提升上海高校学科建设整体水平;以“国家急需、世界一流”为根本出发点,加速建立能够冲击世界一流的新优势和新实力。“马克思主义时代化”是上海市马克思主义理论学科唯一立项的高峰高原学科建设项目,项目以问题为导向,以马克思主义时代化创新研究为突破口的学科发展为特色,实现马克思主义理论学科建设的整体发展,建成马克思主义时代化研究高地,以切合国家重大需求。

国家全面深化改革和智能时代发展提出的新问题亟需推进马克思主义时代化;有效解决思政课难点问题和学生提出的问题,需要马克思主义时代化的发展;高校创新型人才培养,思政课有效性提升需要马克思主义时代化解答课程难点问题和学生提出的问题。智能时代实践发展提出以及思想政治理论课出现的几乎所有基本问题,最终

① Shoshana Zuboff, “Big Other: Surveillance Capitalism and the Prospects of an Information Civilization,” *Journal of Information Technology*, 2015, 30, 75—89.

② Mark Poster, *The Mode of Information: Post-structuralism and Social Contexts*, Polity Press, 1990.

③ Christian Fuchs, *Digital Labour and Karl Marx*, Routledge, 2015.

都会归结到马克思主义基本原理。由于在更深层次涉及人类自身，智能时代的发展会出现更多与人类发展内在相关的问题，这些问题典型地具有与马克思主义理论的内在逻辑关联。智能时代社会实践中出现的很多新问题，都位于马克思主义理论层次，都必须通过马克思主义时代化予以回答。正是由此，智能时代实践问题解决和马克思主义时代化构成了双向循环。一方面，智能时代越是发展到更高层次，越需要通过马克思主义理论创新才能回应社会实践中遇到的各种问题。随着智能时代社会实践的发展，新的现实问题不断出现。越是重大的基础性问题，越需要展开马克思主义原理的内在逻辑给以到位的解答，从而不断推进社会实践的发展；另一方面，正是在智能时代实践问题的解答过程中，才可以不断增强马克思主义理论的解释力和理论魅力。智能时代的发展给社会生产和生活带来许多新的机遇和挑战，要有力回应和解释智能时代发展带来的各种问题，必须在智能时代的社会实践中持续推进马克思主义时代化。在深入研究和把握马克思主义理论与智能时代深层次关联的基础上，不断探索智能时代发展引发的社会重大理论和现实问题，以马克思主义基本原理时代化破解智能时代发展带来的时代困惑和现实难题，从而以智能时代问题解决的现实性和紧迫性力推马克思主义理论的发展，不断扩展马克思主义理论的国际话语权。

项目在第一阶段建设中，实施《国际深度合作计划》，落实与美国罗格斯大学、俄罗斯最高经济大学、新西兰奥克兰大学、澳大利亚斯维本科技大学等国外高校的深度合作，加强学术合作攻关和人才培养。通过智能时代重大基础问题与马克思主义基本原理创新研究，智能时代学生热点问题与思想政治教育教学改革创新研究，建设以解决智能时代发展实际问题和扩大马克思主义理论国际话语权为核心的马克思主义时代化创新研究学科高地。

在第一阶段建设基础上，第二阶段建设面对第四次工业革命，进一步聚焦于“智能时代的马克思主义研究”领域。这一新研究领域越来越为人们所关注，上海大学在这些领域的综合性研究方面具有优势，在国内外合作研究的基础上，把研究力量进一步凝聚在这一领域，成为马克思主义理论高原学科建设的主战略。高原学科建设期间，上海大学先后获立教育部重大课题攻关项目“人工智能的哲学思考研究”和国家社科基金重大项目“人工智能前沿问题的马克思主义哲学研究”。

由于涉及新的研究领域，探索中肯定存在不足。由于与未知领域内在关联，创新总是与不完善相伴随，对未知领域越深入越是如此。创新性探索中的不足往往涉及更深层次的问题因而具有重要讨论价值，欢迎来自各个领域的批评指正，我们期待在广泛讨论中共同推进智能时代的马克思主义研究。

王天恩

2021 年 8 月

目录

Ⅲ. 人类解放篇

导论 新时代中国特色社会主义发展的信息文明格局

“十九大”做出“中国特色社会主义进入新时代”的重大判断，与当前人类信息文明时代构成重要关联。中国特色社会主义新时代和人类信息文明时代的交汇，蕴含着具有重大理论和实践意义的研究课题。新时代中国特色社会主义的提出具有中国发展的内在逻辑，而信息文明则涉及整个人类发展的整体环境和时代背景。新时代中国特色社会主义发展的过程，正是中国走向世界舞台中心的过程，人类信息文明则涉及中国走向世界舞台的重要参照坐标。新时代中国特色社会主义是立足点，人类信息文明则是涉及其发展的世界和时代大格局。当代中国的发展走进中国特色社会主义新时代，当代科学技术的发展迎来了人类的信息文明，在信息文明的引领中推进新时代中国特色社会主义发展，需要深入展开信息文明及其与新时代中国特色社会主义发展和人类社会发展前景之间关系的研究。

在信息文明基础理论研究基础上，从中国特色社会主义社会发展到人的发展和人类解放展开探索，在信息文明时代大背景中展开新时代中国特色社会主义的发展研究，目的在力图为新时代中国特色社会主义实践提供世界发展的整体背景，更到位地回答社会实践提出的新问题，助力国家通过引领信息文明真正崛起，展示人类社会发展前景。

一、信息文明的探索进程

随着信息科技的发展，信息文明的研究经历了一个不断深化的发展过程。关于“信息时代”和“信息社会”等的研究，国内外已有大量文献，而将研究提升到信息文明层次，则是近几年来的新动向。

由于西方发达国家先完成工业化，国外关于信息文明的研究，早就从“后工业社会”[①]研究开始，以“工业社会”为参照定义信息社会，此后关于“信息社会”和“信息时代”的研究深入而系统。随着大数据的发展，发达国家在“信息社会”和“信息时代”的基础上提出了“新信息社会”(new information society)和“新信息时代”(new information age)的概念，认为它们建立在大数据的基础之上，大数据是新信息社会的基本构成。在新信息社会中，一切都是可测量的，人和我们所能想到的几乎所有设备都通过互联网全天候连接在一起。[②]这些不仅都是关于信息文明的研究，而且不少研究都与马克思主义理论相联系。早在 20 世纪 90 年代，美国著名西方马克思主义批判理论家马克・珀斯特(Mark Poster)就在马克思的“生产方式”意义上提出了“信息方式”(mode of information)的概念[③]。此后多位学者从马克思的社会生产方式范式出发，对信息文明进行了有理论深度的研究。加拿大卡尔顿大学法尔杭・拉贾伊(Farhang Rajaee)教授以马克思和恩格斯的生产方式范畴把握全球化发展，提出了基于信息科技发展、融合不同文明的全球化信息文明概念。[④]哈佛大学教授肖莎娜・祖博夫(Shoshana Zuboff)等的研究则不仅为保卫信息文明精神而展开了对“监视资本主义”(sur-

---

① Daniel Bell, *The Coming of Post-Industrial Society: A Venture in Social Forecasting*, Basic Books, 1973.丹尼尔・贝尔:《后工业社会的来临——对社会预测的一项探索》,高銛等译,新华出版社 1997 年版。

② Sander Klous, Nart Wielaard, *We Are Big Data: The Future of the Information Society*, Atlantis Press, 2016, pp.xiv, xviii, 77.

③ Mark Poster, *The Mode of Information: Post-structuralism and Social Context*, Polity Press, 1990.马克・波斯特:《信息方式——后结构主义和社会语境》,范静华译,商务印书馆 2000 年版。

④ Farhang Rajaee, *Globalization on Trial: The Human Condition and the Information Civilization*, Kumarian Press, 2000, pp.8—9.

veillance capitalism)的批判，而且涉及美国和欧洲通向信息文明的桥梁等实践问题。①由于更具信息技术发展优势，国外的信息文明研究在信息社会和信息时代研究阶段成果丰硕，而且更多把信息文明当作一种全球化的文明研究，但相对于中国这方面研究的后来发展，总体呈前强后弱趋势，而且主要局限在后工业文明的范畴。

国内关于"信息社会"和"信息时代"的研究，基本上是跟踪式的，但把研究提升到信息文明层次，却开始得较早，呈现出与国外相对而言的前弱后强发展态势。

国内关于信息文明的理解，最初更多是在信息道德、信息伦理层面。自20世纪90年代以来，信息文明研究经历了从信息道德、信息伦理意义上，经信息技术到哲学意义上的发展过程。

从信息道德、信息伦理意义上研究信息文明，认为"信息社会"无论作为概念还是现实都已不容否认，因此信息文明建设就要提上社会主义精神文明建设日程。②在信息文明的哲学研究中，展开了信息文明的价值论研究、经济学研究以及从马克思主义人的发展、唯物史观、时空观、生态文明和社会有机体等向度的研究。目前这方面的探索，还主要把"信息文明"作为与"农业文明"和"工业文明"并列的文明形态研究，认为"信息文明是信息时代人类社会所创造的历史文明，这是一种以现代信息技术和信息经济为基础的最新型的人类文明。农业文明向工业文明的过渡是一种物质型文明取代另一种物质型文明，而工业文明向信息文明的过渡，则是物质型文明向信息文明的整体飞跃。这一飞跃比以往的任何一次历史性的跨越都更具划时代意义"。③与此相应，关于信息文明的性质，最早认为在农业文明和工业文明之间，信息文明具有与农业文明的同质性，"在横隔着工业文明的两端属于过去的农业文明和属于未来的信息文

① Shoshana Zuboff, Obama, Merkel, and the Bridge to An Information Civilization, *Frankfurter Allgemeine Zeitung* GmbH, 17.01. 2014. Shoshana Zuboff, Big Other: Surveillance Capitalism and the Prospects of an Information Civilization, *Journal of Information Technology*, 30, 75—89, 2015.

② 张青松：《信息文明建设的哲学思考》，《理论探讨》1997年第4期。同类文献还有马士成：《信息产业努力创信息文明》，《群众》1994年第10期等。

③ 杨文祥：《论信息文明与信息时代人的素质——兼论信息、创新的哲学本质》，《河北大学学报》（哲学社会科学版）2001年第1期。

明有着一定的同质性。同质性首先根植于经济。说农业经济和信息经济具有一定的同质性,是因为我们在比较农业社会、工业社会、信息社会的时候发现,农业经济是直接经济,工业经济是迂回经济,而信息经济又相反是更高级的直接经济"。①在这些早期的研究中,由于将信息文明的理解贯穿于整个人类文明,对信息文明的重要性已经有充分认识。"从某种意义上说,迄今为止的人类文明史是一部信息革命和信息文明的历史。信息革命对人类文明产生了重大影响:在横向的共时态上,它将人类社会推进到物质文明、政治文明、精神文明和主体文明全面协调和可持续发展的新阶段;在纵向的历时态上,它将人类社会推进到继农业文明、工业文明之后的信息文明时代。然而,我们对信息文明的认识却姗姗来迟,从文明学的视角研究信息问题似乎并未受到理论界的关注和重视。因此,加强信息文明的基础理论研究,具有重大的理论和实践意义。"②国内关于信息文明的这些早期探索,应当是后期研究深化的前奏。

从整个发展过程看,国内信息文明研究发展的重要节点是2013年国家重点项目的立项。国家重点项目"信息文明的哲学研究"和"信息文明与经济社会转型的关系研究"的展开,大大推进了我国信息文明的探索,"信息文明"概念的含义得到系统的学术梳理:文明世界的信息化和信息世界的文明化、信息时代的物质文明和精神文明、信息社会中描述社会存在和社会意识两种现象、技术形态范畴和人文价值范畴、客观的信息化造物水平和作为主观的道德性行为规范的统一。2017年,《哲学分析》杂志社举办信息文明专题研讨,此后发表了一批论文,推出了"信息文明与经济社会转型"系列丛书,研究呈现系统化发展趋势。肖峰是最早意识到信息文明哲学研究重要性的专家。他认为:"作为信息时代的同位语,信息文明具有丰富的哲学内涵,需要纳入哲学的视野作为一种新的哲学对象来研究,通过这种研究开掘出其中所包含的'文明世界的信息化'和'信息世界的文明化'的双重意蕴,厘清其中的各种哲学关系,并探究由其衍生的本体论、认识论、价值论、社会哲学、道德哲学等方面的问题,从而把握作为社会存在和作为意识形态的信息文明的整体特征,并以此启示我们建成一种集合了先进的物质

① 嵇立群:《农业文明与信息文明的同质性》,《经济学家》2001年第3期。

② 李海鹰:《信息文明论纲》,《天府新论》2006年第5期。

技术水平和理想的精神道德境界的全面的信息文明社会。”[①]从技术哲学入手，肖峰对信息文明进行了系统的研究。认为技术哲学从其特有的视角将社会的性质和面貌与技术的发展和革命关联起来，基于这一视角，对于信息文明作为社会发展的一个特定阶段，就要到当代信息技术中去寻找其特征。无论是信息文明的根本特征，还是信息文明的一般特征，都根植于信息技术；信息生产力的形成、信息资源成为比物质更重要的资源、信息经济的出现、信息消费时代的到来，以及信息精神的诞生及广泛传播，都需要用信息技术来加以说明。由此更丰富地展现了“特定的技术造就特定的文明形态”这一普遍关系，再结合信息技术的社会建构这一视角，全面而深刻地启示我们从技术与社会的相互作用中去加深我们对信息文明的哲学理解。[②]从技术哲学出发，信息文明的研究深入到了其本体论层面。“从基于客观性的本体论视角看，作为一种社会存在，信息文明具有自身形成的客观逻辑，主要包括信息演化的逻辑、技术演化的逻辑和发展方式演化的逻辑。通过系统性的演化，信息文明成为区别于传统工业文明的新型文明形态。信息文明被建构而成后，就具有了自己独特的本体论特征。从社会实在的层面看，便是形成了在技术、生产力、经济形态、制度结构等方面不同于工业文明的新特征，这些本体论特征形成了判断一个社会是否真正进入信息文明时代的客观标准，并为把握现实社会中多种文明形态并存的复杂性提供了观察的视角。”[③]成素梅则从与经济社会的关联展开信息文明的研究，认为信息文明是指以信息与通信技术为核心的技性科学作为支撑，以信息的传播、挖掘、利用等为资源，以数字化和智能化发展为趋势的一种新型文明。它确定了概率性、创新性、共享性和相互性的思维方式，强化了人类“命运共同体”的全球意识。它有助于我们打造互动、包容、安全、便捷的全球化社区，淡化竞争意识，强化合作意识。它形成了用社会资本主义替代工业资本主义的商业发展模式，塑造了数字化的共享理论，因而有利促进社会主义事业的发展。[④]国内后

---

① 肖峰：《论作为哲学对象的“信息文明”》，《学术界》2016 年第 8 期。

② 肖峰：《基于技术哲学视野的信息文明特征》，《东北大学学报》（社会科学版）2015 年第 1 期。

③ 肖峰：《信息文明的本体论建构》，《哲学分析》2017 年第 4 期。

④ 成素梅：《信息文明的内涵及其时代价值》，《学术月刊》2018 年第 5 期。

期关于信息文明研究的深化，明显超越了国外的同类研究，为信息文明研究的不断深化奠定了基础。

从研究现状看，信息文明探索呈现出与这一发展阶段相适应的 4 个特点：

(1) 信息文明研究成果丰富，但主要集中在与“农业文明”和“工业文明”并列的意义上展开。随着大数据和新一代人工智能的发展，维纳(N. Wiener)的观点显得越来越重要：“信息是信息，不是物质或能量。”①当代信息文明的发展日益表明那是一种与整个“物能文明”并列的人类文明形态。在这一框架中对信息文明进行系统研究，是理论和实践发展的当务之急。

(2) 信息文明研究还没有在人工智能、大数据和信息的内在关联这一更高层次整体观照中展开，基于大数据和新一代人工智能，特别是更深层次信息理解基础上的信息文明研究还有待深入开展。

(3) 关于信息文明的研究成果大都分布在传统单一学科领域，在更高整体层次特别是信息文明的马克思主义研究有待系统化。关于信息文明，国内研究不仅发展具有后来居上之势，而且与马克思主义研究有更直接的联系，虽然还处在零散发展阶段，但已经具有相对优势，亟须进行深入系统的研究。

(4) 具体学科关于现实问题的局部研究比较多，在更高理论层次联系中国社会发展实际的信息文明研究还不够。由于特定的条件，信息文明时代的中国发展具有独特优势。在现有研究成果的基础上，通过系统研究，进一步扩大这一优势，对于我国抓住信息文明发展的历史机遇至关重要。要抓住这一历史机遇，必须深入开展信息文明的马克思主义研究，从而与整个人类社会发展联系起来，在人类解放的理论框架这一更大背景中，全力推进新时代中国特色社会主义发展的重要理论准备和实践需要。为此，必须在更高层次理解人类信息文明。

关于信息文明主要有两个层次的理解：一是与农业文明、工业文明并列的一种人类文明形态。这是根据技术形态的人类文明划分，关于这种信息文明理解，肖峰做

---

① Norbert Wiener: *Cybernetic, or Control and Communication in the Animal and the Machine*, second edition, Cambridge: the M.I.T. Press, 1985, p.132.

了最具代表性的表述："包括'信息文明'在内的三大文明划分的基本视角就是一种技术视角"①。二是与物能文明并列的人类文明形态。这是根据人类文明的物能和信息基础所作的划分，上升到了与"物能文明"并列的信息文明概念。②这种划分还可以从原子和比特角度理解："工业时代很大程度上是一个原子时代"③，农业文明更是如此，这意味着农业文明和工业文明基本上是一种"原子文明"，信息文明是一种"比特文明"。

正是在这一层次理解，信息文明不仅是中国实现跨越式发展的历史机遇，表明中国必须在引领信息文明发展中崛起，而且基于这一意义上的信息文明研究，可以由中国特色社会主义的发展，可以看到人类解放的现实路径。

在与"物能文明"并列的信息文明框架中，基于大数据和新一代人工智能，系统梳理、总结和概括国内外关于信息文明的研究成果，在此基础上系统展开信息文明的马克思主义研究，从而一方面为中国在信息文明时代崛起的具体发展提供理论依据，另一方面由此展开人类解放的信息文明发展前景，涉及从物能文明到信息文明，从信息文明时代中国特色社会主义发展到人类解放等重要问题。

本书把新时代中国特色社会主义发展研究置放到人类信息文明的大格局中，以信息文明"钥匙"重新理解发展；深入把握新时代中国特色社会主义规律，通过在信息文明探索中深入理解和践行新时代中国特色社会主义创新发展理念；通过新时代中国特色社会主义社会治理与大数据治理相结合，从信息文明的共享发展探索人类更高层次需要的满足和中等收入陷阱的深层成因和超越机制；在引领信息文明的发展中，建设新时代中国特色社会主义话语体系，扩大马克思主义国际话题权；通过信息生态建设解放创造力，从而助力实现理论和实践上的重大飞跃：从在人类信息文明引领中发展新时代中国特色社会主义，到以新时代中国特色社会主义引领人类信息文明发展。

① 肖峰：《信息文明的本体论建构》，《哲学分析》2017年第4期。

② 王天恩：《信息文明论》，《南国学术》2015年第3期。

③ Nicholas Negroponte, *Being-Digital*, London: Hodder & Stoughton, 1995, p.163.

二、物能文明和信息文明

毫无疑问,人类文明始终是物能和信息一体化的文明,但其结构是物能文明基础上的信息文明发展,因而人类文明的发展就成了一个从主要表现为物能文明到越来越表现为信息文明的过程。人类文明的基础永远是物能,但人类文明的实质却是信息。人类文明的发展过程实质上是信息进化的过程,人类社会的发展越来越表现为信息文明的发展。

从人类文明由物能文明到信息文明的整个发展进程可以清楚地看到,信息文明是新时代中国特色社会主义发展的世界格局。只有通过在与整个物能文明并列的层次理解和研究信息文明,才能对这一世界格局有一个更高层次的整体观照。因此,必须从与"农业文明"和"工业文明"并列的层次,上升到相对于整个物能文明层次理解信息文明,在与包括"农业文明"和"工业文明"在内的整个物能文明并列的层次研究信息文明,获得新时代中国特色社会主义发展在世界格局中的更高层次整体观照。

信息既不是物质,也不是能量,但它既需要以物质为依附,又需要能量传播,在此意义上,信息文明是一种与物能文明相对的文明形态。信息与物能的并列地位,使信息活动越来越占主导地位的人类社会的存在方式发生重要转变。这种新的存在方式意味着一种新的人类文明,一种在物能文明基础上发展起来的更高层次的人类信息文明。这种意义上的信息文明是由大数据开启的,信息文明的基础是大数据。物数据化和数据物化使大数据时代扑面而来,物数据化和数据物化意味着物信息化和信息物化,正是这两方面的循环构成了与整个物能文明并列的信息文明。

信息文明是一种基于信息本性的共享文明,作为人类文明的信息层次,它是一个公共信息对称化的过程,具有其人性依据和哲学基础。信息文明是一种基于信息机制的役物文明,人类活动越来越成为控制物能的信息活动。信息文明是一种基于信息创构的人性文明,信息创构活动是最符合人性的活动,只有到了信息时代,人类历史才真正步入人性文明的轨道。

作为更高层次的人类文明形态，建立在物能文明基础上的信息文明相应必须在更高理论层次把握，而马克思主义理论在这方面正具有独一无二的优势。在马克思主义理论整体观照中研究信息文明，一方面意味着必须在信息、大数据和人工智能的内在整体关联中理解信息文明，另一方面意味着必须在信息文明的整体观照中理解信息、大数据和人工智能。

在信息、大数据和人工智能的信息文明整体观照中，信息文明就像一棵人类文明的大树。信息是信息文明之树的根，是信息文明之树的根基和根本。信息文明之树的信息之根，深深扎在物能大地。物能大地是信息文明之树的土壤，信息文明之树正是扎根于物能土壤，生长于物能大地。由于人自身不仅是典型而且是最高层次的信宿，人们所置身的恰似一座信息“庐山”。我们信息研究领域的云山雾罩，皆因深处信息“庐山”之中，所谓“不识庐山真面目，只缘身在此山中”。而大数据和人工智能的发展，则使信息得以开显。信息的大数据和人工智能开显，类似信息作为种子发育生长，逐渐生成信息文明的大数据基础和人工智能花果。无论大数据还是人工智能，都具有深远的信息文明意蕴。

大数据具有规模整全性、结构开放性、实时流动性和价值生产性，由此提供了关于既存世界认识的整体把握量化方式，就信息文明而言，具有深刻的存在论意蕴。而人工智能的信息文明整体观照，则既能凸显人工智能的文明意蕴，又能展开信息文明的智能理解。信息文明的基本性质是整体性信息化，而整体性信息化的高层次发展，则是整体性智能化。作为信息文明整体性智能化发展的重要基础，人工智能具有深刻的信息文明意蕴。当人类智能创造出日益增强的人工智能，信息文明便进入整体性智能化发展阶段。人类智能创构人工智能并进入协同发展，构成由创构者创构被创构者，再由被创构者反过来创构创构者的循环。正是这一循环机制，构成了人的信息存在方式的不断快速迭代升级。从自然发生的人类智能，到由人类创造的人工智能，再以越过图灵奇点的机器智能创构更高层次的人类智能，由此构成一个整体性智能化发展的双向循环。正是这一循环，蕴含着人类解放的具体路径和机制。

只有在人工智能、大数据和信息的整体理解中研究信息文明，才能在信息文明的整体观照中达到社会发展的新理解。人工智能、大数据和信息的整体理解，提供了更高的整体理论层次，不仅由大数据和人工智能的信息文明进行整体观照，更能深入地理解大数据和人工智能的信息文明意蕴，而且可以通过大数据和人工智能的信息开显，在更深层次上理解信息。大数据和人工智能的信息开显，意味着信息的信息文明开显。正是信息的信息文明开显，使我们在更深层次看到信息的感受性关系性质。①

作为感受性关系，信息具有与物能不同的本性，其中最基本最重要的，就是相互性和共享性。相互性(reciprocity)是信息的基本特性，与物能完全不同，信息以相互性为基本特性。相互性是作为同一整体构成部分之间在整体构成机制中的相互依存、不可分割、彼此影响、共同行动的关系。完全不同于物能只能分享，信息具有共享性。作为资源，信息所具有的共享性对于人类发展具有特别重要的意义。

在大数据和人工智能的信息开显中达到对信息的更深层次理解，不仅可以在物能文明的基础上理解信息文明，在信息文明的基础上理解物能文明，而且可以在物能文明和信息文明的关系中理解自然、社会和世界的关系，在信息文明的整体观照中重新理解社会进步和人类发展，特别是新时代中国特色社会主义发展的信息文明更高层次整体观照。

三、信息文明和社会发展

信息文明的探索，将为当代发展的重新理解提供一把新的钥匙。作为基于物能文明的更高层次文明，信息文明是人类文明的信息开展，涉及发展从物能到信息、资源从分享到共享、人和资源的关系从拥有到使用、人本身及其活动从物能化到信息化等方面。人类文明的信息开展，呈现了人的存在方式、信息生态和社会发展动力机制的信

① 王天恩:《重新理解"发展"的信息文明"钥匙"》,《中国社会科学》2018 年第 6 期。

息文明展开。信息文明凸显了发展归根结底是人的发展这一深层意蕴、人的发展从外在条件到内在需要的内在机制、社会发展从量的增加到质的进步的基本方式。由此，当代发展正呈现人的发展和社会进步的加速双向循环，其中人的发展越来越居于优先地位，发展动力的更新与人的需要的发展之间越来越直接关联，社会进步的整体水平越来越是发展的关键。信息文明的这一发展形势表明，中国必须在信息文明的引领中崛起，这既是中国发展最大的历史机遇，同时也意味着前所未有的严峻挑战。

正是在引领信息文明中推进新时代中国特色社会主义发展，凸显了一个实践课题，重大而紧迫:深入研究创新发展驱动升级的性质和特点。

只有在信息文明的更高整体层次，才能不仅在更高理论整体层次深入分析和把握当代中国在引领信息文明中崛起的历史机遇，而且可以在现实实践中深入探索诸如中国社会当前发展驱动升级和缩短中等收入发展平底期等具体问题甚至相关具体机制，这就全面涉及信息文明与新时代中国创新发展理念之间的重要关系。

作为引领发展的新理念，创新因其深厚的历史底蕴、坚实的理论基础及现实的变革力量，成为新时代社会发展的第一动力。创新发展理念既涵括以技术创新为主轴线的科技和经济创新、以革新旧体制和机制为主要理路的制度创新及以思维创新、理论创新为主要内容的思想文化创新，又涵括生产力、生产关系、生产方式、消费方式、思维方式、社会治理方式等方面的创新。新时代、新起点要求以新发展理念为指导，并以此开启新的历史征程。把创新作为引领新时代、新起点、新征程的发展理念，既是马克思主义发展思想的新时代体现，又是关系我国发展全局的新时代变革。

新时代中国特色社会主义创新发展理念的践行，关乎中华民族在信息文明时代的命运。从信息文明的高度看新时代中国特色社会主义创新发展理念的践行，应当是把握其现实路径的更高层次整体观照。中国应当在信息文明的引领中崛起，而信息文明的引领必须在全社会践行创新发展理念。中国特色社会主义新时代践行创新发展理念不仅要明确根本路径，而且要落实文化革新和体制改革两条重要路径。只有在信息文明的高度，才能不仅看到探索新时代创新发展理念的重要性和紧迫性，而且在信息文明的整体观照中系统探索中国创新发展，清晰地看到创新发展理念践行的现实路径。新时代中国特色社会主义创新发展理念在信息文明时代的践行，应当以在全社会解放创造力为根本路径；以创客文化建设为文化革新路径的突破口；以社会健全发育为体制改革路径的基础。

信息文明时代创新发展理念的践行，与中国信息生态的发展密切相关，信息生态文明建设关系到新时代中国的创造力解放。改革开放极大地解放了生产力，使我国发展迎头赶上了信息时代的列车。信息时代的竞争更是创造力的竞争，我们面临在更深层次解放生产力的紧迫任务——解放创造力。信息文明时代是创构的时代，解放创造力是新时代中国特色社会主义在创构时代实现"新常态"下新发展的当务之急，要完成创构时代解放创造力的历史任务，除了亟需建立和完善公平、公正的社会体制体系，尽快释放和挖掘体制资源，至关重要的是亟需破除传统观念，建设创客文化，让价值趋向创造活动；亟须培养创造人格，让"创客"队伍在中国快速扩展。而创新发展理念的践行，又与信息生态建设密切相关。正是站在与整个物能文明相对的信息文明层次，才能在自然生态和社会生态的基础上，看到和系统探索更高层次信息生态，才能更深入地理解和更有效地探索符合当代要求的信息文明与中国信息生态的发展。信息生态文明建设与新时代创造力解放的内在关系，使信息生态文明涉及新时代中国特色社会主义创新发展的几乎所有方面，从创新意识形态和哲学社会科学话语体系，到国家治理创新。

在信息文明时代，新时代中国特色社会主义意识形态创新和哲学社会科学话语体系建设，都是需要进行新探索的领域。信息文明时代的发展，对整个人类社会意识形态都构成了挑战，必须通过意识形态创新积极应对。在信息文明及其智能发展阶段，新时代中国特色社会主义意识形态创新面临历史性任务。必须认清信息文明时代意识形态创新的基本根据，在信息文明这一更高层次的观照下，通过作为意识形态基础的基本观念的前提性反思，不断创新意识形态。

新时代中国特色社会主义意识形态创新，涉及中国特色社会主义哲学社会科学话语体系建设。新时代中国特色社会主义话语体系建设，归根结底是对新时代系统思想把握的结果。引领信息文明的发展，既是中国作为大国真正崛起，也是新时代中国特色社会主义话题体系建设的历史机遇。在引领信息文明中建设新时代中国特色社会主义话题体系，必须以马克思主义理论为基础，传承和更新中国传统文化，广泛吸收一切优秀文明成果。在当代科学技术成果的基础上，在“马中西”融合中推进马克思主义时代化，是信息文明时代新时代中国特色社会主义话语体系建设的关键。

由于更多涉及感性，信息文明时代中国文艺语言创新是最为敏感的具体领域之一。信息文明的发展对艺术语言创新提出了新的时代任务。在大数据相关关系的基础上，人们得以创构世界，而在以虚拟技术为代表的数字技术领域，造世哲学则已悄然浮现。随着造世哲学的发展，美学发展出创构美学、造世美学。造世美学就是创构世界的美学，就是世界创构中的美学维度，它意味着一种更具整体性的审美。在信息文明时代，美学在造世活动中将扮演越来越重要的角色，大数据和信息文明也将给文学艺术带来巨大变化：艺术语言载体从原子向比特，文学艺术从表达和认识向创构发展。信息文明时代的中国文艺语言创新，涉及一体化艺术语言的全面推展，流变世界的情理动态把握和典型创构的形象整体观照。

只有根据信息文明时代的特点，才能更深入系统研究中国特色社会主义话语体系建设。对信息文明与中国哲学社会科学话语体系发展，信息文明与新时代中国特色社会主义话语体系建设进行了深入研究，从信息文明时代的意识形态创新到信息文明与中国文艺语言创新等。

在信息文明时代，大数据深刻涉及新时代中国特色社会主义国家治理。大数据和信息文明的发展，给当前的物能文明带来了意想不到的发展效果。这既是两个不同层次文明的内在关联，也是信息文明本身在物能文明基础上的发展方式。其典型的例子之一，就是基于大数据的社会治理。大数据治理对于中国特殊的国情具有特殊的意义，而与信息文明相联系，大数据社会治理的意义则不仅越来越具普遍性，而且将在社会的规范化方面带来意想不到的效果，大数据将带来社会治理的骤变效应。随着大数据治理的发展，社会治理会有一天从人基于大数据治理，发展到智能机器基于大数据治理。由于不具有人性的复杂性，大数据智能治理因此更为公正，至少是在遵守规则、规范的意义上。大数据智能机器治理不仅能够解决实际问题，而且还可以推动国民素养发展。这既与个人发展密切相关，也涉及人的类发展。

四、信息文明和人类解放

社会发展归根结底是人的发展,而人的发展在根本上就是人的需要的发展。正因为如此,信息文明的进步在深层次大大促进了人的发展——人的信息需要的发展。信息文明时代信息需要的发展与人类更高层次需要的满足密切相关。信息文明提供了以人的需要为出发点,以这种需要的满足为最终目的的本体基础,这与新时代中国特色社会主义关于人们美好生活需要的满足和发展不谋而合。二者不仅在逻辑上具有内在关联,而且与跨越中等收入陷阱等具体发展问题密切相关。信息共享的天然本性为人类文明发展奠定了共享范围原则上可以无限扩展的基础。共享的文明不仅具有通过信息活动所创造的物质条件,而且有人性发展的依据。由此观照,中等收入陷阱根源于没有形成动力升级和人的需要发展的双向循环,其跨越是在调整社会整体结构的同时,奠定满足中等收入人群新需要的社会基础。信息文明时代中国的社会发展驱动升级,使人的信息需要的研究越来越重要。

信息需要是信息体为了满足有意识或无意识的需要而寻找和获取信息的欲望。信息需要和物能需要的最重要不同,就在于信息需要具有满足甚至产生的共同性,而这则蕴含着人类高层次发展特别是人类解放的重要机制。正是信息需要满足的共同性,展开了马克思主义经典作家关于人的自由全面发展的内在逻辑:“每个人的自由发展是一切人的自由发展的条件。”①

人的信息需要研究的重要性,还为新一代人工智能的发展及其所引发的对通用人工智能自主进化的未来展望所空前凸显。信息需要的研究,不仅关系到人的需要从而人的本性的深化理解,而且涉及通用人工智能本性的理解和自主进化的驱动机制。信息及其进化的研究,为信息需要研究从有机体扩展到信息体创造了条件,由此可以更到位地理解信息需要,走向人类智能和人工智能及其进化机制的统一理解。信息需要

① 《马克思恩格斯选集》第1卷,人民出版社2012年版,第422页。

不仅是智能进化驱动的引擎,而且是人性和通用人工智能基本特性的表现。信息的相互性,信息需要满足和产生的共同性,决定了发展到一定水平的通用人工智能可以与人性具有共通的本性。这既涉及人工智能进化及其机制研究的核心内容,又涉及人工智能性质理解的深化和相应伦理支持的根据。这充分表明,信息需要把人工智能研究和人的发展联系在了一起。不深入到信息需要的层次,不可能真正理解人工智能和人的发展及二者间的关系,不可能理解创造性信息劳动和人的类发展之间的深刻关联。

随着信息文明的发展,从劳动角度讨论人的类权利问题意义日渐凸显。从人本身寻找人的类权利的根据,"相互性"概念在逻辑上居于重要地位。作为一种类权利,人的类权利源自人的类特性,而最基本的人类学特性就是相互性。相互性具有物能和信息两个基本层次,劳动创造性的提升使人类相互性越来越是信息层次的。创造性劳动成果的共享性质具有深刻的人的类权利普遍性意蕴,创造性劳动的发展越来越意味着人的类权利的发展。为创造性的自由劳动营造良好的社会生态环境是人的类权利保障的重要方面,而信息生态建设将会是越来越重要的人的类权利保障内容。人的类权利作为一种类权利,从社会表现形式来说是以人类创造性劳动的相互性为重要根据的法律规定;而就人类需要而言,其实质则是以创造性劳动的相互性为重要根据的深层预设。这种预设是保障以相互性为基本特性的人类自身的尊严,保证人类社会公平正义必不可少,也是深入理解信息文明时代人的信息存在方式的重要方面。

信息文明的发展,使人类存在方式发生根本转换。在这种转换中,同时作为信息基本特性和人类学基本特性的相互性,居于至关重要的地位。在人类信息文明的发展中,有一个至关重要的基本事实,那就是相互性的叠加。随着信息文明的不断发展,人类相互性和信息相互性的叠加会迎来一个相互性倍增效应[①],人类的相互性将出现呈几何级数强化的局势,人越来越以信息方式存在,这使人的社会化过程和自我意识的建构都会发生重要转换。信息文明时代人主要以信息方式存在,既在存在论层面蕴含着认识论甚至本体论的重要结论,而且具有价值论的丰富意蕴。

① 王天恩:《人类信息文明时代的相互性叠加》,《中国社会科学报》2017 年 10 月 10 日。

只有深入系统探索人的信息需要，才能系统研究人的信息存在方式。信息需要不仅是人工智能基础研究的重要领域，而且涉及信息文明的共享发展与人类更高层次需要的满足。正是从人的信息存在方式，可以更好地理解人工智能与人类命运之间重要而复杂的关系。

人工智能的当代发展，激起了人们对人类命运的空前关切。如果人工智能能像人类智能那样作为一个类进化，就能与人类智能一道进入更高的智能进化阶段，在人类智能原生进化的基础上，成为智能的次生进化形式。因此，人工智能和人类智能将融合进化，人工智能成为人类智能的延续。在这一层次理解人工智能和人类的关系，理解人类解放的人工智能发展前景，更需要在马克思主义理论层次，深化对信息文明高级层次——智能时代的理解。

人工智能发展的学科一体化趋势，空前凸显了马克思主义理论的整体层次优势。在马克思主义人类解放学说的整体观照中，可以对人工智能发展有一个更高层次的把握。人工智能的发展在现实中引发了人类工作被取代的深层忧虑，而在理论上则折射出人类发展的悖论性处境。对于这些问题，只有在人工智能的劳动解放预示中，才能获得更深层次理解。劳动的解放意味着人工智能发展的生存意义挑战，人类将面临生活意义日益严峻的拷问、生存意义的分化和劳动的意义考量。这是人工智能的发展具体开启真正的人类历史，由人类解放的人工智能发展前景可以窥见的。人工智能的发展晓示了人类解放的现实路径，并将具体开启真正的人类历史。由人类解放的人工智能发展前景，可以越来越清晰地窥见：人工智能之“镜”为人的自由全面发展提供了前所未有的参照，人工智能的信息展开为人的类解放提供了深刻启示。正是由此可见，作为一种人性文明，信息文明为人类解放提供了更直接的基础。信息文明更是一种基于信息机制的役物文明，人类活动越来越成为控制物能的信息活动，役物文明意味着人的自由全面发展。

只有基于人工智能与人类命运关系的深入理解，才能通过对人工智能发展的深入理解，从创造性劳动的信息相互性与人的类发展，清楚地看到人类解放的未来前景和现实路径。作为信息文明之树上绚丽花果的绽放和生长，正是人工智能的发展，集中展示了从物能文明到信息文明的发展过程。

Ⅰ. 信息文明篇

第 1 章　从物能文明到信息文明

人类文明始终是物能和信息一体化的文明，但其结构是物能文明基础上的信息文明，人类文明的发展，因而成了一个从主要表现为物能文明到越来越表现为信息文明的过程。人类文明的基础永远是物能，但人类文明的实质却是信息，人类文明的发展过程实质上是信息进化的过程，人类社会的发展表现为信息文明的发展。

自从“信息论之父”香农(Claude Shannon)1948 年提出信息论，关于“信息”已经有上百种定义。在这些定义中，控制论创始人维纳的表述最耐人寻味，也最涉及根本："信息就是信息，既不是物质，也不是能量。"维纳的表述虽然看上去几乎没有给信息下一个形式逻辑意义上的严格定义，但它却通过将信息与物质和能量相提并论，以一种特殊的方式晓示了信息非同寻常的重要性，从而预示了人类发展的一个新的前景。随着人类社会发展到信息时代，我们才看到这一重要性和这一预示的空前展示：一种不同于以往文明的新的文明。信息时代可能跟我们以往的时代都不一样，既不是物质也不是能量的信息意味着一种完全不同的文明，一种在层次上不同于物能文明的信息文明。

一、一种基于信息本性的共享文明

当我们按照农业文明、工业文明这样的逻辑对文明的类别进行划分时，信息文明必定像农业文明和工业文明那样呈现在我们面前。但是，当我们根据维纳的信息定义，把以往的文明形态都看作主要是物能文明，就可能发现这样一个事实：物能越来越具有载体的性质，而真正的主角归根到底是信息，那么毫无疑问，这个意义上的信息文明就显然比农业文明、工业文明、信息文明区分中的“信息文明”更为根本。那么，与物能文明相对的信息文明意味着什么？

1. 人类文明的信息层次

信息不是物质，也不是能量，因而从实体角度看，信息具有载体的依附性。但如果从使用的角度——语言只有在使用中才具有意义的角度看，我们会发现一个颠倒过来的事实：由于涉及事物存在的形式等，即使不说在某种意义上载体本身为信息所决定，信息也是根本性的。在这个意义上，信息反而有一种比物能更重要的地位。在人和物能的使用关系中，信息居于越来越重要的地位。正是在这个意义上，物能比信息具有更为基础的重要性，而信息却比物能具有更根本的使用上的重要性。也就是说，在使用的意义——大数据以使用为基本平台的意义上说，信息与物能两者之间的关系似乎表明，在使用的意义上信息有比物能更根本的方面。因为作为载体，物能是可以替换的，具有可替代性，同样的结构可以由这种东西，也可以由另一种东西组成；而且同一种功能，也可以有两种不同的结构。而其中的关键因素不是具体的物能本身，而是信息。这种理解可以从 DNA 得到简洁的说明：DNA 与其说是“实体”，不如说是“信息”。如果物能性存在有所谓“本质”，那也不是抽象的普遍性规定，而是信息。在一种不同意义上，信息可以看作物能的“本质”，因为物能就在于结构，而结构就在于信息，不管是什么样的基石，都可能建构出人们所需要的东西。正是这一点，使信息的本性与信息文明本身内在联系在一起。其中最为重要的联系之一，就是信息的共享性质。

2. 共享文明的信息根据

作为信息本性造就的经济规律，信息产品复制与传播的边际成本递减，为信息共享奠定了经济基础。作为移动互联网造就的技术规律，网络倍增效应则为信息共享奠定了技术基础。正是这些基于信息本性的规律，造就了不同于以往物能文明的信息文明——一种共享文明。

物能文明是一种因共享范围有限而注定始终伴随(如果不是日益加剧)物质利益冲突的文明,而信息共享的天然本性在根本上改变了这种局势,为人类文明发展奠定了共享范围原则上可以无限扩展的基础。由于信息本性造就的经济规律,信息产品复制与传播的边际成本递减,信息的共享才是真正可以不仅做到没有冲突,而且可以范围无限。信息文明是一种随着共享范围的扩大,单位成本反而不断降低的文明,因此满足更多人的需要不仅不会成为一种负担——就像满足越来越多人吃饭的需要将是一个灾难性后果,而且反而会成为相互减负,从而构成越来越强有力的相互支撑机制——就像更多人使用会使软件制作成本的分摊额越来越小。物能分享随着分享者的增加而负担趋向无限大;而信息共享则相反,会随着分享者的增加而使分享代价趋向无限小。

信息具有共享的本性,而信息技术的发展则为共享文明创造了把共享的物能条件降低到不成为限制条件的程度。同样以共享知识为职能的传统图书馆,由于受到物能条件限制,不得不遵循"谁投资、谁受益"的运转原则;而为推动科研成果利用网络自由传播而出现的开放存取(Open Access),则为资源共享扫清了物能障碍。这为共享文明的信息对称化提供了必不可少的条件。

3. 公共信息对称化的过程

信息具有共享的天然本性,但由于物质利益的影响,会造成信息的扭曲分布,从而形成人为的信息不对称。正是因此构成信息文明时代的主要矛盾之一:信息对称和专利保护的矛盾。一方面,信息时代的重要任务是在公共领域尽可能消除信息不对称;另一方面,由于信息时代的主要驱动力是创新,因此又必须尽可能保护创新专利,比如源代码的开放等。信息文明的发展是一个不断消除信息不对称——也就是信息对称化的过程。

在物能时代,公共信息的不对称主要是技术基础的局限和物质利益造成的,而物质利益归根结底与物质匮乏和人的需要的发展层次密切相关。而在信息时代,公共信息的不对称则越来越与人的需要的发展密切相关,因而信息对称化,或者说信息文明的发展更表现为人的需要的发展过程。

4. 共享文明的人性依据和哲学基础

共享的文明不仅要有通过信息所创造的物质条件，而且有人性发展的依据，因而有其哲学基础。在信息文明中，每一个主体都成了信使，因而在越来越多使用情境中具有取代“主体”倾向的“agent①”就是一个必不可少的概念，而且也是进一步明确这一概念的必要情境条件。agent 是一个很难在抽象基础上概括得到确切定义甚至内涵的概念，它是一个内涵层次的家族相似概念，也就是具有家族相似系列内涵的概念。因为这个概念的定义，一方面必须在其不同发展阶段中进行；另一方面必须在其整体过程中进行。在与物能打交道时，agent 就是相互作用的因素之一，只是它是一个相对具有能动性，因而更具支配作用的因素。这是其作用的一种极端方式。agent 作用的另一种极端方式是人和人打交道。在人和人的互作中，不仅具有 agent 的间性，而且这种关系是镜像的。agent 间性典型地表现为互为代理，那远不是简单的相互作用，agent 之间是互为代理关系的；这种关系的镜像性则意味着，agent 不仅是作为相互作用的双方相互依存，而且在从效果到利益上都是互为代理的，说到底就是：agent 之间是相互满足对方需要的，特别是在这种需要发展到高层次的时候。俗称“羊毛出在猪身上”的基础业务免费，增值业务收费，以注意力的集群效应换取免费服务的双边式交叉补贴(cross subsidization)，正是互为代理的一种初级形式的市场表现。

在低层次需要的活动中，尽管需要的满足可能是相互冲突的，但有时候仍然必须通过相互代理才能满足彼此需要。而在高层次需要的活动中，任何 agent 的需要都必须在合作中才能获得具有共同性的满足。这种满足不再是个别的，而是具有共同性。要么都得到需要的满足；要么都得不到满足。这是典型的需要满足中的相互代理。更进一步，不仅需要的满足是共同的，而且需要的形成也是共同的，就像在情感和社会需要中，实质上是人和人相互的共同需要。只有在 agent 的相互代理中，更高层次上的需

---

① agent 确切理解应是起作用的有效原因(an active and efficient cause)，哲学上一般指具有自主行为能力的实体(an entity which is capable of action)，有代理人、中介、因素、行为者、动作者、动因、作用力等基本含义，agent 的中译构成一个重要的哲学问题，在后续相关章节再展开讨论。由于在具体使用情景中任何一种统一的理解都有不确，而对其含义的理解又很关键，在此还是先用原文。

要才可能出现,因为人的需要越发展到高层次,越是类的需要而不是某些个人具有而另一些个体没有或不需要有的需要。在这种类的需要中,出现了一个新的特点,那就是 agent 的需要不仅是一般意义上相互代理的,而且每个 agent 都是共同需要及其满足的代理。只有代表和满足了类的需要——也就是所有人的需要,才是更高层次的自己需要的满足。

二、一种基于信息机制的役物文明

作为比物能文明更高层次的文明,信息文明的到来不是意味着物能不再重要了,而是物能的地位变得更为基础,其重要是基础性的重要,而不是在"上手"意义上的重要。在信息文明时代,信息活动日益取代物能活动,物能活动越来越由智能创构物代劳。一个创构的文明时代,正在以"新硬件时代"掀开历史的帷幕。它所催生的,将是一种人的活动人性化的文明。

1. 以人的需要为出发点的信息创构活动

信息时代提供了捕捉人的需要的技术手段,大数据是其最重要的信息基础,它使信息文明日益成为一种以人(类)的需要为出发点,以这种需要的满足为最终目的的文明。共享文明的社会基础是社会活动以人的需要为出发点,以人的需要的满足为最终目的。正是以大数据为基础的信息系统,为此提供了技术条件。以人的需求(要)为出发点,以满足这种需求(要)为目的(标),人的需要的光照就能从近乎一个堆的大数据中,照亮相关因素(factor),让它们以特定的方式进入相互作用,构成特定的信息系统,或根据信息系统建构实体(物能)系统满足人的需要(求)。这就是大数据的重要性所在,它使人们不是通过取样和抽象概括,直接通过相关因素分析和凝聚进入相互作用①,达到满足人的某种特定需要(通过预测得到)的目的。

以人的需要的光照,从近似堆的大数据中寻找相关因素,导向信息文明时代典型

① 详见王天恩:《试论因果结构》,《中国社会科学》1991 年第 1 期;《哲学描述论引论》,上海人民出版社 2009 年版,第十一章。

的创构活动。信息文明时代仍然以对外部世界的认识为基础，但创构活动在此基础上获得越来越重要的地位；数据分析不是不关注因果关系，而是超越了传统因果观，通过因素分析，根据人的需要创构信息系统(比如一部电影、一个电视剧)和物能系统，满足人以加速度发展的需要。

2. 人的需求越来越具有信息的性质

人的需要越是处于低层次，越具有物能的性质；人的需要越发展到高层次，越具有信息的性质。从生理需要到心理需要，再到精神需要的发展，物能越来越居于基础地位，而信息则越来越居于显要地位。一方面，由于人的需要层次的提升，人的需要本身越来越具有类的共享性质，而这恰恰是信息性质的重要特性。另一方面，信息时代的社会环境使人的需要不断信息化。

在信息时代，不仅有传统的物能饥渴，而且有明显的信息饥渴。与物能缺少可以引起人体饥渴一样，信息也能引起人的心理甚至精神饥渴。

信息的心理饥渴与信息时代的社会环境密切相关。信息缺少时，不管信息正误，不管信息的实际价值如何，有总比没有好。物能的饥不择食是显而易见的，而信息的饥不择食则是隐性的，不易为主体所自觉意识。比如复杂的股市导致的股评怪象，可能有些股评没有任何的确定性，但得到这些信息也总比对股市没有任何信息强。人们甚至会从与事实相反的信息中得到某种确定性。这也是上当受骗成了信息现象的原因。信息的精神饥渴则更与人在信息时代的发展密切相关。首先是对知识的渴望——心灵结构的成长，其次是对疑惑的求解，最后对解决问题的关键信息的渴求等都是。

当前，直接并深入满足用户需求在市场中日渐成为最明智的选择。因此，面向用户的多层次需要则成了下述主要转换的市场表现形式：以人(类)的需要为出发点，以这种需要的满足为最终目的。在现代生产模式中，产品统一制造的规模效应使多样化成为落后的生产方式，但信息技术以时空等的碎片化因应需求的碎片化，使定制从而使多样化生产重新成为更符合人性的先进生产方式(比如3D打印、昵称瓶)。产品不仅仅满足用户的单一需求，而且必须考虑多层次需求的同时满足，因此好的产品都必须考虑品牌理念和价值主张，甚至为用户群打造精神家园，能够让用户激情参与、体验、互动。不仅以人(用户)需求为中心，而且以最直接的方式、最快的时间对接用户需求。不仅在产品生产和用户之间建立起商业生态，而且建立生存和发展生态。不仅为满足用户需要，而且为“创造”用户需要生产产品。而符合人的需要及其发展的价值创造，能够推动人的需要从而人的发展。要创造市场创造需要，就要了解人，不仅了解人的需求，还要了解和实时关注人的需要的变化发展。这就必须理解人的需要及其发展，理解人及其发展。人的发展，意味着需求个性化的发展。只有理解人的需要和发展，才可能生产出“让人尖叫”的产品。

3. 从“人为物役”到“物为人役”

在中国古代思想中，早就有“人为物役”和“物为人役”的深刻表达。“君子役物，小人役于物。”①在个人层面，这主要就控制对物质的追求而言，但人类社会怎样才能从主要是“人为物役”的状态向主要是“物为人役”的状态过渡呢？只有人类文明发展到信息时代，才有可能看到其具体机制；只有发展到足够把握强大信息工具之后，人类才可能通过信息中介，通过智能化“役”物，才可能实现主要是“人为物役”到主要是“物为人役”的转变。

信息文明是以信息创构物能文明的文明。通过信息创构，人类从人为物役的状态逐渐向物为人役的状态转化。在物能文明中，总的情况是人为物役，这就是黑格尔和马克思所说的异化。复归人的本真的活动，为消除活动的异化提供了信息基础。这一基础不仅指其所提供的信息活动，而且指其所提供的网络平台条件。只要有人处于人为物役的状态，这个群体、社会甚至这个类中，就不会有人真正超越人为物役的处境，就像只要有人没有电话或者通话终端，就不可能有人能获得通话的全部自由度一样。正是明白了这样一个深层次的道理，马克思和恩格斯才能得到这样一个重要原理：无产阶级只有解放全人类，才能最后解放自己。这个世界上只有所有人都不是处于“人为物役”的状态，才能使所有人(任何一个人)处于“物为人役”的文明状态。

---

① 《荀子·修身》。

4. 物为人役的信息创构活动实现

信息文明之所以是物为人役的文明，其基本原理不简单就是人通过信息支配物能，而是人类可以通过用信息支配物能，从而使物能更好地满足人的需要，在很大程度上解脱物化造成的人的异化，使人的低层次需要从物能的局限性中解脱出来。也就是说，信息文明使人类获得了这样的信息成果，以致人们可以通过信息控制物能，使物质通过结构的调整，由一种对人类不那么有价值的东西变成价值更大的东西，也就是使物质从一种不能满足人的需要的形态，变成一种更能满足人的需要的形态；使能量从不容易获得的形态变成容易获得的形态，从而人类活动更多的是直接与信息打交道而不是传统的主要与物能打交道。而这样的活动，正符合 agent 的本真含义。

在 agent 越是作为物能相互作用中的因素起作用的时候，越是人为物役的时代；在 agent 越是作为信息相互作用中的代理者起作用的时候，越是物为人役的时代。作为中国古代文化人和物关系的经典写照，从"人为物役"到"物为人役"关系的转化，正是通过人对信息的支配呈现对物能的支配，而且这种支配在原则上不受物能的局限。这与信息与物能的关系密切相关。

三、一种基于信息创构的人性文明

人类物能文明的发展，既是人性从物能压迫中解放出来的过程，也是人性与社会文明冲突的过程。只有到了信息时代，人类历史才真正步入人性文明的轨道。

1. 信息创构活动是最符合人性的活动

人类有两类基本的活动：探索既存事物和创设新事物。这两种不同的活动需要两种不同的认识：对既存世界存在规律的认识和对创设新事物的规律的认识。对既存世界存在规律的认识是描述性质的，是一种描述活动；而对创设新事物的规律的认识则是创构性质的，是一种创构活动。在信息时代，占主导地位的活动是信息创构活动。正是信息创构，通过最符合人性的活动带来了人的类解放。

信息活动是离创造性活动最近的活动,正是信息活动使人类生存活动更符合人的本性,使人类文明成为标志着人性解放的文明。按照马斯洛的需要层级理论,当人的需要发展到自我实现时,人性的解放已经达到完全不同的层次。而人的自我实现最核心的内容,就是人之所以为人的内“基因”的展开,而与人的本性最为关切的,就是有关创造活动的部分。因此,人的创造活动是最符合人性的活动,而信息活动为符合人性的活动奠定了基础。更为重要的是,作为最符合人性的活动,人的创造活动的普遍展开,所需要的是完全不同的物能(自然)和社会条件,因而意味着社会的自由度、民主程度达到了一个很高的发展水平,自然环境和(物能)社会的发展达到了这样的程度:一方面,对物能的控制达到了全社会甚至全人类实现物为人役的水平,从而人类活动从以描述认识为主进到以创构认识为主;另一方面,全面解放创造力的条件,也就是社会文明发展到了人性在社会维度获得程度越来越高解放的文明水平。

2. 创构活动是人性化的信息平台

信息化奠定了“物为人役”的基本机制,即通过信息役物能,但“物为人役”的发展过程则不仅决定于物质文明的发展,并决定于人的需要的发展。正是人的需要的发展,带来了人的自由全面发展。

一种为思想的文明提供了前提的文明,而且思想文明本身的发展决定于人们需要和思想生产能力的发展。一个创意是第一生产力的时代,意味着思想是生产力。而信息时代则为信息创造的能力发展提供了基础,这意味着为人性解放提供了信息平台。

人性解放恰恰意味着类关系的提升,而其结果就走向“自由人的联合体”。这就是马克思主义经典作家所预见到和描述过的那个理想社会。而从信息文明的角度,我们则可以看到这种理想社会实现的物能信息基础甚至具体机制,因而将这一理论的重要环节更具体化了。这也是我们在当今人类社会发展的现实中所能看到的新的更清晰的景观、视野和前景。

3. 通向人类共同精神家园的思想创构时代

现在已经在说“软件定义世界,数据驱动未来”;其理论基础就是思维定义世界,信息驱动未来。思想文明并不是与物质文明决然不同的文明,或者说是一种可以与物能文明相脱离的文明，而是说思想赋予了物能文明以全新的含义和更为丰富的内涵，甚至满足心理需要的其他精神方面的文明也一样。思想通过创构，使物质文明变得越来越是思想的物质形式。从算盘到电脑就典型表明了这一点，而情感需要和社会需要，也会有更多的思想的内容和魅力渗入其中，使原来意义上的情感和社交有层次性的提升。就像思想使艺术从感性的美提升到理性的美，从感性写真提升到现代抽象艺术一样。

在 agent 和对象范式中，还有社会层面不同的 agent，不同 agent 之间形成 agent 间性。这种 agent 间性和主体间性又有不同，它们之间是以交往为实质关系的。没有交往就没有 agent，因为与主体相比，agent 更凸显了人和人之间的关系，这是与人和物之间的关系完全不同的关系。如果说，人和物之间的关系更多是物能关系的话，那么 agent 之间的关系则更多是信息关系。这是一种互为 agent 的关系；这是主体和主体的关系和主体间性关系所不能或至少是不方便表达的。

这就不仅与马克思的对象性活动联系起来了，而且在更根本的层次涉及交往理论，更合理地从物和物(人也类比性地包括在其中)的相互作用关系进到了人和人的信息关系。这种信息既包括物质的、能量的，更包括心理的和精神的。人和人的关系，或者说人的类关系，其实发展到“真正的人类社会”的阶段，归根到底就是思想和情感关系，只是这些关系必须通过物能形式才能得以形成和运作。人作为一个类的存在，绝不是建立在单纯的生理基础之上，那是群体动物——蜜蜂和蚂蚁等的社会，建立在生理基础上的群体或社会只是基于生存需要。人类社会也不只是有一个更高的共同情感需要，情感需要虽为人类所独有，但那也还只是范围有限的关系，即使宗教性质的“爱所有人”的博爱，在理念层次也只是把所有陌生人甚至所有人抽象成一个对象，那是——或至少主要只是基于心理需要。而思想的关系则完全不同，那是一种基于信息需要的关系。

哲学为人类寻找精神家园，而信息文明通过思想与信息生产的天然纽带，把精神家园落实到具体的现实生活，或者将具体的生活与精神家园接通，从而不仅仅通过理性，而且情理兼具地把所有个体融入共同的精神家园。

4. 信息文明时代的个人与社会

人类社会发展到今天,并没有——在有些地方还远未——达到信息文明的典型形态,但重要的是我们可以清楚地看到,人类社会已经开始进入信息文明的时代。这个时代不是人类社会发展状态的结束,而是跟马克思关于人类社会形态的二分中所明确表达及所蕴含的那样,我们已经进入了“真正的人类历史”,现在是创造真正的人类历史的时代。

信息文明时代的个人很幸运,同时也将遇到更多的挑战。虚拟技术将使人们相对摆脱物能束缚,为人类提供在自然环境中不可能得到的生活享受和活动条件。以物能刺激为基本特征的感官享受,根本特点就是始终在感觉中,因而感官享受再陶醉,也不会沉迷到忘我的状态,而创造活动则与此完全不同。这两种不同享受的层次上的不同,也是两种享受的质的不同。在信息化时代,个人一方面可能被信息新产品所淹没,在信息中迷失;另一方面又有了前所未有的条件,使每个人都可能通过在信息活动中展开自己,并提升生活的意义和品质。这是一个不同于物能时代的信息时代,作为最符合人性的活动,创造活动既意味着人性的发展,同时也意味着社会整体文明水平的发展。

物能文明和信息文明的区分不是一种基于社会生产方式的区分,而是一种基于人的生存状态的人类文明划分。对于社会来说,其发展前途完全决定于社会成员的创造力及其发挥水平,因而无一例外地,当今时代的重要历史任务,就是为人的创造活动,为创造力的解放本身创造社会条件。为社会成员提供有利于创造活动的社会条件,就是信息文明时代社会发展的重要目标。而创造力的解放,则意味着社会整体文明水平的提升。这既是人类信息文明未来发展的必由之路,也是当代社会现实发展的合理选择。

第 2 章　信息文明的马克思主义理论整体观照

当前,以人工智能为主要标志的信息文明发展,不仅使各学科发展的一体化趋势日益明显,而且认识和实践也渐趋一体化。学科发展及认识和实践越是呈一体化发展趋势,关于大数据、人工智能乃至信息的考察越必须在信息文明的整体观照中进行。信息、大数据和人工智能的信息文明整体观照,不仅对于大数据和人工智能,而且对于信息和信息文明理解的深化,都至为重要。由于马克思主义理论的更高层次整体性,信息文明的整体考察在马克思主义理论的整体观照中进行,具有明显的理论优势。

一、马克思主义理论意义的信息文明凸显

马克思主义理论不是单一的传统学科,而是一个相关学科的整体,这对于把握越来越表现为哲学、科学一体化发展的信息文明,在理论上具有独特整体优势。

1. 马克思主义理论的整体性

马克思主义的产生,源于人类谋求自身解放的需要,因而从根本性质上说,马克思主义是关于无产阶级和人类解放的科学。而作为世界之中的存在,人是通过实践认识和作用于外部世界的。因而作为一门科学,马克思主义理论建立在科学的世界观基础之上,具体地说,就是建立在对人类生活于这个世界的科学认识之上。

世界是客观存在的,人归根结底只有通过实践才能认识和作用于外部存在。包括人在内的物质世界的客观存在不可置疑,而且这个物质世界有自己的存在和运动规律。因此,关于世界的物质性及其发展规律的认识居于一个基础的地位,成为马克思主义的世界观前提。这个前提就是以实践为基础的辩证唯物主义。

人们在对客观物质世界存在和运动规律的认识中,得到关于事物普遍存在和发展规律的认识,从而得到辩证法。这是一个从客观事物本身的发展规律到人类主观的思维规律相统一的认识成果。而对客观规律性和主观能动性的认识则导向对人类认识活动本身的反思,以及对人类活动产物的人类社会的认识。

从对自身认识活动的反思,人类得到认识论。由于马克思主义建立在辩证唯物主义的世界观基础之上,马克思主义认识论与人类实践活动具有比历史上任何认识论更为根本的关联,因而认识世界和改造世界成了人类活动这一整体过程的两个重要方面,构成马克思主义的理论根据。实践是认识的基础,认识运动的规律是物质世界存在和运动规律的主观反映。在实践的基础上,一方面,人类认识中的真理和价值是辩证统一的,由此所达到的认识和实践的统一,自然导出了对作为人的活动产物的人类社会的认识;另一方面,人为了生存和发展必须进行物质生产,正是通过物质生产,人们生产出社会关系,从而有了建立在客观世界存在和发展基础上的社会的存在和发展。

作为客观世界发展的产物,包含人的活动在内的人类社会也是客观世界的组成部分。这一部分由于有人的主观活动,而且这种活动居于非常重要的地位,所以人类社会是由人在物质世界中创造的,历史是由人自己创造的。然而,虽然人类社会是由人的活动创造的,由于人的存在和活动本身也遵从物质世界的存在和运动规律,因而人类社会的存在或者说人类历史也是有规律的进化过程的结果,而且与物质世界的存在和运动规律不同,由于由人的活动构成,人类社会的存在和运动规律与人的需要的发展,与人的活动密切相关。随着人的需要的发展,人类社会会规律性地向着一个理想的社会发展,那个社会就是马克思主义经典作家所看到的共产主义社会。因此,在马克思主义光照下的人类社会发展是从自发的社会发展过程进化到了自为的社会发展过程，这使人类可以驾驭资本等社会的“自然力量”，把人类向共产主义社会自然发展的过程变成一个自觉努力实现的过程。

人类自觉努力实现共产主义的过程，建立在对人类社会本身的认识基础之上；既建立在对以往社会形态，特别是资本主义社会存在和发展的认识基础之上，也建立在对资本主义这一奠基阶段到共产主义这一过渡阶段的探索性认识基础之上。因此，对于资本主义社会的研究就处于一个理论重心的地位。正是对资本主义社会的研究，得到了科学社会主义理论。

根据人类的认识规律和机制，一方面，人们要对一个对象的整体有所认识，首先必须对其局部有所认识；而另一方面，人们要对一个对象的局部有更到位的认识，又必须对其整体有更全面的认识。因此，无论我们要对人类社会各个发展阶段具体的社会形态还是未来的共产主义社会有更深入的认识，都必须对整个人类社会及其发展规律有一个基本的把握。在马克思主义理论中，这一把握的结果就是历史领域的辩证唯物主义形态——历史唯物主义。

人类社会的发展是一个整体过程，要对人类社会发展的规律有一个基本的把握，我们又必须对人类社会各发展阶段的不同形态有更深入的认识，特别是对资本主义和社会主义的认识，因而在马克思主义理论中，关于资本主义和科学社会主义的认识是非常重要的两个内容。马克思主义经典作家正是在对资本主义的深入系统研究中实现社会主义从空想到科学的发展，得到关于共产主义社会理想的科学实现的认识。因而对资本主义的形成及其本质的认识就是马克思主义的理论主线。之所以说是主线，因为马克思主义经典作家正是由此揭示了马克思主义理论中劳动价值论、剩余价值理论、危机理论和资本积累理论。马克思主义具有与时俱进的理论品格，马克思主义本身是时代的产物，必须随着时代的发展而不断发展，随着人类社会的发展不断展开自己。在当代社会，资本主义的发展和新变化为我们更具体地认识人类社会的发展规律提供了历史条件，对当代资本主义的发展乃至对资本主义发展的历史进程的认识就进一步凸显了马克思主义的理论重心，这也是当代马克思主义理论发展的新任务。

我们对资本主义的历史地位和发展趋势的进一步认识，是我们达到对社会主义社会、共产主义社会以及整个人类社会发展规律更具体认识的重要前提。而要对资本主义特别是社会主义社会及其发展有日益深入的认识，又必须对共产主义社会有更清晰的认识，所以关于共产主义社会的认识不仅仅关系到我们关于共产主义社会的认识本身，而且在根本上关系到我们对资本主义和社会主义社会的认识。因而，作为马克思主义的理论目的，科学社会主义不是一个可有可无、可信可不信的组成部分，而是关系到作为一个整体的马克思主义理论的意义。正是在这个意义上说，共产主义是人类最崇高的社会理想。也正因为如此，社会理想教育是社会主义核心价值体系的主题。

正是作为马克思主义理论的目的、意义和主题，共产主义社会作为人类最崇高的社会理想回应到马克思主义的本质——关于人类解放的科学，使马克思主义理论构成了一个完整的整体。

因此，马克思主义理论作为一个完整的整体，辩证唯物主义世界观是其理论前提；以实践为基础的马克思主义认识论是其理论根据；人类社会发展的基本规律是其理论基点；关于资本主义的形成、本质、发展历程和地位的思想（资本论）是其理论重心；而关于科学社会主义社会和共产主义两个阶段及其发展的思想是其理论目的。由于其目的就是实现人类的解放，就是为人的自由全面发展创造条件，马克思主义理论的目的同时也构成了其归宿。探索从社会主义到共产主义的发展则成了马克思主义发展的一个重要领域。

正是从马克思主义的根本性质，我们看到一个从理论前提到理论目的构成的马克思主义理论的完整整体。

马克思主义理论不仅具有整体层次优势，而且随着信息文明的发展，其意义越来越普遍和深远。由于马克思的哲学革命具有更广泛的理论革命意义，随着科学和社会的发展，其意义的普遍性也越来越得到广泛体现。

由于将哲学从抽象普遍性终极追寻，拉回到对于具体事物认识的整体观照，马克思的哲学革命在哲学发展中具有划时代意义①；由于不仅在哲学领域，所有理论都涉及

---

① 王天恩：《马克思的哲学革命及其内在逻辑的当代展开》，《江西师范大学学报》（哲学社会科学版）2019年第1期。

从抽象普遍性终极追寻到整体观照的转向，因而事实上马克思所实现的是具有更广泛意义的理论革命。

正是在这个意义上，整体观照的时代凸显，意味着信息文明时代的发展，空前凸显了马克思主义理论整体把握的意义。

2. 整体观照的信息文明凸显

“观照”是中国哲学独有的概念，这与中国哲学以整体领悟为重要特征密切相关。“观照”具有整体性，但不是所有的观照都是整体观照。在西方文化中，很难找到与“观照”相对应的概念，但最典型地在马克思(可以在思想渊源上追溯到黑格尔)那里，却可以看到“观照”观念非常形象的具体运用。

马克思理论革命的思想标志，就是“人体解剖对于猴体解剖是一把钥匙”。正是由此，马克思走向了人类社会发展的整体观照。“低等动物身上表露的高等动物的征兆，只有在高等动物本身已被认识之后才能理解。因此，资产阶级经济为古代经济等等提供了钥匙。”①

随着信息科技特别是大数据和人工智能的飞速发展，信息文明以越来越快的加速度扑面而来。信息文明的发展，日益清晰地呈现出相互关联的两大重要趋势：一是所呈现出来的新的社会因素越来越多，迫切需要对这些新的社会因素进行理论研究；二是发展的整体性日益明显，越来越需要高层次整体理论更到位地把握。

一方面，信息文明所凸显的信息与物能关系和经济的信息化，特别是近来兴起的“监视资本主义”及其批判和社会主义因素的不断呈现，包括关于大数据和经济的计划性、人工智能和人类解放甚至信息文明与共产主义社会等关系问题，不仅为阐释信息文明提出了新的时代任务，而且为马克思主义理论的发展提供了前所未有的时代条件，信息文明的资本主义和社会主义意蕴亟待理论研究的厘清和深化。

另一方面，信息文明是一个哲学、科学、社会、经济乃至日常生活等一体化发展的时代，这是一个更需要整体理解，更需要整体理论的时代，它意味着对马克思主义理论

---

① 《马克思恩格斯选集》第2卷，人民出版社1995年版，第23页。

作为一个整体的时代需要。在马克思主义整体理论中开展信息文明的系统研究,理论优势不言而喻。而且,马克思主义理论与当代的关联是双向的,在新的历史条件下,应用马克思主义理论把握这个时代,正是信息文明为马克思主义内在逻辑的进一步展开提供了新的历史条件。信息文明的马克思主义研究是马克思主义时代化的重要课题亟待在“信息时代”和“信息社会”等研究的基础上系统展开。

这样一个信息文明的当代发展整体景观表明,一方面,信息文明的更到位把握需要马克思主义理论的整体观照;另一方面,马克思主义理论的内在逻辑需要在信息文明发展中展开,而且更重要的是二者构成双向循环,这正是信息文明时代马克思主义时代化所展示的两大意义维度。

马克思主义整体理论层次的信息文明研究,意味着信息、大数据和人工智能的整体把握。人工智能的发展,迎来了信息文明发展的智能发展阶段。由于人工智能与人类的内在关联,智能时代的把握与马克思主义理论更密切相关。关于信息文明及作为其高级发展阶段——智能时代的问题,首先必须在信息、大数据和人工智能三者关系的整体中理解。

在马克思主义理论整体观照中,作为一个整体的信息文明越来越更像一棵大树,信息是其根,数据是其枝叶,大数据是其主干,人工智能是其花果。

二、信息文明之树

由于信息、大数据和人工智能的内在关联和日益凸显的整体性,随着大数据和人工智能的发展,信息文明之树得到越来越清晰的呈现。大数据的出现,一方面作为信息文明之树的主干支撑起越来越广阔的数据世界,另一方面作为人工智能和人类的语境等关联,成为人工智能通用化发展的关键层面。作为与整个物能文明并列的人类新文明形态,信息文明扎根于物能土壤,生长在物能大地。作为人类文明之树,信息文明不仅具有内在整体关联,而且具有生态维度;不仅具有外部环境的整体联系,而且具有内在人类价值的整体关联。作为信息文明之树的根,信息的理解得以避免盲人摸象的

“整体盲”，从而走出信息“庐山”；作为信息文明之树的主干，大数据构成的新世界成了越来越重要的创构平台；而作为信息文明之树的最绚丽的花果，人工智能则像一面特殊的“镜子”，现实生活中的镜子所能照见的是人类的外貌，而人工智能之“镜”所照见的，则是以“认识你自己”为重要目标的人类的内蕴。

1. 人工智能之“镜”

作为信息文明之树上开出的最绚丽的花，结出的最神奇的果，人工智能展示了信息文明之树的奇妙成果和灿烂发展前景。在信息文明的发展中，我们可以看到恩格斯关于人类思维描述的更深层次根据。在谈到人类精神时，恩格斯的描述令人印象深刻：“物质在其一切变化中仍永远是物质，它的任何一个属性任何时候都不会丧失，因此，物质虽然必将以铁的必然性在地球上再次毁灭物质的最高的精华——思维着的精神，但在另外的地方和另一个时候又一定会以同样的铁的必然性把它重新产生出来。”[①]人类思维或精神是自然进化出的最大奇迹，而人类创造的人工智能则是人类信息文明之树开出来的最神妙花果。正如大自然进化的最高层次结果是人类精神，作为人类创造的最高层次结果，人工智能是实现中的信息文明最高级形态的标志，随着人工智能的通用化发展和人机融合进化，将展开更高层次的信息存在方式。

作为信息存在方式的最高人工形态，人工智能则不仅为理解信息和大数据本身，而且为理解信息和大数据与人的价值关系提供了钥匙；人工智能不仅通过对人的理解得到发展，而且为人的自我理解和发展提供了一面更高层次的镜子。

信息科技的发展为人的自我认识和发展所提供的这面人工智能之镜，对人类有特殊意义。对于人类来说，能像自己一样具有思维能力，而且越来越更像人类智能的人工智能，作为自己一面更高层次的“镜子”，能够照见自己作为智能体的内在本性。为此，必须在创构中仔细擦亮人工智能之“镜”。

在人是一切社会关系的总和与人工智能的类特性之间，隐含着深刻的启示性。从人的物能需要出发和从人工智能体的信息需要出发，可以构成推进人类和人工智能认

① 《马克思恩格斯选集》第 3 卷，人民出版社 2012 年版，第 864 页。

识的巨大张力，在人工智能认识和人类自身认识之间的互动推进中，整体把握人类发展和人工智能发展构成的更高层次前景。人的需要就是人的本性，人工智能的信息需要就是机器智能的本性。从人类本性可以典型地看到物能需要的性质，从智能机器的本性则可以典型地看到信息需要的性质。在人类物能需要和智能机器信息需要典型研究的基础上，形成更高层次的需要探索，不仅对于人类和智能机器理解的深化，而且对于二者构成的更高层次智能进化具有重要价值。

2. 大数据“世界”

作为信息文明之树的树干和枝叶，数据是信息文明之树的构架和支撑。信息编码成数据，构成信息文明之树的枝叶——将人类和自然结合为一体的新世界层次。作为信息文明之树的主干，大数据与人类关联在一起，构成了信息文明有形、可捉摸的现实世界基础。数据发展到大数据成为主干，构成具有存在论意义的大数据世界。大数据一方面以信息构成数据世界，使信息得以空前开显，另一方面将信息结成信息文明最炫目的花果，在人工智能的发展中具有越来越重要的地位。

正是通过作为人工智能发展的重要基础，大数据自身和通过对人工智能发展的支持，使网络构成了一个前所未有的新世界。互联网为人的生存和发展提供了前所未有的全新平台，而大数据则不仅为万物互联成为可能，而且以量的方式把握世界和人自身以及它们之间的相互关系创造了条件。

作为信息数字编码构成的新世界层次，大数据一方面不仅为理解信息，而且通过对人的需要及其发展的反映，为理解信息和人的价值关系提供了一把钥匙；另一方面不仅是人工智能创构，而且是理解人工智能和人的价值关系的基础，为人工智能和人类智能的融合进化提供了条件。

新一代人工智能的发展与大数据密切相关，作为新一代人工智能的重要基础，正是大数据开辟了将人类语境纳入人工智能的可能性，使人工智能的语境形成得以开启，从而不仅为人工智能获得真正意义上的理解，而且为人工智能和人类智能的融合进化开辟了具有启示性的新路径。也正是大数据，具有通过语境使人工智能进入自主进化的重要意义。没有语境就没有理解，关于大数据为人工智能理解能力的发展提供语境条件,最典型也是最初级的例子是智能翻译机。

由于构成人类语境和人工智能语境的融合进化,大数据不仅为人工智能提供了通用化发展不可或缺的语境,而且使人类语境获得了超越自然进化层次的发展前景。由此可见人工智能与人类智能融合发展甚至融合进化的丰富可能性,看到人类智能发展基础之上人工智能的不同之处。由于同样是信息进化和智能进化的产物,人类智能的进化可以为人工智能的发展提供重要启示。

3. 信息“庐山”

作为信息文明之树的根,信息是信息文明之树的根基和根本。信息文明之树的信息之根,深深扎在物能大地。物能大地是信息文明之树的土壤,信息文明之树正是扎根于物能土壤,生长于物能大地。作为信息文明之树的根系,信息在 agent 的创构活动中,通过物数据化和数据物化,从物能大地汲取养料,生产价值,为人类需要的满足、开发和发展奠定新的基础,但直到信息文明真正开启,信息却一直处于物能的遮蔽之中。

人类观念的复杂性,一方面由于标志着人类智能发展的高水平而为信息的认识提供了可能,另一方面又由于错综交织而又有碍于信息基本层次认识的曲径通幽。就信息文明之树而言,其根不仅深埋于物能大地,而且由于人本身就是最复杂的信宿,而且是发展层次最高的信宿信源一体化的信息体,因而信息与人内在相关。正因为如此,这就成了一个很好理解的自然事实:直到目前,人类仍处于信息“庐山”之中。也就是说,由于主要以物能存在的方式生存过来,而在根本上又是作为信息方式的存在,在人类视野中,信息一直处于物能的遮蔽之中。我们对于信息的很多迷茫和困惑,都与此密切相关:“不识庐山真面目,只缘身在此山中。”

人类不识信息真面目,具有十分严重的后果,不仅不能在信息层次真正理解自己的类特性,而且不利于大数据和人工智能理解的深化,从而影响它们的发展,而大数据和人工智能的发展,又是进一步深入理解信息的重要条件,它们构成了深化理解的循环机制。正是大数据和人工智能的发展使信息得以开显,而信息的开显又有利于大数据和人工智能的发展,正是由此构成一个循环发展的整体。也正因为如此,信息、大数据和人工智能构成的信息文明之树,需要马克思主义理论的更高层次理论整体观照。

正是在整体观照意义上，马克思主义为信息文明的整体把握提供了理论钥匙。

三、信息文明理解的马克思主义理论钥匙

信息文明的马克思主义理论整体观照，不仅涉及人工智能，而且涉及作为其基础的大数据的信息文明整体观照，由此看到由信息、大数据和人工智能构成的“三位一体”，构成从信息到大数据再到人工智能，构成了三个不同层次间的诠释循环理解机制，由此构成它们之间理解的双向循环。

1. 信息的“三位一体”整体理解

马克思主义理论的整体性，提供了一把在整个信息文明的整体观照中理解信息、大数据和人工智能的钥匙。首先，在马克思主义理论的整体观照中，信息文明是一个整体。其次，在信息文明的整体观照中，信息、大数据和人工智能是一个整体，构成三位一体的存在。最后，在这个三位一体的整体中，人工智能、大数据和信息一步步深化的理解机制。

信息不仅是大数据和人工智能的基础，而且是理解大数据和人工智能的最基本层面。理解信息有多少、有多深，理解大数据和人工智能就有多少、有多深。由此构成信息、大数据和人工智能三者间双向诠释循环理解机制的第一个重要层面。

关于信息的当代研究越来越清楚地表明，只有在哲学和相关科学学科一体化的整体观照中，才能更到位地理解信息及其不同于物能的根本性质。而作为人工智能和大数据的重要基础，信息层次的理论整体观照至关重要。

随着信息科技的发展，信息的使用越来越普遍，但是关于信息本身的理解，目前仍远未真正到位。有一种观点认为，信息革命的最终目标是真正理解什么是信息，而要更到位地理解信息，则必须在信息文明的整体观照——也就是信息与大数据和人工智能的内在关联中达到整体理解。

理解大数据和人工智能的发展，以理解信息为基础。由于信息爆炸，对于知识的百科全书式整体把握不仅早已不再可能，而且已失去以往所具有的意义。现在所需要

的，越来越是逻辑整体把握意义上的理论整体观照。这就需要在哲学和科学一体化的基础上，作更高层次的整体把握。

无论单纯从哲学还是科学单一学科出发，都很容易对信息做局限于特定具体条件的学科性理解。典型的比如在物理学中，作为主流的是关于信息的物理理解，认为"信息是物理的"(information is physical)[①]；在通信科学中，则由于主要研究信号处理，信息的信号理解几乎是理所当然的。无论是信息的信源理解还是信号理解，都会把信息和信息编码混为一谈。只有在超越具体学科的更高整体层次，才能看到信息的真正性质，明确数据等是信息编码而不是信息本身，从而通过更到位的理解看到信息不同于物能的重要特性。

长期以来，由于深埋在物能大地中，信息文明之树的根一直隐而不彰。人们对信息的理解一直受着物能的遮蔽，当数字数据冒出物能土壤，特别是大数据支撑起信息文明之树，人工智能开出信息文明之花，结出信息文明之果，信息才在树干、枝叶和花果的生长中，日益展开自己——这正是信息的大数据和人工智能开显过程。

数据特别是大数据生成的采集方式，以摄像头的简化形式，凸显了信息的感受性关系性质；而人工智能则在更高层次，展开了信息的特性。正因为如此，在大数据和人工智能层次的整体观照中，信息才得以完全开显，信息的感受性关系性质才得以更充分显露，人类对信息及其特性的到位理解才具备历史条件。正是大数据和人工智能的发展，展开了信息的关系性。大数据的意义主要不在于具体的单个数据，而在于具体数据之间的关系；人工智能的意义也主要不在于单个的机器智能体，而在于机器智能所构成的类。由此可见信息的关系性之于大数据和人工智能理解和发展的重要启示意义。

2. **大数据的"三位一体"整体理解**

大数据既以信息为基础，又因成就了新一代人工智能，而在人工智能的发展中具有重要基础地位。大数据与信息和人工智能的这种关系，使大数据不仅是理解人工智

---

① 详见本书第12章。

能的重要基础,同时又是通过整体观照理解信息的一把钥匙。正是在大数据的整体观照中,信息得以开显。也正是由此,构成信息、大数据和人工智能三者间双向诠释循环理解机制的第二个重要层面。

位居信息和人工智能之间,大数据具有两方面的重要关联。一方面,信息具有存在论基础地位,而大数据则在信息基础上构成了量化的信息世界,大数据的深入理解离不开信息理解的深化。另一方面,作为量化的信息世界,只有在与信息和人工智能一体化的理论整体观照中,大数据才能得到更到位地理解。

由信息的感受性关系性质,不仅可以看到数据作为信息编码的性质,而且可以看到数字编码和数字数据的特殊重要性,从而看到大数据的重要地位:把握既存世界和创构全新世界的基础。一方面,由于由信息编码构成,大数据不仅具有规模整全性和结构开放性,而且具有实时流动性和价值生产性。[①]正因为如此,大数据提供了关于既存世界认识的整体把握量化方式。正是整体把握的量化方式,使数学把握经验化。另一方面,由于信息的创造完全不同于物能的改造性创造,大数据成了人类创构新的对象,甚至创造一个新的世界层次的基本平台。而由人工智能及其进化过程和机制中信息需要及其发展的内在关联,则不仅可以看到大数据在人工智能发展中的重要地位,而且可以更深入地理解大数据以人的需要及其发展为出发点,以这种需要及其发展的满足为最终目的的重要性质,看到创生意义上的人类需要发展,看到人工智能从而人本身充分以类的方式存在和发展不可或缺的基础,更深入理解人工智能从而人的需要发展的信息方式。

作为感受性关系过程的信息编码结果,传统人工智能是基于数据库的专家系统,新一代人工智能是大数据基础上信息技术进化的产物。技术进化只能生成专用人工智能,通用人工智能必须通过机器智能自主进化生成。而通用人工智能的自主进化则必须在一个智能类群中进行,这个智能类群必须建立在大数据基础之上。由于机器智能及其进化的数字方式,只有大数据才足以构成机器智能的类群环境,并为机器智能理解能力

① 王天恩:《大数据将把人类带进怎样的新世界?》,《解放日报》2017年8月29日。

的不断提升提供必不可少的相应语境。大数据的人工智能语境地位,既表明了大数据作为信息关联平台的更高层次关系性,又表明了大数据的智能关系基础性质。

3. 人工智能的"三位一体"整体理解

人工智能是理解大数据和信息的一把钥匙。作为目前信息科技发展的最高层次,人工智能为理解大数据和信息所提供的一把钥匙就是整体观照。在人工智能这一整体的更高层次,可以更深入地理解大数据和信息,就像在人体解剖的层次,可以更好地理解猴体解剖,由此构成信息、大数据和人工智能三者间双向诠释循环理解机制的第三个重要层面。

信息文明以信息科技的发展为重要基础,因而随着大数据和人工智能的发展而空前凸显;但大数据和人工智能,特别是对信息理解的深入,却是人类发展的产物,因此信息文明归根结底以人类为中心。一方面,只有在对人类自身理解的深化中,才可能有对人工智能甚至大数据和信息更到位的理解;另一方面,只有在与信息和大数据关联的整体理论观照中,才可能深入理解人工智能及其进化以及对于人类发展的意义,从而在更高层次理解人类及其发展。

人工智能是信息进化到人类智能,再基于人类智能创造的产物,只有从信息进化及其高级阶段——智能进化的维度,才能更深入地理解人工智能及其发展。新一代人工智能的发展表明,无论是人工智能的研究还是理解,关键是对人工智能理解机制的理解。

由于机器智能的特定载体性质,人工智能的理解机制不仅具有与人类理解共同的性质,也应当有与人类理解不同的方面。人工智能机器人从一个人大汗淋漓、唇干舌燥等感知,给他递上一杯水,就目前人类的理解标准而言,应当还算不上真正意义上的人类理解,但它毫无疑问属于完全没有理解和人类理解之间的行为。最主要的根据就是这种情景下的具体条件,构成了理解必不可少的语境,虽然这种意义上的语境如此原始,以至它几乎还没有从具体条件分化出来,但那的确构成了不同于纯粹具体现实条件的简单语境。理解人工智能的理解,应当在与人类理解的联系和区别中进行。

人类理解的发生和发展没有基于任何其他在先理解形式,与此不同,人工智能的理解则具有人类理解这一在先基础。虽然由于还不具有自己的语境,目前的人工智能的确还谈不上有类人理解能力,但人工智能可以利用人类语境,获得性质虽然不同但却可以更有效的理解。因此,大数据不仅是人工智能理解能力发展的关键,而且是理解人工智能的重要基础。大数据远不只是人工智能的燃料,更是人工智能具有理解或“灵魂”的基础性条件:大数据不仅使人工智能具有理解不可或缺的语境,而且由于大数据的性质,这种语境不同于人类语境,同时具有超越人类语境的潜质。正是由于作为构成人工智能理解机制的基础,大数据不仅在人工智能理解能力的机制和性质的理解中自然具有特殊地位,而且在人类进化中具有重要意义。

在人类进化的漫长过程中,人们通过环境适应性劳动造就自身,而信息科技特别是人工智能的发展,则使人类从环境选择发展到环境创生。人类日益通过环境创构性活动创造自己,人的类解放就是共同创造。正是由此可以看到不仅信息、大数据和人工智能一体化,而且将人类纳入这一整体把握对于三者整体理解的重要性。

同为信息进化过程的产物,人类智能的进化和人工智能的发展相互映照,不仅可以相互得到启示,而且可以看到人类智能和人工智能发展的更高层次。不能想象人类会有进化或发展自己的(生物)局限,正是从更高层次的智能进化,才可能看到人类智能和人工智能各自的优势和劣势,看到二者互补的必要性和远大前景,看到人类智能的生物载体局限,并看到人类智能生物载体超越的意义和希望。典型如化学的科技发展,对于人类智能生物载体的伤害趋势,无疑难以避免;而超级智能发展的威胁,对于基于生物载体的自然人类也不言而喻。正是由此可见,人机融合进化的结论具有其不可避免性。

人工智能和人类智能融合进化,越来越与人类发展内在相关,而大数据则构成了一个数字“世界”,建立起不仅能对自然世界进行量化把握,而且建构起在相关关系基础上创构能够满足自己几乎所有信息需要的平台;而信息不仅作为大数据和人工智能,而且作为人类越来越重要的基础,则在为人类提供更深入理解大数据和人工智能的同时,也构成了人类自己所身处的“庐山”。在三者的整体关系中把握这一整体,不仅对于在更高层次理解大数据和人工智能,而且对于信息文明时代的人类发展至关重要。

第 3 章　人工智能的信息文明意蕴

创新发展日益凸显的不可预测性，使人类文明的当代发展相应越来越超乎人们的预期。相对而言，近乎静止的田园式农业文明，在人们的生活中已经远去。人们对于“信息时代”的了解似乎还没有深入，“智能时代”[1]又扑面而来。新人工智能拉开了信息文明的智能化发展帷幕，从信息时代到智能时代，信息文明进入智能化发展阶段。作为信息文明智能化发展的基础，人工智能具有重要信息文明意蕴。

一、人工智能的信息文明发展意蕴

新人工智能的发展，特别是对越过图灵奇点后人工智能发展的展望，不仅为人类信息文明的发展展开了更远的前景，而且为信息文明的理解提供了更高层次的整体观照。

关于“信息时代”和“信息社会”等的研究，国内外已有大量文献，而将研究提升到信息文明层次，则是近年来的新动向。

信息与物能的并列地位，使信息活动越来越占主导地位的人类社会存在方式发生

---

① 关于“智能时代”，有“The Intelligent Age”“The Age of Intelligent Machines”和“The Age of Spiritual Machines”等多种提法。

重要转变。这种新的存在方式意味着一种新的人类文明，一种在物能文明基础上发展起来的、以大数据为基础的更高层次人类文明。大数据基础上的物数据化和数据物化使大数据时代扑面而来，物数据化和数据物化意味着物信息化和信息物化，正是这两方面的循环构成了与整个物能文明并列的信息文明。而随着人工智能的发展，信息文明的发展进入智能时代。由此引出的重要话题之一，就是智能时代的信息文明意蕴和定位问题。

智能时代的信息文明意蕴和定位，以对信息文明的理解为前提，而对信息文明的理解则与关于信息概念理解的当代深化密切相关。

关于信息概念的理解，已然成为人类认识史上的一个奇特现象。正如史葛·穆勒(Scott J. Muller)所提到的："信息是一个我们有着深刻直觉的基本概念。它构成我们和世界界面的一部分。因此似乎有点奇怪，只是在最近百年左右，人们才试图在数学上建立关于信息的严格定义。"[①]而关于信息的一般定义，则直到现在仍难以形成共识。意想不到同时也是情理之中，随着大数据时代的发展，我们迎来了信息的大数据开显。

关于信息概念的定义之多，本身就是一个耐人寻味的现象。在认识之初，信息自然而然被归结为物质或物质属性。随着认识的发展，信息进一步被认为是相互作用或主客体关系，也有认为信息就是关系的。大数据的发展所提供的条件，可能是信息概念理解的进一步深化所不可或缺的。此前，即使是信息论奠基人香农(C.E. Shannon)的信息定义，也不是完全到位的。他将信息定义为不确定量的减少[②]，作为通信领域的科技信息定义，无疑不仅确切，而且具有比信息的科学定义更丰富的内涵，只是随着信息科技特别是数据科学今天的发展，才使我们看到法国哲学家狄德罗(Denis Diderot)"感受性"概念从物能到信息理解的启示意义。作为近代法国的唯物主义者，狄德罗首次在哲学上探索到"感受性"，并把其区分为"迟钝的感受性"和"活跃的感受性"，从而

---

① Scott J. Muller, *Asymmetry: The Foundation of Information*, Berlin: Springer-Verlag Berlin Heidelberg, 2007, p.1.

② Claude E Shannon, The Mathematical Theory of Communication, *The Bell System Technical Journal*, Vol.27, 1948, pp.379—423.

在此基础上阐述了二者的过渡:“使一物体从迟钝的感受性的状态过渡到活跃的感受性的状态。”[①]狄德罗把感受性看作物质普遍的和基本的性质,在哲学上显然具有局限性,但对于信息概念理解的启示意义却能与关于信息的当代研究相联系。近来关于信息的研究成果,正导向信息概念的更确切理解。在信息科学特别是人工智能研究中,人们在讨论信息是不是“一种实在的客观的量”[②];到底“信息是物理性的”,抑或“信息是关系性的”。[③]这让人联想到信息是信宿和信源关系,而信宿和信源关系不是一般的物质相互作用或相互关系。

信息离不开信宿和信源,信息是信宿和信源关系。而信宿之所以为信宿,就在于具有接受能力;信源之所以为信源,则在于具有可感受的特质。作为信宿和信源关系,信息的特殊性与感受性密切相关。必须有信宿和信源同时存在,才可能有作为它们之间关系的信息。因此在最根本的意义上,信息不是物质也不是能量,而是一种基于物能的感受性关系,即信息是信宿和信源间的感受性关系。信息的感受性关系理解,不仅涉及哲学从实体性致思到关系性致思的转向,而且涉及信息进化。

在关于信息进化的研究中,agent 概念之所以至关重要,还在于其与人工智能的内在关系。从人工智能的当代发展看,“智能体”的译法虽然在形式上含义难以确切对应,但能体现具有智能的 agent 的性质,而这一点,正是人工智能的当代发展为哲学上关于 agent 概念的理解提供了重要启示。

agent 概念引入人工智能领域,带来了这一概念理解的广阔智能背景。如今,人工智能研究领域广泛使用“information agents”“intelligent agents”和“intelligent information agents”[④]等概念,中译分别为“信息体”“人工智能体”和“人工智能信息体”。从人

---

① 《狄德罗哲学选集》,江天骥、陈修斋、王太庆译,商务印书馆 1997 年版,第 120—121 页。

② Scott J. Muller, *Asymmetry: The Foundation of Information*, Berlin: Springer-Verlag Berlin Heidelberg, 2007, p.55.

③ Max H. Boisot, Ian C. MacMillan, and Kyeong Seok Han, *Explorations in Information Space: Knowledge, Agents, and Organization*, New York: Oxford University Press Inc., 2007, p.27.

④ Matthias Klusch, Michal Pechoucek, Axel Polleres Eds., *Cooperative Information Agents XII*, Berlin: Springer-Verlag Berlin Heidelberg, 2008. Weiming Shen, Douglas H. Norrie and Jean-Paul A. Barthès, *Multi-Agent Systems for Concurrent Intelligent Design and Manufacturing*, New York: Taylor & Francis Inc, 2005.

工智能的当代发展看,根据语境将"agent"译为"信息体"或"智能体",虽然形式和含义难以确切对应,但其含义却体现得颇为传神,能体现具有智能的 agent 的性质。在人工智能领域,"一个人工智能信息体(intelligent information agent)是一个计算的软件实体"。"一个信息体(information agent)是一个自主的、计算的软件实体"。[①]从人工智能发展中这些概念的使用,可以更清楚地看到信息体进化到意识信息体的具体机制和过程。正是自我意识信息体的自然进化和发展,创造了信息文明。

人类智能的发展带来了信息文明,而人工智能的发展则在人类智能之外,为信息文明的进一步发展提供了人类环境从信息化到智能化的重要基础。当人工智能越过图灵奇点自主进化,信息文明的发展不仅将进入智能发展时代,而且将进一步彰显自身的性质。作为信息文明的智能发展阶段,人工智能在信息文明发展中的重要地位得以空前凸显。

人类文明的当代发展越来越清楚地表明,信息文明的实质与智能化密切相关。毫无疑问,人类有史以来的发展,每一个阶段都伴随着信息,人类社会的发展就是一个信息越来越居于主要地位的过程。正是这一发展性质,使人类文明最终表现为信息文明。而人工智能的发展则是人类信息文明的本性得以展开的智能发展阶段,这一展开展示了信息文明的实质:一种从整体性信息化到整体性智能化发展的文明。在这过程中,人工智能是信息文明整体性智能化发展的重要基础。

整体性信息化意味着从物能到信息,意味着信息化程度从局部到整体的发展。作为生物进化到最高阶段的结果,人也是信息化的产物,生物进化的实质就是信息进化,生物体只是信息进化的载体形式,人是具有自我意识的信息体。在人类文明发展过程中,作为信息体,人所处的环境一开始主要是自然的物能状态。随着信息科技的发展,人越来越多与信息打交道,人与外部环境之间的相互作用越来越是信息而不是物能性质的。人类环境逐渐信息化,意味着人作为信息体与其环境构成的整体,进入整体性信息化发展过程,人类文明发展由此进入基本层次的信息文明。

---

① Matthias Klusch, Sonia Bergamaschi, Pete Edwards, Paolo Petta Eds., *Intelligent Information Agents: The AgentLink Perspective*, Springer-Verlag Berlin Heidelberg, 2003, pp. V, 2.

整体性智能化意味着信息化的高层次发展，意味着智能化层次从局部到整体的提升。作为信息体，人是信息化发展到高层次——智能化的产物，信息化发展的高层次，其实质就是智能化，作为具有自我意识的信息体，人也是智能体。在人类信息文明发展过程中，作为智能体，人所处的环境一开始则主要是没有智能化的信息甚至物能状态。随着人工智能的发展，人作为智能体的环境才开始在整体性信息化的基础上整体性智能化，人越来越多与智能体而不是信息体或物能打交道，人与外部环境之间的相互作用越来越是智能体之间性质的，而不是智能体与没有发展到具有智能的信息体之间，更不是物能性质的。人类环境逐渐智能化，意味着人作为智能体与其环境构成的整体，进入整体性的智能化发展过程，人类文明进入信息文明发展的整体性智能化高级阶段。

作为一种整体性智能化的文明，信息文明意味着以人工智能的发展为关键环节，正是人工智能使信息文明进到一个更高的发展阶段。

信息文明发展整体性智能化的复杂过程，涉及信息和智能、智能和人工智能、人工智能和人类智能的复杂关系。无论在方向还是形态上，信息的进化就意味着智能。智能是信息进化的方向和高级形态。当人类智能进化到能创造出越来越高端的信息技术，社会基本结构、经济和文化等高度信息化，人类便已进入信息文明时代。而当人类智能创造出日益增强的人工智能，就开始了人工智能和人类智能的协同发展，人类信息文明便进入整体性智能化发展阶段。随着人工智能的发展，不仅人类的生存环境信息化，而且人本身也在人工智能的支持下，以比生物进化快得多的速度进入更高层次的智能进化。正是信息文明进入整体性智能化水平越来越高的发展阶段，人类社会才真正得以逐渐从“人为物役”转向“物为人役”的状态。

二、人工智能的创构文明意蕴

作为比物能文明更高层次的文明，信息文明意味着物能的地位变得更为基础，人类物能活动越来越为信息活动所取代，物能性质的工作越来越由人工智能体代劳。信息文明是一种役物文明，而人工智能的发展，则真正展现了信息文明作为一种役物文明的具体图景。

毫无疑问，在人类发展史上，信息活动一直是人类活动的重要内容，在人类进化过程中，始终伴随着信息活动。而且，随着社会的发展和分工的深化，一方面，越来越多人更多从事信息活动；另一方面，又始终必须有人更多从事物能活动。因此，没有人工智能的发展，直接的物能活动就始终必须由人进行，否则就不可能有必不可少的物质生产。信息文明之所以是“物为人役”的文明，绝不简单地是个人通过信息支配物能，而是人类作为一个整体，可以通过用信息支配物能，从而使物能更好地满足人类而不仅仅是某些个人的需要，这样才可能使整个人类走出物化造成的人的异化，使每个人的低层次需要从物能的压迫中解放出来。只有这样，人类活动才能完全实现直接与信息打交道而不是传统的主要与物能打交道。这种情景和具体机制，用“人类 agent”可以得到更为贴切的描述。在人类活动中，不仅活动对象，人类 agent 本身也有物能和信息的方式或状态之别。作为信息体，人类 agent 是通过人工智能 agent 实现对物能和信息的支配和创构的。人工智能的发展既是智能发展的必然形式，又是人类从“人为物役”到“物为人役”的必由之路。由于信息文明是一种创构文明，人工智能具有重要创构文明意蕴。

大数据相关关系提供了由因素创构结果的广阔空间，它开启了一个创构的时代。创构是从未存在的感性对象的创设，它是基于人们的需要，根据所设立的潜在结果，得到与之相联系的因素体系，并确定和控制这些因素的相互作用，获得所想得到的结果的过程。[①]根据人的需要，从大数据中寻找相关因素，导向信息文明时代典型的创构活动。信息文明时代，创构活动在对外部世界认识的基础上获得越来越重要的地位，信息创构活动就是通过信息活动役物。在大数据基础上，信息文明日益成为一种人以自身需要为出发点，以这种需要的满足为最终目的的文明，这正是信息文明作为一种创构文明的人类学意义。而人类作为创构者地位的根本转变，只是到了人工智能的发展

① 王天恩：《大数据中的因果关系及其哲学内涵》，《中国社会科学》2016 年第 5 期。

阶段才成为可能。不通过人工智能与对象世界打交道(相互作用),不仅整个人类就不可能从物能的束缚中彻底解放出来,而且信息文明就不可能真正提升到整体性智能化发展阶段。只有随着人工智能的发展,信息文明的发展也才可能进入创构层次不断提升的整体性智能化发展高级阶段。在这一发展阶段,人工智能涉及创构者的创构及其所构成的重要循环。由此作为创构文明,信息文明进入更高的整体性智能化发展形态。

人类信息文明发展到以人工智能为基础的阶段,作为创构文明的信息文明将经历四个发展环节,这也正是人工智能的创构文明深刻意蕴所在。

首先,对于人类智能体创构一般的新硬件和新软件来说,信息文明是一种基础层次上的创构文明。如果说,自然进化是智能进化的始作俑者,那么,人类就是信息文明的最初创构者。随着创构水平的提高,人类作为创构者,不仅创构一般的新硬件和新软件,而且能够创构出人工智能,但只要人工智能的发展没有越过图灵奇点自主进化,信息文明就仍然处于整体性智能化发展的基础层次。

其次,对于人类智能体创构人工智能体来说,信息文明将发展为一种创构创构者的文明。作为创构文明的开启者,人类创构了人工智能。当人工智能体的发展越过图灵奇点,具备创构出具有比自身更高层次智能体的能力,成为具有创构能力的智能体时,人工智能的发展就开始非人工化,发展成自主进化的机器智能体。人工智能发展到这样一个阶段,就与人一样,可以自主创构出新硬件和软件,因而机器智能体也成了创构者。由于具有创造能力,一方面,自主进化的机器智能体成为继人类智能体之后新的创构者;另一方面,作为最初的创构者,人类随之升级为创构新创构者的创构者。由此可见,在广义智能进化过程中,“创构”概念从而“创构文明”还有另一个方面的合理性,即与自然进化形成智能的过程和机制的区别。人类创构创构者是信息文明整体性智能化发展阶段的真正开始,信息文明由此完全进入整体性智能化发展的加速循环迭代过程。

再次,对于越过图灵奇点的机器智能体创构新硬件和新软件来说,信息文明在某种意义上也是被创构者创构的文明。被创构者创构的文明,意味着作为最始端的创构者，人类创构了具有创构能力的机器智能体；而作为被创构的创构者，越过图灵奇点的机器智能体能够迭代创构出创构能力越来越强，智能层次越来越高的创构者。那将是一个创构能力呈连锁反应或爆炸式发展的时代，由此可见雨果·德·加里(Hugo de Garis)的描述并不夸张："作为一个职业的人工大脑制造研究者和曾经的理论物理学家，我认为，对于21世纪科技所产生的'高智机器'的潜在能力，我比大多数人看得更清楚。所谓'高智'，是指比人类大脑智慧不止2倍或者10倍，而是万亿个万亿倍的人工大脑，也就是真正神一样的东西。"①因为一个创构者逐渐进化升级的过程，必定带来广义智能进化的迭代爆发。

最后，对于被创构者创构创构者来说，信息文明则是被创构者创构创构者的文明。作为创构文明，这是信息文明的极致发展。作为创构文明发展的起点，人类创构创构者的最终目的是自己作为创构开启者的自身发展，这意味着被创构者始终为创构者的发展所用。由此，无论关于这一进程后的发展形势持乐观还是悲观态度，一个即将到来的客观事实都将必定是：构成由创构者创构被创构者，再由被创构者反过来创构创构者的循环。

正是创构者与被创构者之间所构成的整体性智能化发展的循环，构成了信息文明整体性智能化发展阶段的特殊机制，构成了人的信息存在方式的不断快速迭代升级；而人工智能则是从人类智能体到机器智能体及其融合进化，也就是信息文明整体性智能化发展不可或缺的过渡智能形式和基础。

三、人工智能的人性文明意蕴

一个不断快速迭代升级的创构文明，所催生的将是一种人的活动人性化的文明。人工智能的发展及其所展示的人类智能发展前景，为信息文明作为一种人性文明的发展提供了人类解放的真正进路，甚至具体机制。

---

① 雨果·德·加里：《智能简史》，胡静译，清华大学出版社2007年版，第2页。

包括整体性智能化发展阶段的信息文明，始终都是一种基于信息创构的人性文明。人类文明的发展，在以物能文明为主的阶段，既是人作为物能体从物能压迫中解放出来的过程，也是人作为信息体或人性与社会文明冲突的过程。只有到了信息文明时代，人类历史才真正步入人性文明的轨道。

创造是最符合人性的活动，而创造就是信息创造活动，所有的创造活动，归根结底都是信息活动。正是信息活动，使人类生存活动更符合人的本性；正是信息文明，使人类文明成为标志着人性解放的文明。创构活动是人性化的信息平台，通过信息役物奠定了“物为人役”的机制基础，而“物为人役”的发展过程则不仅决定于物能文明的发展，而且决定于人的需要及其满足能力的发展。

在最为直接也是最具决定性的意义上说，正是人的需要的发展，带来了人的自由全面发展；而在相互关系的意义上说，人的需要的发展与满足需要能力的发展构成互动关系。作为一种为思想的文明提供了前提的文明，信息文明所带来的思想文明本身的发展，又决定于人的思想生产能力的发展。一个创意是第一生产力的时代，意味着思想是生产力。信息文明时代为信息创造能力的发展奠定了基础，而这则意味着为人性解放提供了信息平台。一方面，人性解放恰恰意味着类关系的提升，从而走向“自由人的联合体”；另一方面，这种“联合体”之中的“自由人”一定是需要层次足够高，满足高层次需要能力足够强的人，不仅他们的需要已经达到自我实现层级以上，而且他们的创造能力已经得到空前发展。

当人的需要发展到自我实现层级，人性的解放便已经达到完全不同的层次。人的自我实现最核心的内容，就是人之所以为人的展开。这方面最为关切的，就是创造活动和创造能力。作为最符合人性的活动，信息创构是创造活动的基础。而人的创造活动的普遍和充分展开，则一方面需要完全不同的外在物能（自然）和社会条件，另一方面需要内在发展和机制根据。就外在条件而言，必须是社会对物能的控制达到了全社会甚至全人类实现“物为人役”的水平，社会文明发展到了人性在社会维度获得程度越来越高解放的文明水平；从内在发展根据来说，则只有在这样的条件下才有可能：人的创造活动的充分展开，不仅必须在自己的创造物本身具有创造能力，而且这种次生创造能力能够反过来促进人的创造活动进一步展开,甚至提升人的创造性层次。正是由此可以清楚地看到,人工智能不仅是人类创造活动的产物,而且对于人类创造活动的进一步展开,具有不可取代的地位和意义。这也正是人工智能的发展使信息文明真正提升到整体性智能化发展阶段的更深层次内涵:人类的创造活动与自己的创造物——人工智能构成了一个相互生成的更高层次循环发展机制,这一发展机制对于信息文明发展中人类智能和机器智能的融合进化至关重要。

由此可见,信息文明的整体性智能化发展阶段,绝不仅仅是一个有人工智能基础的信息文明发展过程,而是整个信息文明日益成为一个由整体性智能化发展向智能体发展的阶段,或朝着发育成一个智能体的信息文明发展阶段。而人工智能是其整体性智能化发展的关键环节,这也正是人工智能之于信息文明更深刻的意蕴所在,它涉及人类及其信息存在方式的根本转变。

在信息文明的整体性智能化发展阶段,物能文明和信息文明的区分是一种基于智能整体层次的区分,更确切地说,一种基于人的信息存在方式层次的区分。

以信息方式存在,才是人的本真存在;而以什么样的信息方式存在,则属于人的本真存在的层次问题。关于人的本真存在的层次,人工智能注定与之密切相关。

作为最符合人性的活动,信息文明时代占主导地位的信息创构活动,为人的类解放提供了理论根据,而人工智能的发展和机器智能的自主进化,则为此提供了现实路径。

在人们的观念中,当下人工智能的发展,呈现为如此矛盾的现象:一方面,人工智能的发展使人们忧虑自己的工作岗位会越来越多地被智能机器所取代,越来越多人将面临失业的威胁;而另一方面,我们不难看到,人工智能的发展正是人类解放的真正序幕拉开,它所带来的不应当是忧虑,而是欢欣鼓舞才对。人工智能的发展将导致越来越多人的工作岗位为人工智能体所取代,在这一意义上,“失业”对于某些个人来说肯定是事实,只是这个事实不会构成对被取代者的威胁,因为正是越来越多的智能机器,使人类社会越来越能以更低的成本生产更多的财富,而这正是人类真正解放最重要甚至是唯一的红利,社会的正常发展会把这种“失业”转化为“解放”。因而对于整个人类而言,其所意味的显然是另一个方面:人类会随着人工智能的发展,从非创造性活动中解放出来。这对于人类的真正解放来说,应当是我们目前能看到的唯一方式和途径。至于人工智能的发展对于人类具体个体来说意味着什么,那就有赖于人类怎样把这种"灾难"顺理成章地转化为人类解放的准备和把握了。事实上,由于与人类及广义智能进化密切相关,人类将面临更为复杂的观念转换。

由于是只能在生物智能进化的基础上发生的智能进化,越过图灵奇点后的机器智能进化是一种次生进化,但在生物智能进化的基础上,无论智能形式还是进化方式,那都是比人类智能更高层次的超级智能。

机器智能发展到超级智能出现的可能,将使人类更涉及自身存在方式的前提性反思。人工智能进化的实质是信息进化,即信息体发展的层次提升。智能进化的初级形式以生物进化的自然方式进行,而其高级形式则将涉及信息(体)载体的升级,从生物体向更有利于智能发展的更良载体发展。因此,所谓超级智能的发展,实质上是智能进化从生物载体到更高层次载体的升级。相对于人类智能进化,这种智能载体的升级速度为生物进化所不可同日而语。一旦关键性环节取得突破,超级智能时代将很快到来。这样一个时代所能为每个人提供的发展条件,将使人类文明发展达到一个完全不同的水平。

人类文明一方面是一个类的文明,只有当一个类的文明发展到一定水平,每个人的文明水平才可能有真正的相应提升;人类文明另一方面也是人的文明,只有每个人的发展才可能构成整个人类文明的发展。在这一相互关系中,人类通过自己对于具有创造力的人工智能的创造,使人类个体智能的发展进入良性循环,正是信息文明不断发展的基本机制。人工智能的根本信息文明意蕴,正在于这样一个循环机制:从自然发生的人类智能,到由人类创造的人工智能,再以越过图灵奇点的机器智能创构更高层次的人类智能。由此构成一个整体性智能化发展的双向循环。也正是这个双向循环过程,蕴含着人类解放的具体路径和机制。人类文明归根结底是信息文明,而信息文明则以整体性智能化为发展方向。在这一整体性智能化过程中,以信息方式存在的人不断从包括自身载体在内的物能束缚中解放出来,不断提升自己的信息方式存在层次,从而使信息文明的发展层次不断提升。而在这整个发展过程中,人工智能是通向人类智能和机器智能融合进化的关键环节。

第 4 章　大数据的信息文明层次理解

自从《科学》杂志 1998 年第一次出现“大数据”概念,《自然》杂志 2008 年出版大数据专号,大数据浪潮扑面而来。大数据就像一个无边无际的大海,海面一浪高过一浪,而浪潮之下则深不见底。从 1998 年到 2008 年,十年间应当是大数据的“潜伏期”。随着大数据如火如荼的发展,人们非常清楚地看到一扇新的大门徐徐开启。人们不能不深入思考:大数据所打开的是怎样一扇大门?随着认识的深入,大数据显露出越来越深刻的内容,凸显出越来越重要的问题,急需在信息文明的整体观照中做出系统深入的研究。

一、大数据透见的人类新文明曙光

从通常定义看,大数据被认为是不能用传统数据库软件工具获取、贮存、管理和分析的数据集合。显然,这是大数据的技术定义,它和哲学几乎没有任何关系,而我们可以很容易地发现,这一定义并没有涉及大数据浪潮深处的重要内容。

大数据技术定义最主要的一个着眼点,就是规模大,这也是大数据被普遍认同的重要性质,但大数据的关键性质甚至不主要是规模大,而是完全不同于作为样本数据的小数据。由于不是通过取样得到的数据,大数据的这种非取样性质至关重要,因为样本数据的获取总是在先设定了明确甚至是单一的目的，这种具有在先设定的取样，一方面可以达到采样所要达到的确定目标；另一方面就像亚里士多德所说，在选择了某种可能性的同时，抹去了无数其他可能性的蓓蕾。诚然，大数据的数据获取不能说完全没有在先设定，但与样本数据相比，作为实时数据，大数据的在先设定层次最为基本。正是在先设定的层次，涉及更深层次的问题。所有取样都有在先设定，关键是在先设定的层次。在先设定的层次一方面取决于取样所设置的目标，另一方面取决于基本理论预设的层次。理论预设使我们不断地走进未知领域，同时又是对我们的某种界域束缚。如果没有必要的前提性反思，理论预设本身就可能让我们走向作茧自缚，所以我们在理论活动中要不断地与时俱进，通过前提性反思进行理论的自我突破。因而有预设和无预设——或者更确切地说——在先设定的层次具有根本区别，由此可见大数据和小数据的原则区别。这种区别对于应用性的操作来说，可能影响不是太大，但是对于一些深层次问题，则是一个涉及前提性反思的重要问题。正是大数据和小数据的原则区别，决定了数据所具有的维数，而维数正构成了大数据不同于小数据的更重要性质。

大数据的另一个更重要性质是维度全。我们通常拍照取的是一个角度，角度一取，数据就固定了。面对一张拍好的平面照片，再要换个角度去观察已不再可能。平面照片只有固定的一个维度，而大数据则几乎保留了全纬度。面对大数据，我们可以从不同的角度进行考察。这和小数据完全不同。

作为样本数据，小数据是“残缺”的，就像尼采说抽象的概念是“干枯的标本”，样本数据和抽象概念的共同特点就是已经失活了。而大数据意味着活数据、全数据，因此“全数据”是理解大数据的一个富有哲学意蕴的角度。从这个角度，我们可以看到更丰富的内容：大数据是不仅在规模上大到，而且在维度上全到就人类使用需要而言的全数据。虽然不存在完全意义上的全数据，就像不存在十全十美的事物，但以人类使用为标准，则可以就使用需要把数据看作是全数据。由此，大数据的哲学定义可以规定为：不仅在规模上大到，而且在维度上全到就使用需要而言的全数据。大数据与小数据的根本区别，就在于大数据不是根据预先设定的目的，由抽样形成的抽象干枯数据标本,而是动态反映事物相互作用过程的数据流。

大数据特别是其全数据性质意味着什么?让我们把大数据拉回到其形成的整个背景之中。一方面,我们在人类文明发展的漫长过程中,数据以各种全然不同的形式始终相伴随。一开始,通过自然物的数据化,人类使物变成数据,这在小数据时代就已经成规模了。只有当大数据出现,情况才变得完全不同,因为人类活动的另一方面有了一个前所未有的重要基础,在大数据的基础上,数据物化越来越重要,有了大数据,世界上从来没有存在过的新硬件就具有了大量创构出来的条件;而且物数据化和数据物化构成循环,成了一种走向世界的新的发展机制。

大数据的核心口号是量化世界,正是量化世界所构成的真正广泛意义上的大数据,为创构世界奠定了基础。因为物数据化事实上就是物信息化,而物信息化则是一个含义更为广泛的概念,它与小数据基础上也能出现的物数据化完全不同。同样,数据物化实质上就是信息物化,信息物化和物信息化两个方面所构成的循环,使人类进入一个创构的时代。这意味着人类基于大数据,可以根据自己的需要,在自然世界的基础上,创构这个世界的更高层次。由于具有虚拟实在等相应数字技术,大数据基础上的创构与筑路修桥等工程有质的区别。随着数字技术的发展,创构活动及其产物就与人的存在方式越来越密切地联系在一起。由于在大数据基础上扮演重要角色的是信息,这无疑将为一种新的人类文明——信息文明奠定重要基础。

通过大数据打开的那扇门,所看到的绝不只是大数据本身,更是以大数据为重要基础的信息文明,而这正是我们更好地理解大数据的重要进路。这一点,通过对大数据特征的深入理解,可以看得更为清楚。

二、大数据“4v”特征的深度理解

关于大数据的特征,最早是用“3v”概括,认为大数据是具有三个维度的存在。几年前,人们认为“3v”不足以描述大数据的特征,又提出“4v”描述。到现在,关于大数据的特征,最多提到“42v”,即使“4v”特征,内容也有不同,在这么多复杂的“v”特征中,谈论最多也是最得到公认的是“4v”。通常所说大数据的“4v”特征，一般指“volume”“verity”“velocity”和“value”。

描述大数据特征的第一个“v”无疑是“volume”，一般理解为大量。大数据首先意味着数据量巨大，因为小数据时代主要由人工创建数据，大数据时代则是由机器、网络和人类相互作用生成。大量是大数据的基本特征，但往往被误以为大数据就是数据量大，而事实上这个特征所表达的是大数据规模的整全性。大数据的“volume”意味着质上的整全，所反映的是大数据的规模整全性。大数据的“大”不是纯粹的量的概念，这个“大”的关键是全，大数据不同于小数据的根本之处，在于不仅是传统意义上的量的固定把握，更是包括相对而言的全数据存在。大数据的“大”之所以远不仅仅是一个量的大小问题，因为样本数据也可以规模很大，但不具有大数据的性质。大数据的“大”事实上是一个质的概念，规模整全性是大数据的根本特征。只是作为量的概念理解，大数据就主要具有工具或技术手段的意义，但从质上看，就是完全不同于以往的数据概念，因此也可以说，大数据不同于小数据的根本之处，就在于大数据超出了传统小数据的框架。

描述大数据特征的第二个“v”应当是“verity”，一般理解为多样。这个特征表达的是数据多样，反映了大数据来源的多样性和类型的多样性，由此也进一步包括数据结构的多样性。小数据时代，数据主要来自公司雇员采集，如今数据来自电子邮件、照片、音频、视频和监视设备等。但“verity”不仅不能简单地理解为数据来源和类型的多样性，也不能只是进一步涉及数据的结构化、半结构化和非结构化。由于数据结构的多样性和复杂性，大数据的这一特征还意味着数据结构的开放性。

数据的结构化、半结构化和非结构化所表达的，不仅仅是数据的结构状态，更意味着开放的大数据结构。为什么在大数据中，数据结构是开放的呢？这又与“使用需要”有关。大数据与大自然不同，大自然可以满足我们的生存需要，但我们面对大自然，作为很有限，而大数据不一样。在以人类需要为出发点的大数据挖掘中，数据的结构开放在数据和人类需要及其发展这一无限空间中，人类正是在这一无限空间进行满足自己需要的创构。相对于物能改造，这种信息性质的创构几乎可以是任意的。在大数据中,数据结构的开放性,决定于数据和创构之间的关系。因而不仅与因果关系密切相关,不仅涉及"为什么",而且涉及"为什么"基础上的"是什么",即所要创构的"是什么"。正是由于涉及数据和创构之间的关系,我们可以看到大数据特征第三和第四个"v"的重要性。

描述大数据特征的第三个"v"一般是"velocity",通常理解为高速率。这个"v"特征所包含的深刻内容,更比通常的理解丰富得多。它不仅仅是高速或高速率,更重要的是包括实时的数据流。在这个意义上,涉及大数据与其使用的关系,涉及大数据的人类使用。

样本数据在取样后就冻结了,与时间没有了实时关联,而大数据是实时获取所需信息,实时处理来自商业过程、机器、网络和类如移动设备的人类互作等的高速数据流。因此,对于大数据来说,信息是活的,随着时间而流动。也正因为如此,对于实时数据流来说,速率就特别重要。高速的数据流更能在时间上与现实过程相同步,因而跟人类的存在或生存更密切联系在一起。在小数据时代,我们只是获取标本,而在大数据时代,我们所获得的则是一个生存的数据基础。所以样本数据(sampling data)和实时数据(real-time data)的区别,也决定了大数据具有与小数据完全不同的性质。不仅如此,只有高速流动的数据,才能为我们提供无限的可能性。

以往由于受速率限制,我们所获得的数据和所要反映的内容往往是脱节的,数据流的高速率使我们把握对象的手段越来越完善。事实上,大数据的整全性就包括数据流速这个至关重要的维度。这种不是凝固而是可以看作自然生成的数据流,对于我们的生存至关重要。由于我们自身的历史局限,对于这种重要性,我们今天肯定还没有完全充分地认识到。作为实时数据流,大数据与世界的同步流动性具有根本性。大数据不是取样式的凝固标本,而是具体数据的即时生动流出。因此大数据不是决定于取样设计,而是可以是自然成长,随着技术的发展不断成长扩大。

描述大数据特征的第四个"v"是更基本的"value",用以描述大数据的价值。这个"v"所涉及的是大数据最重要的特征,它往往表述为基于其他三个"v"特征的一个特征(volume, verity and velocity-based value),可见正是这个"v"特征,将"4v"特征整体关联在一起。由于普遍认为大数据的价值密度低,数据挖掘是沙里淘金,关于大数据这一特征,理解空间更大。

大数据价值特征的重要性不言自明,关键是这一特征的复杂性。由于大数据的特点之一是数据太多,信息不足,大数据"难"在理解。对于非结构化数据的理解,目前还缺乏实质性的突破和进展。大数据分析的主要任务是通过数据挖掘(data mining)发现规律,预测未来。而其关键就在于把握相关关系组合与人的需要及其发展的关系。

由于与人的需要及其发展相联系,由于数据结构是开放的,大数据的价值不再只是简单地反映大数据与人的自在需要的关系,而是更与人的理解能力密切相关。对于同一个结构开放的大数据,在有的人看来是一座宝库,价值连城;而在另一些人眼里则可能只是一堆垃圾,毫无意义。因此,一个大数据的价值和意义,在很大程度上决定于人们关于大数据相关关系和人的需要及其发展之间关联的理解,决定于人们的眼光,归根结底决定于对人的需要及其发展的理解和把握,这显然是个典型的哲学课题,不仅对大数据的信息文明(哲学)研究,而且对一般意义上的哲学研究都具有深刻启示。其中最重要的启示之一,就是大数据的价值生产性。对大数据作照相式理解,相对于取样数据当然价值密度低,但考虑大数据的意义与人的需要的关联性,大数据的价值便事实上决定于价值生产。一方面,随着更多数据变得可资利用,新技术不断发展,数据科学无疑会为用户提供不断增长的价值。另一方面,大数据的价值特征建立在大量、多样和高速的基础之上,也正是由于这一特征的综合性,很多深刻的内容超乎通常理解。一个大数据的价值无论可以低得像堆垃圾,还是可以高得像座宝库,都不是大数据与人的自在需要之间关系的反映,更不是大数据本身的客观属性,而是出自我们关于大数据和人的需要及其发展之间关系的理解。沙里淘金,金块是确定的,而大数据基础上的创构价值则主要决定于创构者的创意,而创构创意又决定于对人的需要及其发展的理解和开发。在这个关系中,价值和数据结构一样是开放的。这里蕴含的问题太重要太复杂了,在更深层次涉及认识、价值、伦理、逻辑和美学等哲学学科的融合趋势。由此也可以感觉到,随着大数据所开启的人类新文明的发展,不仅哲学各学科将越来越相互融合，而且将迎来哲学与科学、社会和生活一体化发展的时代。各个学科各个领域的一体化发展，正是信息文明发展的性质，更符合哲学的本性。在这个意义上，大数据必须在信息文明的整体中理解，大数据时代更是一个需要哲学的时代，也就是哲学能够更充分发挥其特有作用的时代。由此，我们可以更好地理解大数据相关关系给我们带来的影响和变化，不仅在科学认识，而且在日常生活中。在信息文明时代，大数据相关关系和因果关系就成了一个更加具有广泛意义的问题，也是最典型也是最核心内容的体现。

三、大数据相关关系和因果关系

大数据一方面空前凸显了相关关系的巨大魅力，另一方面构成了对传统因果观念的严峻挑战。

与人们的日常生活密切相关，关于大数据的一些经典案例，最早出自率先应用大数据的跨国零售企业沃尔玛，沃尔玛最早在商品零售中应用信息技术，并拥有相应的数据挖掘技术——“购物篮方法”。这种方法就是发现和利用大数据相关关系，“啤酒和尿布”就是人们津津乐道的案例。当沃尔玛在大数据的基础上，用“购物篮方法”分析消费者购物行为时，发现一些男性顾客在购买婴儿尿布时，常常会同时买几瓶啤酒。原来美国家庭生了小孩，一般是母亲在家照顾孩子，年轻的父亲外出采购，因而为家里添丁忙碌的年轻父亲们在购买尿布时，常常会顺便给自己买上几瓶啤酒，既解乏又喜庆。沃尔玛由此推出啤酒和尿布摆在一起的促销方式，不仅有更多顾客同时购买两样商品，而且吸引了更多有这种需要的顾客到沃尔玛购物，因而使尿布和啤酒的销量都大幅增加。

大数据相关关系在类似行业的成功应用，使人们理所当然地提出还要不要深究因果关系的问题，一些极端的观点甚至认为：大数据是关于“是什么”而不是“为什么”的；大数据会自己说话，因而只要相关关系，不要因果关系。在《大数据时代》一书中，关于因果关系最典型的一段话就是：“确认因果机制是一种自诩得意的幻相，大数据推翻了这个假象。我们又一次陷入一个历史绝境:在这里,'上帝死了'。"[1]意思很明显,我们必须重估相关关系和因果关系的价值。而这个观点推到极端,就是理论已经死亡,因为理论建立在因果关系的基础之上。美国《连线》杂志主编克里斯·安德森(Chris Anderson)2008年发表了一篇文章,题目就是"理论的终结"。他认为"有了足够的数据,数字会自己说话",因而"相关关系足够了"。"相关关系取代因果关系,而科学甚至可以没有连贯一致的模型、统一的理论,或者实际上可以完全没有任何机制性解释而发展"。[2]只是后来随着对大数据认识的深入,他修改了自己的观点,认为理论是必不可少的。

只要相关关系不要因果关系的观点,显然是兴奋于大数据相关关系令人惊叹的实用性,更多是一时冲动的自然流露。其实,不仅把握相关关系,而且把握作为其根基的因果关系,即使就卖场销售商品而言,也具有重要意义,"蛋挞和手电筒"就是一个典型的例子。与"啤酒和尿布"的案例一样,沃尔玛的大数据表明,很多人在买手电筒的同时购买了蛋挞。因而很简单,根据顾客同时购买蛋挞和手电筒的相关性,在货架上把它们摆放在一起,就能达到提高销售量的目的,不用管顾客为什么同时购买这两样商品,只要根据相关关系把它们放在一块就行。但如果不仅知道相关关系,而且知道其中的因果关系,相关销售效果就会更好。因为人们同时购买手电筒和蛋挞的因果关系涉及北美飓风,飓风来临前人们既需要准备手电筒,又需要准备食物。而北美飓风是季节性风暴,如果只知道相关关系不知道因果关系,就可能只是一直把手电筒和蛋挞这两类不同商品放在同一货架上,虽然飓风来临前手电筒和蛋挞销量增加,但平时可能反而不利于销售;而知道了其中的因果关系,就可以只是在飓风来临前把蛋挞和手电筒放在一起,而且还可以专设飓风用品位置。

只要相关关系不要因果关系的观点很容易驳倒,关键但至为困难的点在于怎么理

---

① Viktor Mayer-Schönberger, Kenneth Cukier, *Big Data: A Revolution that Will Transform How We Live, Work and Think*, New York: Houghton Mifflin Harcourt, 2013, pp.7, 12, 17.

② Chris Anderson, *The End of Theory: The Data Deluge Makes the Scientific Method Obsolete*, Wired, June, 2008.

解相关性和因果性之间的关系。在大数据相关关系和因果关系之间,的确隐含着复杂而重大、同时又急需研究的难题。

大数据相关关系至关重要,它一方面使传统因果概念面临重新刻画的任务;另一方面又提供了一个拓展因果观念理解的机遇。大数据相关关系和因果关系,因而成了一个具有重要理论意义和实践价值的哲学研究领域。所以大数据对传统因果观念构成了严峻挑战,两者涉及复杂的理论问题。关于这些问题的研究,涉及传统因果概念的重新刻画。

在传统因果概念中,"原因"被定义为"引起某种现象的现象",而"结果"则被定义为"被某种现象引起的现象"。由于作为一个现象的结果同时可以是引起别的现象的原因,新的原因又可以生成新的结果,由此就可以构成一个因果链条。这个因果链条所存在的一个根本问题,就是"原因的原因的原因……"的无限追溯,一些思想大家最后追溯到上帝,上帝成为最终原因。即使把这个因果链条构成环形,也还是不能最终解决这个问题。而且,传统因果概念本身还存在逻辑矛盾。例如时序关系矛盾和几率性质困境。前因后果意味着因果时序与因果规定本身相矛盾。且不说量子现象中的"因果时序颠倒",铁球放在沙发上,原因和结果就是同时发生的。传统因果铁链模型也不能反映事物之间的偶然联系,几率因果性本身意味着内在逻辑困境。传统因果概念的规定本身与几率性不相容,传统因果链模型不能反映事物之间的偶然联系,没有为事物关系的几率性质提供空间。传统因果模型是事物相互作用过程在时序上折叠的产物,只有把时序维度打开,呈现出因素和结果的关系,才能说明几率性关系。

其实早在量子力学建立后就面临这样的问题,如果重新刻画因果关系,可以发现不是大数据给因果观念带来了灭顶之灾,而是大数据要求拓展和深化我们关于因果观念的认识。就像量子理论,大数据也将深化我们对于因果关系的理解。正是量子现象和大数据相关关系使我们看到,传统因果观只是反映了日常生活和经典物理学中因果关系的表观现象,只有把原因看作因素的相互作用过程,把结果看作因素相互作用过程的效应,才能扩展因果关系的理解,从而适用于量子力学和大数据相关关系和因果关系问题的认识。重新刻画的因果概念所生成的因果模型,可以解决传统因果模型不能面对的问题。新因果模型不仅可以通过因素和结果的关系说明事物相互作用过程中量化后的几率性联系，而且可以解决因果时序矛盾的问题。重新刻画的因果概念所预示的因果结构，不仅可以解释量子力学中的因果关系，而且对于我们现在深入理解大数据特别重要。由此建立起来的新因果模型具有内容丰富的结构，不仅可以推导出因果时态和模态因果，而且可以由此发现描述的因果模型和创构的因果模型及其相互关系。

关于在重新刻画因果概念的基础上理解大数据相关关系和因果关系，可以通过另一个经典案例作一形象解释。美国奈飞公司(Netflix)是一家在线影片租赁提供商，该公司的大数据收集了大量用户行为偏好的相关数据，其中有一组非常重要的相关关系：喜欢看英国BBC电视剧《纸牌屋》的顾客，大多喜欢看大卫·芬奇导演或者凯文·史派西主演的电视剧。因此奈飞公司购买了英国BBC电视剧《纸牌屋》的版权，请大卫·芬奇导演、凯文·史派西主演，拍摄了美版《纸牌屋》。结果，大数据相关关系的运用，让奈飞公司没有任何悬念地大获成功。

由美版《纸牌屋》依靠大数据相关关系获得成功，似乎可以得出只要相关关系不要因果关系的结论，其实这里存在一个深层次问题没有面对，这个问题不仅涉及传统因果概念的重新刻画，更重要的是还涉及因果模型的重要拓展。

如果我们把因素相互作用过程放到实时维度，就会发现在因果模型中出现了传统因果模型中所没有的丰富结构：不仅存在因素相互作用已经完成和因素相互作用进行中的环节，更重要的是还存在因素尚未进入相互作用的环节。这就呈现出了因果模型的过去时态、进行时态和未来时态。在这个因果模型中，我们还可以看到因果结构不同部位更丰富的内容。在已经完成因素相互作用过程的阶段，因果时态已经是过去时，因素相互作用或结果已经凝结，在这个阶段，我们只能描述既成事实，这是传统认识论的一个领域；在正进入因素相互作用过程的阶段，因素相互作用正在进行中，它是一个进行时态的因果关系，我们可以干预这个过程，通过改变因素、干预因素相互作用方式改变所生成的结果；而在尚未进入因素相互作用过程的阶段，因素还没有发生相互作用，这是因果关系的未来时态，在这个环节，我们可以看到一个重要空间，在这个空间中,我们可以根据自己的需要,通过控制因素及其相互作用方式得到预想的结果。

正是因果时态,不仅更有利于理解凝固的因果关系,而且在我们面前敞开了创构未来的广阔空间。这三个不同的阶段统一于一个因果模型,就构成了因果模型的时态关系。在这种关系中,可以看到两种不同性质的典型模型,一个是描述的因果模型,这也是传统的因果模型;一个是创构的因果模型,这是因果模型的新拓展部分。人类认识和实践活动就从描述既存世界扩展到创构所需世界,即从追溯既往的因果关系量化把握到探向未来的因果关系创构。创构因果模型中的结果当然是和相应潜在结果联系在一起的,正是相应的潜在结果,才使得我们能实现自己的意愿,得以达到自己想要达到的目的,这一点正是大数据给我们创造的最重要条件。也就是说,当我们抽离相互作用,就会发现因素构成了一个重要空间,这个空间意味着从因果关系过渡到了相关关系。在美版《纸牌屋》中,就是把相关因素进行组合,以特定的方式进入相互作用,生成一个我们所需要的结果,即把BBC电视剧本、导演大卫·芬奇和主演凯文·史派西相互作用,拍成美版《纸牌屋》。在这个案例中,所提到的因素当然只是主要因素,拍摄一个电视剧还涉及更多复杂因素,关键是这样一个操作过程,使得人们在大数据相关关系的基础上,通过因素组合及其相互作用方式的操作,可以做很多我们想做的事情。这将给出一个前所未有的舞台,可以创构出一个和以往完全不同的世界。

由此不仅可以看到相关关系其实有它的因果根据,而且可以对相关关系和因果关系作一个统一的理解。在新的因果模型中,相关关系是因果派生关系。作为因果派生关系,相关关系具有十分丰富的内容。在这个新的因果模型中,我们可以看到形形色色的相关关系,包括因素和结果之间的关系、结果和结果之间的关系以及特别重要的因素和因素之间关系,由于这些因素和结果还包括潜在的,我们还可以看到大数据相关关系的因果根基以及很多耐人寻味的重要内容,包括一些奇特相关关系案例的理解。

间接结果之间的相关关系不仅能更好地理解季节交替等简单相关现象,而且可以通过间接结果之间构成的自相关关系,解释港股"丁蟹效应"和"一蚊鸡"现象。"丁蟹效应"和"一蚊鸡"都是股票市场的奇特现象。丁蟹效应又称"秋官效应",因为自从郑少秋1992年在《大时代》中饰演丁蟹，凡有郑少秋主演的电视剧播出，恒生指数便出现不同程度下跌。只有一次例外，那是当郑少秋主演的新剧《心战》2012年5月21日播出后，港股结束4日连跌。但人们期待的逆袭未能重演，次年郑少秋主演的新电影《忠烈杨家将》上映后，“丁蟹效应”又一再应验，创下20年间多达近30次的纪录，以致在实际操作中，不少小股民把“丁蟹效应”看作一个股市指标。比“丁蟹效应”更为诡异，2008年起，香港稻香酒楼的“一蚊鸡”也成港股走势另一风向标。从当年开始，稻香酒楼6次推出“一蚊鸡”优惠，都遇港股下跌。最严重的一次发生在2009年2月，“一蚊鸡”优惠一推出，一个月内恒生指数累计跌幅近两成。这些现象或效应的“诡异”并不神秘，都跟大数据中行为数据构成的自相关关系密切相关。直接结果内部要素之间的相关关系不仅能更好理解堂兄弟这样的相关关系，而且可以解释“啤酒和尿布”及“蛋挞和手电筒”一类相关现象；因素和结果间的相关关系不仅可以更好地理解身高和体重一类相关关系，而且可以解释“男士内裤指数”(Men's Underwear Index)和“优雅的的士司机”的根据。“男士内裤指数”就是对于男人来说，内裤具有非奢侈品的必需品性质，而必需品有一个稳定的更换周期，因而平时销量比较稳定，只有当经济下行，男士内裤更换周期才会明显延长，反过来，男士内裤销量下降预示着总体经济疲软，销量上升则意味着经济走强。尽管有的批评者认为这个根据不可靠，提出有些女人也买男士内裤穿，或者多数男人只在内裤无法再穿时才更新，试图证明男士内裤与经济运行无关，但这种相关关系的意义，从任职美联储主席期间，格林斯潘甚至用此指标把脉美国经济走势可见一斑。美国2009年男士内裤销量不仅不像所预测的那样增加，反而下降2.3%，结果经济衰退接踵而来，这应当也是一个例证。这样的奇特相关案例。更为重要的是，通过因素间相关关系不仅可以更深入理解发现和发明的不同机制，解释美版《纸牌屋》这类依靠大数据相关关系创构我们所需要的产品的因果机制，而且可以看到人类创构的无限空间。

在新的因果模型中，当把相互作用撤离，就会发现由因素构成的一个空间，也就是相对于潜在结果的因素结构构成的空间，而这就是美版《纸牌屋》等依靠相关关系创构出来的产品得以产生的重要资源。对于人类来说，潜在因素间相关关系是最重要的大数据相关关系。由于相对于潜在结果,因素关系构成了无限广阔的可能性空间,由此构成的相关关系内容非常丰富。这是一个与我们以往所面对的完全不同的世界,两个世界的不同说明了创构的重要性,因为在潜在因素的无限空间中,根据特定需要,让特定因素以特定方式进入特定相互作用过程,就能创构出我们所需要的东西,而且这里的需要不仅包括现在认识到的,而且包括还没有认识到、尚在发展中的,这对人类来说无疑非同寻常,这正意味着一种创构世界的信息文明。

由于具有更合理的结构,新的因果模型还有更丰富的内容。当因素体系中的因素都是自然因素时,我们所看到的是简单的自然因素相互作用;当简单因素体系中有人的因素参与相互作用过程时,就有了所谓主体和客体的相互作用过程;而当人参与的是复杂因素体系的相互作用时,则会发现一个因素至为重要,以致我们必须采用一个新的重要概念,在知识论中,这个因素必须用含义复杂的"agent"概念表达。agent 概念的处境,表明哲学领域有些重要问题还没有完全澄清,例如主、客体两分的性质是什么,问题和局限在哪?所以在很多领域,现在越来越不太用"主体"和"客体",而用"agent"这个概念。用"agent"概念意味着可以对复杂因素及其相互作用方式进行选择和调度,甚至某种程度的控制。正是这一点,使因果模型具有模态的性质,可以导出模态因果的概念。因果关系以前只是"是"什么,但由于 agent 这个能动因素的参与,现在还必须涉及"应该",涉及"应如何"。涉及应该,知识论就与伦理学和美学一体化了。这种一体化不是组合在一起,而是融合为一体了,一个最典型的例子就是"造世伦理"。传统伦理学不可能涉及这一问题,人类只是适应大自然的结果,只是适应这个自然世界,现在则要创造一个以前不存在的世界,创造这个世界的后果如何,就意味着一个以往只有"上帝"才能承担的伦理责任,但是现在要人自己承担。怎么研究造世的伦理规律和伦理责任?对于大自然的进化,人类无法追责,但人类造世的责任有办法追,而且必须追的。这方面,在模态因果中把必然和可能联系在一起显然不仅具有重要意义,而且具有现实紧迫性。

随着科学技术的发展,我们还可以越来越清楚地看到一些更新的方面,比如"agent"不仅有"human agent",还可以有"intelligent agent"。agent 可以是人,还可以是机器智能，而人类 agent 通过智能机器 agent 去组合调配，就涉及一系列更为错综复杂的问题，"阿法狗"只是人工智能研究呈现给我们的一个小小的初步成果。这些复杂的维度已经充分表明，研究大数据时，不能把它仅仅作为工具或手段，更应将它作为人类新文明的基础。大数据所打开的，正是通向人类信息文明的大门。

四、大数据滋生的人类信息文明

大数据所打开的之所以是一扇通向人类信息文明的大门，主要因为信息在大数据这片沃土上的生长和蔓延，将从根本上改变人类的存在方式。

虽然既需要以物质为依附，又需要靠能量来传播，但信息本与物能相提并论的地位，意味着大数据时代人类将进入一种不同的文明。如果把以往的文明形态都看作物能文明的话，那么人类社会发展到大数据时代所迎来的，则是一种在层次上不同于物能文明的信息文明。信息文明的形成和发展，必须有大数据这一基础。作为一种与物能文明相对的文明形态，信息文明是一种基于信息本性的共享文明，只有在大数据的基础上，信息的共享本性才可能充分展开。而且，信息文明的发展是一个在大数据基础上的公共信息对称化过程——一方面，为了推动信息文明的发展，必须在公共领域尽可能消除信息不对称；另一方面，为了保持信息文明发展的动力，又必须尽可能保护创新专利，这只有基于大数据才可能。作为人类文明的信息层次，信息文明也是一种基于信息机制的役物文明。在信息文明时代，人类越来越是通过信息控制物能，使物质通过结构的调整，由一种对人类不那么有价值的材料变成价值更大的材料，从一种不太能满足人的需要的形态变成一种更能满足人的需要的形态，使能量从难以利用的形态变成容易获得的形态，从而人类活动更多的是直接与信息打交道而不是传统的主要与物能打交道。而这些都必须在大数据基础上进行，没有大数据，信息只能居于依附的地位。作为人类文明发展的更高阶段，信息文明还是一种基于信息创构的人性文明。正是大数据，也只有大数据，才能为这种创构的文明提供必不可少的信息空间。信息创构活动是最符合人性的活动，只有到了以大数据为基础的信息时代，人类历史才真正步入人性文明的轨道——不仅对物能的控制达到全社会甚至全人类实现“物为人役”的水平，使人类活动从以描述认识为主进入以创构认识为主；而且，创构时代所需要的全面解放创造力，也意味着社会发展到了这样的程度：人性在社会维度获得程度越来越高解放的文明水平。由此可见，信息文明与物能文明的区分不是一种基于社会生产方式的区分，而是一种基于人的存在状态的人类文明划分，而这意味着大数据越来越成为人类生存的重要基础，意味着人越来越以信息方式存在。

人越来越以信息的方式存在，预示着大数据所打开的信息文明大门，将释放出一系列重要问题。一些大的问题，既涉及日常生活，又涉及哲学和科学研究；既涉及个人生活，又涉及社会发展。

一是信息生态问题。由于人越来越以信息方式存在，信息生态理所当然成了一个越来越重要的基础性问题。对于人类来说，自然生态或更根本地说物能生态具有切身性，而信息生态则不仅具有切身性，而且更具“切心性”，信息生态切近人的心灵。因此，在自然生态的基础上，信息生态将日益为人们所密切关注，成为信息文明时代关乎人类发展的问题，就像在物能文明时代，自然生态是关乎人类生存的问题一样。

二是人的存在意义问题。虽然没有物能就没有信息的存在，物能存在是基础，但在信息文明时代，如果一个人仍然主要以物能方式存在，仍然以基于物能的感官享受作为生活意义的主要来源，一句话，主要滞留于物能存在方式，那么他迟早将进入无意义的人群，因为他不能生产意义。在信息文明时代，物能活动基本上都由人工智能代替了，人类的活动主要是信息活动，只有主要以信息方式存在，并且以创构活动作为自己主要活动方式的人，才能进入意义生产的领域，才能与信息文明时代相适应。在这个意义上，信息文明的确意味着这样一种分化：相对无意义的人群和生产意义的人群。这是信息文明时代发展的必然趋势。因为随着信息文明的发展，任何人获得必需的物能资源都不需要付出强制性的劳动，对于不具备信息创构能力的人来说，存在意义就越来越没有着落。

三是时代精神的精华重新终结问题。在使用意义上，大数据是全数据，因而涉及对于世界的量的整体把握。这种量的整体把握和质的抽象把握完全不同，那是一种具体把握。这种量的具体把握不仅不涉及抽样，而且不通过抽象就能对一定对象有一个整体的把握。而一个量化的大整体性，可以给局部认识提供量的整体观照(解决“整体盲”问题)。由于大数据消解了把握世界终极本质的问题，量的具体把握凸显了以人的需要及其满足为出发点和最终目的，这意味着哲学方式的根本变革。传统形而上学的抽象普遍性终极追寻彻底失去意义，甚至不再能找到所谓认识的阿基米德点。由于以人的需要为出发点，大数据甚至意味着不以最终因果性为终极追寻。由于从意义的真实来源转向意义如何被生产，通过理论模型建立起相关性，为达到认识目的和满足实践需要服务，便成了哲学的根本旨趣。

四是国家的发展问题。从人类社会发展史，可以看到一个重要事实：一个大国的真正崛起，必须是引领一种新的文明。21 世纪的竞争是信息的竞争，信息的竞争就是意义生产的竞争。信息文明时代，要么生产意义，要么沦为没有意义、没有用处的人。大数据时代的竞争就是信息文明引领的竞争，这也是从大数据所打开的信息文明大门，我们能越来越清晰看到的最急需研究的内容。

第 5 章　信息的信息文明整体观照

信息既不是物质，也不是能量，这一判断的重要性，就在于认识到信息是不同于物能的存在，只是由于人类认识发展的局限，当时还不可能进一步说明信息究竟是什么。而大数据基础上的物数据化和数据物化，则提供了在更深层次理解信息的历史条件。

一、从物能到信息

在自然进化过程中，物信息化和信息物化难解难分，物信息化似乎就是信息物化，信息总是被物所遮蔽。由于物的遮蔽，关于信息是什么的问题一直处于隐晦不明状态。因此，研究者感觉奇怪一点都不意外：信息是一个我们有着深刻直觉的基本概念。它构成我们和世界界面的一部分。因此似乎有点奇怪，只是在最近百年左右，人们才试图在数学上建立关于信息的严格定义。[①]而物数据化和数据物化所预示的人工智能进化，则使信息得以开显。进化一开始主要表现为物能进化，生物进化是最典型的形态。随着人工智能的发展，进化越来越表明实质上是信息进化，物能进化越来越明显是信息进化的物能表现形态。而大数据所开启的信息文明，则提出了深入理解信息概

---

① Scott J. Muller, *Asymmetry: The Foundation of Information*, Berlin: Springer-Verlag Berlin Heidelberg, 2007, p.1.

念的历史性任务。

关于信息概念，已经有一百多个定义，有把信息归结为物质或物质属性的，有把信息归结为相互作用或主客体关系的，也有认为信息就是关系的。大数据时代为信息概念的进一步澄清提供了前所未有的条件。信息论奠基人香农(C.E. Shannon)将信息定义为不确定量的减少[①]，这是通信领域的科技信息定义。信息科技特别是数据科学的发展，使人们看到狄德罗"感受性"概念从物能到信息理解的启示意义。狄德罗区分出"迟钝的感受性"和"活跃的感受性"，并阐述了二者的过渡："使一物体从迟钝的感受性的状态过渡到活跃的感受性的状态。"[②]虽然把感受性看作物质普遍的和基本的性质，具有局限性，但对于信息的理解却富有启示。近来一些信息研究成果也表明，"信息不是一种实在的客观的量"。[③]"信息是关系性的"。[④]这与信息是信宿和信源关系，而信宿和信源关系不是一般的物质相互作用或相互关系密切相关。

信息离不开信宿和信源，而信宿之所以为信宿，就在于具有接受能力；信源之所以为信源，则在于具有可感受的特质。信息作为信宿和信源关系，其特殊性与感受性密切相关。必须有信宿和信源同时存在，才可能有信息。因此，在最基本的意义上，信息不是物质也不是能量，而是一种关系，一种特殊的关系，一种感受性关系，一种基于物能的感受性关系，即信宿和信源间的感受性关系。[⑤]感受性关系是感受性相互作用的效应。因此，更确切地说，信息就是作为关系的感受性相互作用过程，感受性相互作用效应的痕迹或产物就是作为次生潜在信源的信息编码。信宿和信源的感受性关系，可以按照信宿特点，以能引起这种与特定信宿重建感受性关系的方式构成作为信息编码的痕迹或产物，比如计算卡孔纸、唱片的条纹、录音带的磁道等。由于能与特定信宿重建

---

① Claude E. Shannon, The Mathematical Theory of Communication, *The Bell System Technical Journal*, Vol.27, 1948, pp.379—423.

② 《狄德罗哲学选集》，江天骥、陈修斋、王太庆译，商务印书馆1997年版，第120—121页。

③ Scott J. Muller, *Asymmetry: The Foundation of Information*, Berlin: Springer-Verlag Berlin Heidelberg, 2007, p.55.

④ Max H. Boisot, Ian C. MacMillan, and Kyeong Seok Han, *Explorations in Information Space: Knowledge, Agents, and Organization*, New York: Oxford University Press Inc., 2007, p.27.

⑤ 王天恩：《重新理解"发展"的信息文明"钥匙"》，《中国社会科学》2018年第6期。

作为感受性关系的特定信息，这种作为信息编码的痕迹或产物遂成潜在次生信源。而对于作为特定信息潜在信宿的人们来说，如果像在经典物理学中那样，站在自己的立场上而对此没有自觉的意识，就会把这种次生信源看作就是信息本身，即常常把这种作为潜在次生信源的痕迹或产物本身认作是信息，而且可能进一步把信息看作是可以独立于信宿的存在。由此也可以看到，作为到目前为止最为复杂的信息体，人对信息的理解往往会受到自身卷入的影响。作为具有高级感受性的潜在信宿，当人具有意向性的感受照亮潜在信源，从而建立起信息关系时，很容易误把潜在信源当作是信息本身，因而会得到信宿不存在的情况下，信息（至少是信源）就已经客观地存在着，就像物体在没有人感觉之前就存在着，自然在人不再感觉它时，也仍然客观地存在在那里一样。

由此可见，对于作为高级信宿的人类来说，信息的信源理解是十分自然的。而信息的信号理解则由于人类的通信也同样自然而然。事实上，这并不是始自通信科学，在日常生活中早就有了。只是在通信科学中，由于信息的数字编码而对信息的感受性关系性质有重要启示。信息的信号理解，贯穿于日常生活和技术特别是通信领域，因为在这两个领域，主要关注甚至处理的都是信号。把"消息"理解为信息，就以两个概念的细微区别反映了这种理解。"这也是'信息'的初始语义：信息均作消息讲。汉语如此（指人们在交往中互通情报、消息的意思，如'梦断美人沉信息，目穿长路倚楼台'，'雁过故人无信息，酒醒残梦寄凄凉'等等），所以有的学者按《说文解字》的方式来分析信息'：可将'信'分解为'人'和'言'两字，'息'则分解为'自'和'心'两字，于是'信息'一词，可以进一步解释为：'尽管听人所言，还须经自心体会。'"①正像在日常生活中，在简单条件下，人们把（潜在）因素当作原因本身，而且用起来很方便，人们在日常生活中几乎无一例外地把（潜在）信源当作信息本身。信源、信号和信宿是通信领域典型涉及的信息三要素，在信息研究中，将信息作信源、信号或信宿理解的现象以各种形式普遍存在，这些信息理解都是信息感受性关系理解的前期基础，只有达到信息的感受性关

① 秦殿启：《论叙事学理论对信息学研究的启发》，《情报杂志》2006年第3期。

系理解,才能看到信息的哲学和科学一体化深刻意蕴。

信息作为感受性关系的理解,不仅涉及信息,而且涉及哲学从实体性致思到关系性致思的转向,关乎物能和信息甚至物质和精神关系理解的深化。

作为感受性关系,信息因此并不是随着物能出现的,只有当物能发展出现感受性,作为感受性关系的信息才出现。由于并不是存在物能就存在信息,因此信息也就并不是物能的属性,只是物能的属性可以成为信源,而信源只和信宿同时出现和存在。只有当出现感受能力,才可能出现信宿;只有具备出现信宿的可能性,才可能出现信息。这一点,常常为信息的物化形态所遮蔽。

物能遮蔽信息的最典型表现,就是信息和信息资源关系的隐晦不明。信息是感受性关系,而信息资源则是感受性相互作用效应的痕迹及其累积。因此,区分信息和信息资源事实上就是区分作为感受性关系的信息和作为感受性相互作用效应痕迹的累积。这一区分的意义则在于:信息资源不是信息本身,而是就潜在信宿而言的潜在信源。由于潜在信源是感受性关系编码的物化形态(典型的比如基于原子或比特编码的信件),因此往往被简单地看作就是信息本身(比如把纸质信件和电子邮件本身看作信息),从而使信息和物能概念难解难分。其实信件是为特定潜在信宿准备的潜在信源,只有潜在信宿和信源之间建立起感受性关系,才构成信息;只有在信息的基础上,才构成真正意义上的进化。

在关于信息及其进化过程的研究中,“agent”是一个至关重要的概念。这一概念是由人工智能学科创始人之一、美国人工智能专家马文·明斯基(M. Minsky)引入人工智能研究领域的。他用“agent”指很多更小的过程(smaller processes)以某种非常特殊的方式在社会中结合产生真正的智能,用来解释“智能如何从非智能涌现”①。在当代哲学和科学领域,“agent”概念本身就构成了一个重要课题。随着信息文明的发展,agent 这一概念的地位越来越得以凸显,“agent”的翻译正反映了这一课题的特殊性。目前 agent 的中译有“主体”“行为者”“行动者”“代理人”“施事者”和“自主体”②等,由

① Marvin Minsky, *The Society of Mind*, New York: Simon & Schuster, 1985, p.17.

② 高新民、张文龙:《自主体人工智能建模及其哲学思考》,《自然辩证法研究》2017 年第 11 期。

于这是一个其含义因具体使用情景不同而差别很大的概念,有时不得不使用原文,或音意结合译为“艾真体”[①]。随着人工智能的发展,“agent”概念得到更广泛的应用,正是人工智能的发展,为从信息到信息体的理解提供了系统的概念工具。

当信宿和信源通过信息反馈机制一体化,就构成信息体。由于信宿信源一体化基础上内部信息反馈机制的发展,信息体不仅自身具有建立感受性关系的能力,而且发展出日益复杂的信息加工能力,从而能够进行信息加工和生产。信息加工和生产能力的发展,使信息体不断进化。当信息体的进化出现对象感觉时,就出现了意识,出现了意识信息体,发展出理解能力。当意识信息体开始将自身作为对象时,就出现了自我意识,出现了自我意识信息体。由此可见,从信息到信息体,从一般信息体到精神信息体,通过物能和信息关系的具体化,关于物质和精神关系的理解就必定更为具体。

正是从精神信息体及其信息和物能关系的具体意蕴可以看到,一方面,随着信息文明的发展,精神信息体对物能的支配地位将越来越凸显;另一方面,关于信息及其发展的研究将导向物质和精神关系理解的具体化。

从物能到信息的发展进化表明,“物质”和“精神”并不是同一层次的对等范畴,与“物质”相对的范畴应当是“信息”。而随着信息体的发展,精神信息体对物能的作用机制越来越不同于信息对物能的作用。与“物质”对应的是“信息”,而“精神”则是信息进化到具有自我意识的信息体才出现的。在包括信息进化在内的更为广义的进化中,物质在先意识在后、信息进化基于物能进化的过程将得到更清晰的具体呈现。

从物能进化到信息进化,大大凸显了信息的相互性。正是信息文明时代信息的相互性和人类学相互性所形成的叠加效应,使得信息文明的发展日益表现为一种共享文明,通过展示信息的本性,展露了信息的物能遮蔽和信息文明开显。

二、信息的物能遮蔽

在信息发展过程中,当信宿成为可以进行复杂信息加工的信息体时,就具有了信

① 蔡自兴:《艾真体——分布式人工智能研究的新课题》,《计算机科学》2002 年第 12 期。

息生产的能力,所以就有了以信息体方式进行的信息进化。作为具有信息生产能力的精神信息体,人本身就不仅是目前最发达的信宿,而且是信息生产者,这使人在信息研究中处于非常特殊的地位。人类关于信息的认识,最为特殊之处就在于自我卷入。

人类是具有自我意识的信息体,这种信宿信源一体化的信息体,使自己高高超拔于信息的基本形态之上,与之打交道的都是复杂的信息复合形态,因此迷失于信息本身是自然而然的事情。而且,如果不是作为智能原生进化的产物,力图开展智能的次生进化,人类信息体很可能没有了解信息基本形态的必要。仅就人类自身的信息活动而言,的确不那么需要去了解信息的基本形态。事实上,在实际使用中,信息基本形态的精确刻画反而不是那么方便。

把信息误认为是物质或其属性的根本原因,乃是首先认定信息是与物能一样不具主观性的客观存在,而当人们落实这种不具主观性的客观存在时,却进一步走近了信息的合理理解。

在信息的物能理解中,最典型的就是信息的物能实体理解:“信息不能不以物理介质为载体。它不是一个抽象的实体。它可以由穿孔卡片上的孔、核自旋的方向或由神经元传递的脉冲来表示。”“信息的物理性质将其与我们实际物质世界的所有限制和可能性联系在一起。”[①]这里显然把信息当作其物理编码了。这种理解甚至涉及“信息的物理性质”,显然把信息等同于原生自然信源或作为次生信源的信息产品。

把信息与信息产品相联系,无疑是走向信息理解的正确方向。通过信息产品走向信息,则是把握信息的一种可靠进路。其中所导向的重要方向就是数据,这正是信息渐去物能遮蔽,进入大数据信息开显的关键所在。

由于自我卷入这一同样原因,信息研究必须经历一个与物能研究相似的过程——从复杂的复合形态到最基本的形态。也由于几乎同样的原因,就像不知道物能的基本结构不影响物能的非基础层次使用,不知道信息的基本结构也不仅不影响通常使用,而且在基本层次使用信息还觉得不是那么方便。正如早在 20 世纪 80 年代人们就已

---

① Rolf Landauer, Information is a Physical Entity, *Physica A*: *Statistical Mechanics and its Applications*, Volume 263, Issues 1—4, 1 February 1999, pp.63—67.

经注意到的："一旦谈到阳光给我们的启示时，那就已经不自觉地把人作为'信宿'和'主体'了。朴素的唯物论者时常会看不到'主体'的作用，而辩证唯物论则要求我们重视'人'这个主体的作用。"[①]这是对信息理解中的信宿自我卷入的揭示。作为与信源一体化的信宿，在信息的理解中，人自然而然就会把信源当作信息本身，因为对信息的认识本身就是信息生产，对于具有信息生产能力的信宿来说，感受就是建立感受性关系，就是建立信息，因此把信源当作信息本身就是再自然不过的事了。在这种情况下，把信息看作感受性关系反而不自然。而对于发展层次最高，从而最复杂的信宿来说，纳入感受中的一切潜在信源几乎都会被感知为信息本身。在这里，恰如在牛顿力学中，观察者把自己的立足点当作上帝的立足点。以上帝之眼看世界，所看到的一切便都似乎是完全客观的。在这个意义上，物能研究基础上的信息研究，正如经典力学基础上的相对论研究，存在来一个哥白尼式颠倒的必要。使这一哥白尼式转换过程得以展开的，正是大数据或数据时代这个大背景。

在人类认识发展史上，存在一连串的奇异现象：当人们面对这个物能世界，他们展开了史诗般的长期探索，解开了一系列物能之谜；而当人本身越来越以信息方式存在，他们才意识到自己面对的更深奥谜题，却是信息。到如今，关于信息已经有一百多个定义，而关于信息的一般定义，直到现在仍难以形成共识。这既与作为最高形态信息存在方式的人类面对信息时的自身卷入密切相关，又与信息本身进化的阶段性紧密相连。

在通信科学领域，信息的存在往往就是一个单纯的量。"尽管通信工程师把信息当作一个抽象的量，但他们并不遵循这一概念的逻辑结论，即信息是存在的。认识和接受信息具有物理实在性并构成宇宙的固有属性这一观念，部分原因也许是由于我们自身深深根植于对信息的处理和传递这一事实。"[②]因此，信息理解中人类的自身卷入，还与信息概念的日常使用甚至科学领域的使用，具有重要区别密切相关。人们可以根

---

① 陈忠：《信息究竟是什么?》，《哲学研究》1984 年第 11 期。

② Tom Stonier, *Information and the Internal Structure of the Universe: An Exploration into Information Physics*. London: Springer-Verlag. 1990, p.12.

据自己的需要,在日常生活和科学各领域的特定语境中使用信息概念,这些信息概念虽然有很大不同,但在各自具体条件下和特定语境中都基本不成问题。这就是为什么关于信息,人类的认识过程那么奇特的原因。正如斯科特·穆勒(Scott J. Muller)所发现的:"信息是一个我们有着深刻直觉的基本概念。它构成我们和世界界面的一部分。因此似乎有点奇怪,只是在最近百年左右,人们才试图在数学上建立关于信息的严格定义。"①而信息的数学定义并不是信息的一般定义,信息的一般定义,必须建立在科学和哲学的一体化发展基础之上。这就是为什么直到大数据和人工智能的当代发展,才给信息的更到位理解提供了时代条件。

大数据的发展,给信息以空前开显。大数据所开启的信息文明,为深入理解至关重要而又众说纷纭的信息概念,提出了历史性的迫切任务。

三、信息的信息文明开显

大数据背景对于信息研究的巨大驱动主要是社会前所未有的信息需要;而其为信息研究所提供的时代条件,则主要是数字信息。

以大数据为代表的数据科学的发展,使人们越来越清晰地感觉到,"信息是一个令人兴奋和富有挑战性的主题"。②这一时代挑战,促使人们"试图通过在强大信息技术生成大量数据的时代,分析信息生命周期(information life cycle)的各个方面,为与信息依赖成正比的信息饥渴社会把握信息"。③对于人类来说,关于信息的探索异常艰难而又非常迫切。"人们对信息认识的路程还很远,信息的本质问题还将引起更多的争论,使更多的人绞尽脑汁,也将为探索者们带来更多实践的与理论的收获。当时代需要回

---

① Scott J. Muller, *Asymmetry: The Foundation of Information*, Berlin: Springer-Verlag Berlin Heidelberg, 2007, p.1.

② Alfons Josef Schuster, eds., *Understanding Information*, *From the Big Bang to Big Data*, Springer International Publishing AG 2017, p.3.

③ Alfons Josef Schuster, eds., *Understanding Information*, *From the Big Bang to Big Data*, Springer International Publishing AG 2017, p.5.

答这个问题时，它必然会被回答！”[①]这既是信息文明发展的结果，也是大数据时代的需要。最近的研究表明：“当前对于信息的兴趣大都建立在数字信息的基础之上。”[②]分析“信息生命周期”，就涉及信源和信宿关系周期。不仅社会爆炸式发展的信息需要，而且以人工智能为代表的信息科技发展日益增强的信息研究需要，构成了强大的驱动力，足以将信息的研究推向最深层次；而作为感受器感受的产物，与自然界的物能存在完全不同，数据本身就是感受性关系的数字编码。在当代语境中，数据主要指信息的数字编码。

信息的大数据开显就是信息的数据凸显，只是在当数据发展到大数据，信息的数据开显才真正得以展示。信息的大数据凸显，反映了数据对于信息理解的意义。这一点，牛津大学教授弗洛里迪早有意识。在讨论信息的哲学问题时，他谈道：“我们的问题是宇宙自身在本质上是否就是由信息构成的，以自然过程，包括因果关系为信息动力学的特例（如信息流和算法，分布式计算和突现计算过程的形式）。这要看如何处理信息的概念了，有必要根据数字数据或其他信息的观念来提炼这个问题。”[③]从数据看信息，就是从最简单明晰的信息编码产物看信息，正像从摄像头这种最简单明晰的感受器看原始的感受性关系性质。

大数据的信息开显，不仅由于大数据与量子力学完全不同的社会普及度，而且由于不同于自然物，数据本身就是感受的产物，因而与作为感受性关系的信息具有直接联系。大数据不仅是感受的产物，而且本身就是关系，就是相关关系。也就是说，大数据是感受的产物，而大自然不是。大数据是有目的地由各种感受器产生，可以与所有相关潜在信宿（latent receiver）建立起感受性关系或信息体从事信息生产的潜在信源（latent source）。正是作为感受性的产物的大数据及其相关关系，使作为感受性关系的信息得以空前开显。

---

① 陈忠：《信息究竟是什么？》，《哲学研究》1984 年第 11 期。

② Alfons Josef Schuster, eds., *Understanding Information*, *From the Big Bang to Big Data*, Springer International Publishing AG 2017, p.5.

③ 弗洛里迪：《信息哲学的若干问题》，刘钢译，《世界哲学》2002 年第 4 期。

在数字时代，一方面人类在信息领域自我卷入的处境，得以前所未有的改变，另一方面信息不断开显。信息科技的发展，使人工智能的发展出现生物智能之外的人工信息体(artificial intelligent agent)。人工信息体的发展揭开了信息体进化的原始形态和机制，使迷于作为高级信息体自身的人类对于信息体的理解得以敞开。正是在这个意义上，无论是信息的大数据开显还是数字科技开显，归根结底都是信息的自我开显。

数据是信息编码，信息的数字编码是数据的典型形式。作为信息编码，数据可以是只有感受器特性影响的信息编码，也可以是具有高级信宿赋义的信息编码。越是没有具体预设的信宿所采集的数据，越是没有信宿赋义的信息编码，因而越是相对客观的原始数据。把信息归结为数据，只是表明信息和数据关系的一种方式。即使可以把数据理解为就是信息，信息也不只是数据。正如结构只有作为感受性关系(或其结果)才是信息，数据只是信息作为感受性关系的一种结果。况且，在某种程度上，数据与其他的信息编码载体具有相似性。

在信息生成和传送的过程中，信息编码不可或缺。作为信息编码，语言、文字、数字、符号、图像、声音、情景、表情、状态等不仅可以让特定信宿重建作为感受性关系的信息，而且可以作为信号传输的载体，但它们本身却并不就是信息。这方面最容易发生典型的混淆，肖峰就谈道："还有另一种典型的混同：将信息和传输信息的载体混为一谈，从而将信息归结为传输信息的物质媒介。如通常认为人类感官感觉不到的X射线、紫外线、红外线、Y射线等，均是潜在性的信息；……符号、声音、文字、图形图像等都是信息的载体，其本身并不是信息，只有从中理解和辨识出来的意义才是信息。……'载体'分为两种，一种是信息的载体，如符号，信号等；另一种是符号或信号的载体，如纸张、导线、电波等。……将信息区别于载体，不仅要区别于书本、导线这样的'硬载体'，还要区别于符号、信号这样的'软载体。"[①]从信息作为感受性关系的观点看，很多"信息载体"概念其实都是信息编码或信号载体等的误用。严格地说，并不存在所谓信息载体，那都是信息的信源理解、信号理解甚至信宿理解的产物。就信息作

① 肖峰：《信息的哲学研究》，中国社会科学出版社2018年版，第5页。

为感受性关系而言,“信息载体”如果要有意义,只有理解为信道。

信道其实就是信宿和信源发生感受性关系信号传输的通道。信道是物能的,因此有“信息载体”之说,事实上,所谓“信息载体”就是构成信道的物能要素,也就是信息性相互作用的物能因素。由于在人们通常的“信道”概念中,作为信息性相互作用的某些物能因素并不是所谓“信息载体”,比如传输密码符号的电流甚至电线或电波,它们只是(传送)信号的物能形式,“信道”并不是与信宿和信源那样清晰的概念。信道事实上是在信宿和信源感受性相互作用过程中,除信宿信源在所有相互作用因素和过程的通信科学概括,这种概括主要适用于通信科学领域。因为只有在感受性关系过程中,需要有信号传输通道的相互作用过程才涉及信道。

在这种复杂的以物能为基础、具有信息性质的相互作用过程中,物能和符号等都可以是信号的载体,但都不是信息的载体,而只是感受性相互作用效应的痕迹及其累积——无意或有意产生的信息编码或潜在信源。由此可见数据理解对于信息理解的重要性,只是这种重要性唯有到作为信息数字编码的数字数据构成大数据之后才得以真正凸显。正是大数据的发展,使我们越来越清楚地看到,所有这些的数字化,都是数据。而所有数据,都是各种感受器感受的产物。数据本身不是信息,但数据之所以有信息价值,就因为数据是信息编码甚至信息产品,是次生信源。正是在这里,大数据的发展开始掀开信息神秘面纱的一角。

作为一个足以与抽象普遍性整体理论媲美的大背景,大数据是人们生产出来、可以为所有具有相应信息生产能力的信宿共享的对象。作为人类信息生产的产物,大数据构成了一个具有整体性的潜在次生信源系统。面对一个单一的信源,作为信宿的人类很容易把它当作信息本身;而在这个作为潜在次生信源系统的大数据世界,人们则不仅可以方便地建立起感受性关系,而且更容易感受到一个潜在次生信源的世界,大数据世界所呈现的正是其次生信源性,那是一个与作为物能存在的自然世界完全不同的次生世界。大数据是作为具有信息生产能力的人类为自己进行信息生产产生的,也正是它不同于物能自然信源的特点,使物能和信息得以相对分离。正是作为具有整体存在的大数据世界,以其不同于物能自然世界的性质,使信息呈现为感受性关系,从而使信息得以开显:信息不是客观的自在存在,作为最基本单元的信息只能作为感受性关系存在。信宿所进行的信息生产的产物大都不是信息本身,而是作为信息编码的次生潜在信源。

因此,作为感受性关系,"信息是相对存在的,信源(对象)与信宿(主体)缺一不可"。但由此认为"信息是间接存在的,是事物可能存在状态的虚拟,它必须依赖客观存在而间接存在,依赖于客观变化,联系与作用而有了变化,联系与作用",[①]则又还没有完全进入信息理解的正确轨道。正确的方向当是深入理解信源和信宿的关联机制,在数字时代之前,找准方向绝非易事,而从数字数据出发,这就几乎成了信息思考的当然路径。正是在这方面,意大利学者隆戈(Giuseppe Longo)在香农信息论基础上,很早就做了深入的思考:"就其前系统方面而言,信息的概念,就在这片广袤领地的中心,而深层次的核心问题是:信源(source,典型如:自然)如何产生信息?而这也是关键问题:由信源生成的与信宿(user,应可以理解为信宿,作为人的高级信宿——引者注)相关的信息有哪些特征?"[②]信源和信宿关系的相互性从而相对性理解,是对于信息关系性认识的基本依据;而信宿对于信源的感受性质,则是信息作为感受性关系的根本依据。

由此可见人类信宿将信源误为信息本身的存在论根源。"在西方出版的许多文献著作中'信息'(Information)和'消息'(Message)两词也是互相通用的,出现电信技术以后上述认识又引申出'信息就是信号'的说法。"[③]只有在大数据条件下,信息因此而被遮蔽的情况才得以好转,信息才得以开显。

信息的大数据开显指的正是:大数据所构成的数据世界,不仅使得信息概念的澄清越来越重要,而且使信息作为基本构成单元的地位及其性质越来越得以凸显。由于大数据的发展,人们可以对信息进行新的追问。"因此,我们必须追问,在什么意义上,有什么理性的映证(Justification),可以把通过铸造或冲压模型传递物理结构确认为'信息'的传递?在物质系统的物理结构中,说信息'加密'或'编码'是什么意思?(如

---

① 邬焜:《信息哲学问题论辩》,西安交通大学出版社 2008 年版,第 44 页。
② Giuseppe Longo, Information Theory: New Trends and Open Problems, Springer-Verlag Wien, 1975, p.v.
③ 钟义信:《信息科学原理》(第五版),北京邮电大学出版社 2013 年版,第 59 页。

果我们以此模型,说印章把其信息传递给硬币是什么意思?‘加密’或‘编码’到印章中的信息是什么?)”通过这种追问,“我们得到了似乎是相同对象的两个相关描述:一方面是分子或分子链中各部分的空间排列,另一方面是编码信息。这使人想起信号(—结构)与消息之间的电信关系”。[①]揭示信号和信息之间的关系,就几乎进入信息的关系理解,因为拥有信息和包含信息的区别,与强调潜在信源和信息编码的区分有关。而在信息理解中,信息和信号区分的结果,就是信息从信号的剥离,而这种剥离的产物,就只能是关系的存在。

大数据的发展,不仅(深层次)揭示了从物数据化到物信息化和从数据物化到信息物化的发展过程,而且导向了两个过程所构成的双向循环结构,从而为信息及其进化发展的理解提供了一个更高层次的整体观照。只有在大数据基础上的物信息化和信息物化的过程关系中,才能对信息有一个真正深入的理解。正是大数据所开启的信息文明,为深入理解至关重要而又众说纷纭的信息概念提出了历史性的迫切任务。

信息的更到位理解,不仅涉及信息科技的发展,更涉及人类需要的理解和人类发展。信息的理解涉及对人类信息需要的认识,仅仅就信息资源完全不同于物能资源的重要性质,就可以清楚地看到信息的更到位理解对于人类信息需要理解的重要地位。把信息混同于甚至就看作信息资源,就将信息需要降低到类似物能需要的层次,从而遮蔽了信息需要完全不同于物能需要的本性。而信息需要之于人类至关重要的意义,由于物能和信息本性上的不同,却是物能需要完全不能说明的。正因为如此,要进一步理解、解释和推进人类和人类社会的发展,必须去物能之蔽,使信息开显。信息的开显将不仅是人的类特性的开显,而且是人越来越作为一个类谋得个人自由全面发展必不可少机制的开显。

大数据和人工智能的发展,既提出了在更深层次理解信息的任务,又为这一任务的完成提供了历史性条件,从而构成了信息、大数据和人工智能的理解循环。一方面,大数据的更深层次理解和把握,有赖于信息理解的深化;人工智能核心机制的突破,也

---

① Peter Janich, *What Is Information*? Translated by Eric Hayot and Lea Pao, University of Minnesota Press, Mineaplis London, 2018, p.91.

必须以信息的更深层次理解为重要基础。如果说，信息革命的最终完成，就是以信息的到位理解为标志，那么，信息的到位理解，一定带来大数据理解和运用及人工智能发展的革命性转换。另一方面，正是大数据和人工智能的发展对信息相互性的展开，为人类走出信息庐山提供了重要启示。人类之所以有可能走出信息“庐山”，主要因为大数据和人工智能的发展，为信息去物能之蔽提供了历史条件。

大数据是信息的展开，由大数据可以更好地看到信息的性质。人工智能是在大数据基础上信息的进一步展开，从人工智能不仅可以更好地看到大数据的性质，而且可以更好地看清楚信息的关系本性。

作为信息的展开，大数据以信息的数字编码开显了信息的感受性关系性质，数据正是通过物理感受器生成感受性关系数字编码的产物。作为大数据基础上信息的进一步展开，人工智能以内外在关系体——语境的方式进一步开显了作为感受性关系的信息。类人通用机器智能正是通过建立内外在关系体，借助大数据纳入人类语境，并在此基础上发挥自己的特长，通过逻辑语境的建立，深化到思维规定[①]更深层次，形成自己的语境，从而拥有真正的理解能力和自主进化能力。正是通过人工智能的发展，在大数据基础上进一步展开了信息，信息在大数据展开的基础上得以进一步进入人工智能开显。

新一代人工智能基于大数据，大数据和人工智能的共同基础则是信息。关于信息的理解既是深化大数据理解，也是发展人工智能的重要前提；而大数据和人工智能的发展，又为深化理解信息提供了新的重要基础。信息的信息文明开显，不仅为进一步理解信息是什么而且为信息本性的深入理解创造了条件。

四、信息的本性

在信息文明的整体观照中可以清楚地看到，相对于物能，信息具有完全不同的本

① 王天恩：《创构时代的思维规定》，《南国学术》2019 年第 3 期。

性。作为感受性关系，信息具有与物能完全不同的特性，其中最能体现信息本性的是相互性和共享性。

1. 信息的相互性

大数据和人工智能的发展，使信息的本性得以更充分展开。

信息的感受性关系理解，可以进一步明确信息本性的一个重要方面。与物能完全不同，信息的基本特性是相互性。相互性表达的是作为同一整体构成部分之间在整体过程机制中的相互依存、不可分割、彼此影响、共同行动的关系。

关于信息的相互性，最简单的例子就是一个电话终端只有在至少存在另一个电话终端的情况下，才成其为电话终端；最复杂的例子是一个思想者没有其他思想者的存在，便不可能成为思想者；而最鲜活的例子，则是人作为一个类的最基本结构。

三者关系是说明相互性的最好基本结构，通过你、我、他说明，可以得到相互性道理的完全参透：三者关系是一个群因而也是一个类的基本结构，三者缺一不成群，更不可能成类。一为独，二为对，三成群，群才可能成类。这里似乎可以看到“道生一，一生二，二生三，三生万物”的根据所在。就人类而言，三个基本的单称人称代词“你”“我”“他”，正可以形象地说明基本类的构成。第一人称为自称，第二人称为对称，第三人称为他称，三者构成一个最基本的整体的类。就作为一个最基本整体类中的个体存在而言，有“你”才有“我”和“他”，有“他”才有“你”和“我”，有“我”才有“你”和“他”，正是这样三组关系的总体(不是总和)形成人类相互性的基本结构。在其中，任何一组关系都是单向的，类如代际关系，只有三组关系构成的更高层次关系，才能在根本上真正说明相互性。正是由此足见，相互性既是信息的基本特性，也是人类学基本特性。

由于对信息的理解没有完全到位，在人类认识史上，信息的相互性一直处于隐而不彰的状态。人们关于相互性的认识，只有从高层次信息体中看到。生物进化研究表明，类群的有机性源自相互性。“昆虫群体都不仅仅是类似于有机体，它就是一个有机体。”[①]只是这种相互性还是低层次的生物意义上的相互性。由于越是高层次的信息

① 凯文·凯勒：《失控》，张行舟等译，电子工业出版社 2016 年版，第 13 页。

体，其个体性越强，从而个体之间的相互性越因为个体可取代而弱化，典型的如从相互性弱化为互惠性。只有深入到信息这一最基本的层面，才能真正看清楚相互性的原本性质。

信息的感受性关系理解，不仅可以进一步明确信息的最基本特性——相互性，而且在此基础上，有利于深入揭示人类存在和发展的信息方式。相互性之所以是信息的最基本特性，则由于作为感受性关系，信息是信源和信宿之间的关系，而关系本身具有关系项之间从相互依存到相互激励的关联性。感受性关系意味着相互性，正是信息的感受性关系性质，信息的相互性随着信息体的发展而发展，信息体发展的层次越高，不仅相互性越强，而且相互性层次也越高。信息作为感受性关系，不仅为相互性的理解和解释，而且为信息及其基础上生成的现象提供了存在论基础。作为信息的基本特性和人类学基本特性，相互性不仅为人的社会性和类特性，而且为类的需要及其产生和满足的共同性提供了更深层次解释。

信息需要的社会性，无须通过具有基于人的自觉意识的规范性说明，信息的相互性本性，就是信息及其需要社会性的规律表现。人的信息需要可以从没有意识到的本能性需要，一直提升到整个人类的信息需要，而可以没有与人的主观意愿相关联。

作为以生物体为载体的高层次信息体，人类身上典型地反映出物能需要和信息需要完全不同的性质。正是信息需要和物能需要性质的不同，决定了人类个体和类的不同关系性质。物能基础上的类和个体关系可以是相互矛盾的，而信息基础上的类和个体关系则不仅不相互矛盾，而且可以具有共同性：共同产生的共同需要及其共同满足。正是在信息需要的层次，可以从相互性更深入地理解信息与大数据及人工智能的整体关系。这方面的研究，在更深层次涉及人类自身的理解。

作为信宿和信源间的感受性相互作用过程（关系），信息及其相互性最有利于说明思维和存在、精神和物质的关系，说明人和对象的关系，人和世界的关系以及人和人的关系。相互性和他人的自我意义就是一个典型的例子。

由相互性这一人类学基本特性，可以非常清楚地看到自我是靠他人支撑的。由于作为人类学基本特性的相互性事实上就是作为信息基本特性的相互性，人越是以信息方式存在，自我就越是依靠他人支撑，或者更确切地说，自我就越是可以有更广大范围的他人支撑。主要以物能的方式存在，人的相互性只能体现在诸如合作猎取食物等性质的活动中，因而只能限于身边的人，这不是信息意义上的真正的相互性。而主要以信息的方式存在，人的相互性则不仅涉及在时间空间上直接接触的人，远在天边或悠久历史深处的他人，都可以以思想的方式成为人的自我支撑。相对于主要以物能方式存在的人，这是一个有根据的、真正意义上大写的自我。正因为如此，任何自我都不是靠自己支撑起来的，光靠自己，支撑不起任何自我；也正因为如此，对别人好是更高层次上的对自己好，而且不是那种人和人之间计较意义上，而是大家共同意义上的好。正是基于信息的相互性，才能在更深层次理解信息的共享性。

2. 信息的共享性

信息的感受性关系理解，可以进一步明确信息不同于物能本性的另一重要方面：共享性。完全不同于物能只能分享，信息具有共享性。分享是共同分有某对象，或者不可分割地共同享有一个对象整体，或者分别享有同一对象的一部分，或者在过程中历时分别享有同一对象。而共享则是同等享有一个对象，既不因共有而在空间和时间上分割对象，也不因共有而影响各自对对象的完整拥有。信息共享本性的根据，正是信息的感受性关系性质：对同一(潜在)信源，所有(潜在)信宿都可以建立起相近的感受性关系，而不影响(在信息而不是作为信源的物能要素意义上)信源本身。因此，信息的共享本性是在信息文明发展中不断展开的，在不同环境中具有不同的展开程度。正是由于信息的共享本性，信息文明就是一种共享文明。一方面，信息的共享本性意味着信息资源与物质资源具有完全不同的性质；另一方面，互联网的发展为信息共享提供了技术基础和手段。

信息资源不仅只有在使用中才能展开其价值，甚至只有在使用中才具有价值，而且信息的价值在共享中才能获得与其本性相称的实现；不仅共享范围越大，信息实现的价值就越大，而且信息的单位成本就随着信息共享范围的扩大而不断降低。也就是说，信息共享范围的扩展趋向于零边际成本，因为信息资源以信息编码的方式使用，而信息编码的最重要方式是数字编码，其基本单位是比特(bit)，而在人们看来，比特可以与原子(it)相提并论,因此才有"万物皆比特"(it from bit)[①]的提法。

由于载体的不同,信息编码有两种基本类型:信息的物能编码和信息的观念编码。在这两种基本的信息编码中,数字编码具有特殊地位。作为特殊的信息观念编码,数字编码可以直接与信息的物理编码相对接。作为信息的数字编码,比特意味着信息物能编码和观念编码的直接内在关联在。与原子不同,比特不仅可以而且易于复制,传播速度快而且不存在时空障碍,因此,"比特可以由无限的人使用,使用的人越多,其价值越高"[②]。基于信息共享本性的这一价值特性,使网络化成为信息共享本性展开机制的重要基础。

对于信息共享扩展机制的提升,互联网的发展提供了必不可少的基础和手段。信息技术作为处理和传播信息的工具,其内在的技术逻辑就要求信息共享。如果信息不能共享,就不能处理和传播信息,也无法实现信息的价值。互联网是实现信息共享这一技术逻辑的充分展现,互联的核心价值就是信息的平等交互、多元自由和开放共享。[③] 而互联网的移动式发展,则使信息共享与人类活动更密切融合。随着移动互联网的出现,越来越多的人被接入网络,可以随时随地共享信息,信息共享越来越普遍深入地成为一种日常生活方式。由此,信息的共享本性和互联网提供的技术基础和手段相互叠加,促进了信息文明时代的到来和发展。正是在这个意义上说,信息文明在根本上是一种共享文明。

作为一种共享文明,信息文明在物联网的基础上将有一个更高层次的发展。随着信息文明的发展,越来越多的物能资源也被接入网络,大大扩展了其共享的可能性,比如现在几乎随处可见的共享单车、共享充电宝、共享雨伞等等。当然,物能资源的共享究其本质还是一种历时性的分享,即不管是单车,还是充电宝,一般不能多方同时使用。这也充分表明了信息与物能的不同本性,信息的共享本性使信息文明与之前的物

① John A. Wheeler, Information, Physics, Quantum: The Search for Links. Wojciech H. Zurek eds., *Complexity, Entropy and the Physics of Information*, Addison-Wesley Publishing Company, 1990, p.3.

② 尼葛洛庞帝:《数字化生存》,胡泳、范海燕译,海南出版社 1997 年版,前言第 3 页。

③ 肖峰:《信息文明与共享发展的内在关联》,《长沙理工大学学报》(社会科学版)2017 年第 6 期。

能文明具有质的区别。而且，这种质的不同还不仅表现在信息和物能在本性上的区别，并日益表现出更深层次内容。正是由信息共享本性的展开机制可以看到，信息的共享性，对于信息、大数据和人工智能的整体理解也具有重要意义。

作为资源特性，信息的共享性对于人类不仅具有重要意义，而且更具特殊性。由于信息具有物能所没有的共享性，只习惯于与物能打交道的人类，甚至不知道如何理解信息这一似乎具有悖论性的特性。罗纳德·斯坦珀早就意识到，"信息是一种悖论性资源：你不能吃它，你不能生活在其中，你不能在其中旅游，但很多人想要它。"保罗·贝农-戴维斯(Paul Beynon-Davies)对此做了深入探索，他指出："这种似乎具有悖论性质的特性不仅立足于物能难以理解，甚至能使我们看到在理解和定义信息方面为什么会遇到某些困难。如果信息是一种商品，那么它就是一种非常奇怪的商品。如果有人出售信息，商品不会像食品等传统商品那样完全从卖方转移到买方，而是卖方仍然保留着信息。因此，信息的'消费'与食品、葡萄酒和电子产品等实物商品的消费截然不同。"①这的确可以是在理解信息时遇到的困难之一，但在信息的感受性关系基础上，这又是一个特别重要的特性，它不仅有利于更深入理解信息的共享性，而且有利于更深入全面理解信息的相互性，乃至信息的整体特性。

3. 信息本性的整体性

由于相互性既是信息的基本特性，也是人类学基本特性，信息不仅使人的类特性日益凸显，而且通过人工智能的发展，照见了信息进化的历程：在物能基础上，从最简单的感受性关系，逐步通过信宿信源一体化形成信息体，进而发展到智能体。在人工智能这一更高层次的整体观照中，信息体和智能体的关系性质，就可以得到更到位的理解，人类与信息和物能的复杂使用关系也得到进一步澄清。

信息的相互性不仅意味着社会性，而且是对社会性理解的深化——类群特性。②而信息的相互性和共享性，则都不仅意味着新层面的展开，而且意味着共同性。在信息

---

① Paul Beynon-Davies, *Significance: Exploring the Nature of Information, Systems and Technology*, Palgrave Macmillan, 2011, p.176.

② 详见本书第12、16章。

需要乃至产生过程中,这种共同性有非常典型的体现。

作为更深层次理解的社会性,相互性意味着大数据具有类群特性,大数据基础上的创构,不是以符合大数据为最终标准,而是必须从人类需要出发,以人类需要的满足为最终目的。信息的相互性和共享性,意味着人工智能不仅必须具有社会性,而且必须具有更深层次的类群特性。这又意味着,越是通用人工智能,越不可能脱离智能机器或人类而独自生成和进化。而且作为智能体,越是通用人工智能,越是与人类智能同属一个更高层次智能类群。这对于在更高层次理解人工智能和人类的关系,从而更合理地理解人类发展人工智能的意义和把握其发展策略,均具无可估量的重要价值。人们最终会看到,人类发展人工智能,不是在发展自己的对立物,其实归根结底是在发展自己,只是已经进到一种外投的方式,借以支撑到发展进化的更高层次。

Ⅱ. 社会发展篇

第6章　社会发展的信息文明理解

随着信息科技的加速度发展，人类正迎来信息文明的曙光。作为一种创构文明，信息文明是哲学、科技、经济、社会、文化乃至生活等一体化发展的时代，这样一个时代空前凸显了马克思这一重要思想的当代意义："人体解剖对于猴体解剖是一把钥匙。反过来说，低等动物身上表露的高等动物的征兆，只有在高等动物本身已被认识之后才能理解。因此，资产阶级经济为古代经济等等提供了钥匙。"[①]深化当代关于"发展"的重新理解，不能没有信息文明这把"钥匙"。重新理解"发展"的信息文明"钥匙"，意味着当代"发展"理解的信息文明整体观照。

一、人类文明的信息开展

在关于"信息"的上百种定义中，维纳的"信息是信息，不是物质或能量"比较有代表性，这意味着一种新的人类文明：建立在物能文明基础上的更高层次信息文明。信息文明构成了人类文明的更高层次整体，它为更深入理解"发展"提供了一把钥匙。这把钥匙所打开的一道大门，呈现出人类文明的信息开展。

---

① 《马克思恩格斯选集》第2卷，人民出版社2012年版，第705页。

1. 从分享到共享

信息文明不仅建立在信息的共享本性基础之一，而且通过信息的共享本性，大大扩展了物能的可共享性。

一方面，随着信息文明的发展，分享和共享的内涵区分越来越需要进一步清晰。“分享”是享有方各占部分；“共享”是享有各方均独拥整体。正是在这个意义上，与物能完全不同，信息具有共享的天然本性。物能资源越是为更多人共享，共享者各自拥有的份额就越少，因此，物能共享实质上是一种分享。与物能越分享越少完全不同，信息却越共享越多。一个蛋糕，分享的人越多，每个人得到的份额就越少；而一个微信群，参与信息共享的人越多，每个人得到的反而越多。由于分享范围有限，物能文明往往是伴随物质利益冲突的文明；而信息共享的天然本性，则为人类文明发展奠定了共享的存在论基础。

信息的共享本性，不仅意味着不因共享而损耗，而且还可能随着共享面的扩大激发出更多的信息。随着信息文明的发展，信息的共享本性将使物能资源具有前所未有的共享可能。通常所说的硬件软件化的共享趋势，就是通过将硬件转化为软件，达到以信息扩展物能共享可能或空间的目的。这正是工业文明使物能共享的可能性大大增加，而信息文明将使物能资源的共享可能性空前扩展的重要原因。但作为资源，物能与信息具有本性上的根本区别，物能资源只是具有共享的可能性，但不具有信息资源那样的共享本性。因为物能资源不仅不会因共享而增加，而且会随着共享面的扩展而加速损耗，结果一方面是共时性和历时性的共享，另一方面则是历时性的实质分享。正是在这个意义上，物能资源在本性上归根结底是分享性的。信息文明虽然不能改变物能资源的历时分享本性，但能越来越充分地展开物能的共时态共享性，从而使信息文明具有越来越充分展开的共享文明物能基础。更为重要的是，信息文明的发展，会使物不断信息化，从而不断展开物能资源的共时态共享性。DNA 和芯片就分别是自然进化和人类创构最为典型的例子。这里涉及从物数据化到物信息化发展的重要机制。

另一方面，随着信息文明的发展，相互性所蕴含的共享本性越来越充分开展。相互性随着人类的发展而不断凸显和展开，这是人类共享需要的类特性根据。人的本性在根本上就是人的需要，人的发展归根结底就是人的需要的发展，而不同层次需要的满足具有不同的性质。越是低层次需要的满足，越具有个别性，物质需要的满足就具有这种典型的性质。"朱门酒肉臭，路有冻死骨"，正是这一性质的极端表现。与此相应，人的需要水平越高，共享本性的展开越充分，因而越是高层次需要的满足，越具有共同性。因为人的需要层次越低，越具有物能的性质；人的需要层次越高，越具有信息的性质。在生理需要到心理需要再到精神需要的发展过程中，物能越来越居于基础地位，而信息则越来越处于界面位置。信息和物能的不同本性，决定了信息文明与物能文明性质的不同。

当然，信息离不开物能，信息文明必须基于物能文明，但信息文明并不是外在地建立在物能文明的基础之上，而是通过文明的整体化反过来对物能文明具有越来越重要的作用，使得物能资源越来越成为信息文明的共享基础。正是由于信息的共享本性，人类社会随着信息文明的发展得以逐渐进入共享发展，甚至由此实现普遍的创造性发展。"共享打开了一个全方位的文化社会视角，在其中，所有人都能进入创造性的、传神的和信息性的工作，并拥有促成他们创造的途径。"[1]这不仅关系到社会发展，而且与人的发展密切相关。因此，信息的共享本性，意味着人类文明的信息展开，所开展出的共享文明涉及拥有和使用关系的重要变化。

2. 从拥有到使用

信息文明使资源的意义日益从拥有转向使用。不必拥有就能方便甚至更方便地使用，正是作为信息文明发展前提的共享基本原理。而在信息文明时代，信息化为这一基本原理得以更充分发挥奠定了存在论基础。

由于图书资源早就涉及接入(access)与拥有的问题，因此在图书馆学等领域早就开始了类似使用和拥有的讨论[2]，但真正涉及使用和拥有问题还是最近的事情，即使被

---

① Philippe Aigrain, *Sharing: Culture and the Economy in the Internet Age*, Amsterdam: Amsterdam University Press, 2012, p.50.

② Irene B. Hoadley, Access vs. Ownership: Myth or Reality, *Library Acquisitions: Library Acquisitions Practice & Theory*, Vol.17, pp.191—195, 1993. Roger Brown, Access vs Ownership: Access Where? Own What? —A Corporate View, *Serials*, Vol.8, No.2, 1995, pp.125—129.

誉为本世纪“最伟大预言家”的美国《连线》(*Wired*)杂志创始主编凯文·凯利(K. Kelly),也只是涉及“接入胜于拥有”(access trumps ownerships),而共享企业 JustPark 创始人和 CEO 亚历克斯·斯蒂芬尼(A. Stephany)还认为他“表述得最好”[①]。国内也有把“access”理解为“使用”的。[②]这反映了当代发展的一个重要趋势。随着信息文明的发展,越来越多人“更希望接入而不是拥有财产”,倾向于“接入取代拥有”[③]。共享经济的发展使人们感觉到,“我们已经离开拥有时代而向接入时代迈出了第一步,在那里,公司面对的是不再想拥有产品的顾客”。[④]这与人口集中密切相连,人口密度越大,共享机制的作用发挥得越充分,“如果人口密度增加持有成本,人口密度越高,通常更希望接入而不是拥有财产的个人通常将越多”。[⑤]从拥有到使用的转向,正在迅速改变人们的生活和生存方式,“在欧洲的最大城市中,我们看到人们放弃拥有汽车而转向纯粹使用”。[⑥]从拥有到使用的转换,甚至正改变着人们的一些基本观念。在美国,“对于一些女性来说,拥有曾经是美国梦的神圣部分”,而“这种更希望使用而不是拥有财产的选择,构成了‘美国梦中的一个剧变’”。[⑦]面对“紧缩的拥有需要”,近来甚至出现了“去拥有”(disownership)的概念[⑧],这无疑涉及一种文明的转换。

信息文明的发展不仅展开了信息资源使用是更有效拥有的性质,而且改变了人们关于物能资源的拥有和使用关系。即使对于物能资源,相对于使用而言,事实上的拥有往往并不符合人的更根本需要。如果不是最有效的使用策略,物能资源的拥有常常可能成为负担。共享的信息文明凸显了物能资源的拥有沉冗度:资源拥有者的范围越

---

① Alex Stephany, *The Business of Sharing*, New York: Palgrave Macmillan, 2015, p.26.

② 韩义雷:《大数据时代,“拥有”正在被“使用”代替》,《科技日报》2015 年 6 月 12 日。

③ François Dupuis & Joëlle Noreau, The Sharing Economy: A Black Box, *Desjardins Economic Studies*, Volume 26/November 2016, pp.1—4.

④ Gereon Meyer, Susan Shaheen, *Disrupting Mobility: Impacts of Sharing Economy and Innovative Transportation on Cities*, Berlin: Springer International Publishing, 2017, p.105.

⑤ Henrique Schneider, *Creative Destruction and the Sharing Economy, Uber as Disruptive Innovation*, Cheltenham: Edward Elgar Publishing Limited, 2017, p.28.

⑥ Alex Stephany, *The Business of Sharing*, New York: Palgrave Macmillan, 2015, p.133.

⑦ Alex Stephany, *The Business of Sharing*, pp.28, 27.

⑧ Alex Stephany, *The Business of Sharing*, pp.11, 26.

小,拥有的成本越高,而其作用效率却反而越低。拥有者范围过小,对于物能资源而言,其使用价值越广泛,资源浪费越严重。而对于信息来说,除了由创新获得的合法权利,不对称拥有则可能是一种严重的浪费,因为信息不对称涉及信息文明时代的发展机制。

共享的文明具有自己特有的发展动力机制,其中之一就是信息对称与不对称的矛盾。根据"信息对称理论"(a symmetry-theory of information),"信息根植于非对称","信息是抽象地表征非对称的方式","信息即非对称",[①]而信息起作用的机制就是信息的对称化,这一基本关系决定了信息对称与不对称的基本矛盾。信息对称是信息文明共享发展水平的重要标度,同时在信息生产前沿的信息不对称又是保证信息创新及生产动力的重要机制。一方面,信息对称对于信息资源配置的重要性自不待言,即使对于物能资源的配置,也具有重要意义。信息对称对于市场的资源配置至关重要,市场的资源配置靠信息进行。另一方面,一定发展阶段必要而暂时的信息不对称又是保护创新积极性、不断更新社会发展动力不可或缺的措施,创新专利得不到有效保护,获得的是眼前的现存利益,失去的却是长远的根本动力。因此,随着社会信息文明的发展,保持信息对称和不对称的合理平衡,将越来越成为普遍充分发挥更多人创新动力,通过有效推动信息生产推进信息文明进步的重要原理。这一原理不仅关乎信息文明社会的发展,而且在人的需要的产生、发展和满足的深层涉及信息文明时代人的发展。

越是高层次的人类需要,越具有信息的性质,从而其相互性越强。需要及其满足的相互性越强,资源的个人或小范围拥有意义越小,拥有的意义越让渡于使用。这意味着人类高层次需要的整体性,意味着这种需要满足的共同性。因此,越是高层次的需要,越必须在合作中才能获得共同满足。要么都得到需要的满足,要么都得不到满足,这是需要满足中的共时态相互代理,由此也可见"agent"的独特含义。这种共时态相互代理意味着更进一步的事实:不仅需要的满足,而且需要的产生和发展也是共同的,情感和很多社会需要就已经明显是人和人相互的共同需要。如果说情感需要及其

---

① Scott J. Muller, *Asymmetry: The Foundation of Information*, Berlin: Springer-Verlag Berlin Heidelberg, 2007, pp.3, 143.

关系的形成更多涉及的是少数人，那么思想生产需要的发生和发展，所涉及的人则可以呈几何级数增加。越是高层次需要的产生和满足，越可能直接或间接地涉及更多的人，直至涉及整个类，从而越具有共同性。因为只有在人的共时态相互代理中，更高层次上的需要才可能出现。人的需要越发展到高层次，在特定群体中就越具有整体的性质，越是类的整体性需要，这种需要的满足也具有类的共同性。由于具有满足的共同性，在特定群体中，这种具有整体性的需要就不是某些个体可以单独满足，而另一些个体不是同时得到满足的性质。在这种整体性需要中，出现了一个新的特点：人的需要不仅仅是在一般意义上相互代理，而且每个人都是共同需要及其满足的代理。只有代表和满足了类的整体性需要，才能得到个人需要的满足。因此，资源的拥有和使用之间的关系将完全不同，而人类日益以信息方式存在，则大大加速了这一变化。

3. 从物能化到信息化

在人类文明发展过程中，在人主要以物能方式存在和发展的历史阶段，人及其活动的物化是不可避免的。人及其活动的物化就是物能化，机器系统既包括物也包括动力。而信息文明的发展，则使人类从物化的活动向最符合人性的活动复归。

信息文明是一种物能活动日益通过信息活动进行的文明，直接的物能活动日益由智能机器人代替，人的活动越来越主要是信息活动，而信息活动的结果又使人的存在进一步信息化。人及其活动的信息化意味着人的存在的透明化，而人的存在的透明化，则意味着作为人类学基本特性——相互性的强化，意味着作为一个类的人的发展的一体化。随着信息文明的发展，人越来越以信息方式存在，但作为信息方式的存在，人始终离不开物能载体，因此人不可能完全信息化。信息化的确在某种程度上意味着透明化，但人的信息化并不等于人的透明化。这种透明化与信息对称和不对称的发展密切相关，具体哪些方面将透明化的问题，就像隐私问题那样具有典型的历史性。在一定历史发展阶段或具体条件下属于要保护的隐私，在另一历史发展阶段或具体条件下，可能是人们渴望开放的内容。这是一个个人的发展——更是一个类的发展的时代，由此可以看到“自由人的联合体”的构成机制；这也是一种人的活动更为人性化的文明，一种实现从“人为物役”走向“物为人役”的文明。

信息文明之所以是物为人役的文明,毫无疑问因为人类可以在整体上通过信息支配,使物能更好地满足人的需要,在很大程度上解脱物化造成的人的异化,使人的低层次需要从物能的局限性中解脱出来;而更为根本的还在于,信息文明使人越来越以信息方式存在,而人的存在的信息方式,则使通过信息役物成了基本的生存和活动方式。

人越是作为物能活动,越是人为物役的时代;人越是作为信息活动,越是物为人役的时代。从"人为物役"到"物为人役",正是通过人对信息的操控实现对物能的支配,而且这种支配在原则上不受物能的局限,因为信息不仅为人类的物能使用提供了无限的可能性,而且使人类可以超越原子的局限,用比特创构满足自己需要的对象。"原子(atom)和比特(bit)"具有"根本区别","从原子到比特的变换势不可当、不可逆转。"①以比特取代原子,使人类文明真正在认识既存世界的基础上,发展到创构全新世界,使信息文明成了一种创构文明。创构是创设以往不存在的全新对象,而且是一种具有整体性的创设。由于体现了创造的整体性,因而"创构"涉及一个不同于既存世界的新的世界层面。正是创构文明,使人类活动由解放人性的活动发展为最符合人性的活动。

在信息文明时代,由于人越来越以信息方式存在,人的需要及其满足越来越具有信息的性质,因而占主导地位的活动是信息创构活动,这意味着物能创构越来越通过信息创构活动进行,3D打印就是当前最为典型的例子。人类活动主要是生产创意,而创意的物能实现则完全通过机器完成。创造活动是最符合人性的活动,而大数据为最符合人性的创构活动奠定了基础。创造性活动是人的第一需要,正是信息创构,通过最符合人性的活动走向人的类解放,在信息文明的发展中进一步展开了当代"发展"。

二、当代"发展"及其基础的信息文明展开

人类文明的信息开展,不仅带来了信息文明时代发展的新理念,而且涉及人的存在方式乃至人类生态系统和社会发展动力机制的进一步展开。

---

① Nicholas Negroponte, *Being-Digital*, London: Hodder & Stoughton, 1995, p.4.

1. 人的存在和发展方式的展开

信息文明进一步展开了人的存在方式。在大数据基础上,物信息化和人以信息方式生存的契合,正是人类信息文明的另一个基本事实。在大数据的基础上,物信息化和信息物化的循环,不仅构成了信息文明时代人生存和发展的更高层次基础,而且将在根本上改变人的存在方式。随着信息文明的发展,人将越来越以信息方式存在。物信息化和信息物化的循环,不仅意味着与人相关的存在的信息化,而且意味着人存在本身的信息化。人的存在本身的信息化,甚至使人类学基本特性在信息文明中进一步展开。信息文明的发展进一步展开了人作为一切社会关系总和的根本性质,社会发展表现为人是一切社会关系的总和——相互性的真正展开,从而使人的信息需要得到空前发展。信息需要的发展,又意味着人的发展进入一种信息化的良性循环。

作为信息方式的存在,人具有越来越重要的信息需要;"'信息需求'成为越来越多的人无论在时间上还是在精力上的'第一位需求'"①。而且,人越是以信息方式存在,对于信息的需求就越比物能需求更为强烈。由于日益与人的信息存在方式相关联,信息技术将对人的信息需要的发展产生不断深入的影响,这在对于信息文明社会的不同研究中,揭示得越来越多。近来,有学者将信息文明时代称作"知识文明时代"(knowledge civilization era),也有学者把大数据出现后的信息社会称为"新信息社会"(new information society)。相关研究认为,新信息社会也有越来越明显的缺陷。它们是侵犯隐私(privacy breaches)、缺乏透明度(lack of transparency)和用个人数据赚钱(making money from personal data)。②"在提供无数不同技术可能性方面,知识文明时代(knowledge civilization era)的技术将与工业文明时代的技术大不相同。"③随着信息文明的演进,人和社会会发生一系列变化,这在根本上体现为人的需要的发展。一个总的趋势是:物能性需要会逐渐减退甚至萎缩消失,信息性需要则会相应迅速发生发

---

① 肖峰:《信息文明的本体论建构》,《哲学分析》2017 年第 4 期。

② Sander Klous, Nart Wielaard, We Are Big Data, The Future of the Information Society, Paris: Atlantis Press, 2016, pp.19—22.

③ Andrzej P. Wierzbicki, Technology and change: the role of information technology in knowledge civilization, *Journal of Telecommunications and Information Technology*, No.4, 2006, pp.3—14.

展。在这一过程中，新需要的发生会有一个很大的变化，物能性新需要基本不会发生，信息性新需要则发生得越来越多。这种变化一方面意味着发展，另一方面又意味着相应的退化。人的需要及其发展的这种变化，将会引出一系列的价值观嬗变。因此，人和社会的反思和前提性批判能力越来越重要。这里既涉及人的信息需要的性质，又涉及信息价值的信息需求根据。

人以信息方式存在的状态，取决于信息需求的满足状态。有一点会出乎很多人的预料，对于以信息方式存在的人来说，信息需要的满足有比物能需要的满足之于主要以物能方式存在的人更严重的影响。这一点，从反面看可能更清楚。因食物餍足而倒胃对人的机体的影响是暂时和微不足道的，而人作为信息系统的信息失衡，则可能给以信息方式存在的人带来致命冲击。作为主要以信息方式存在的人，内在信息系统失衡更根本地还关系到人的信息生产状态，涉及人的创造力形成和发挥。这方面的例子即使在物能文明时代也比比皆是。“文革”时，由于观念的扭曲，人们的内在信念系统普遍失衡，一些知识领域的信息生产陷于停滞。而在信息文明时代，人的创造力发挥与人的信息方式存在之间，则构成了信息文明空前凸显的双向循环机制。

双向循环机制建立在信息反馈的基础之上，它是信息文明发展的基本机制，根植于人和世界发展的双向互动。一方面，人的存在的信息方式，决定了人的活动的信息化；另一方面，作为主要以信息方式存在的人本身，也是人的信息活动的产物。由于越来越以信息方式存在，人的存在方式、思维方式和行为方式的互动，[①]越来越表现为信息存在方式、人作为信息方式存在的思维方式和行为方式的互动。就人作为信息方式存在而言，这是人类存在所面临的一个前所未有的过程，一个互动造世的过程。在这一过程中，甚至人的信息占有和信息需要之间也具有双向创构性质。正是这种双向创构关系，进一步展开了人类生态的信息层次。

2. 人类生态系统发展的信息文明展开

信息文明的发展进一步展开了人类生态系统。随着信息文明的发展，在自然生态

① 王天恩：《存在方式、思维方式和行为方式的互动结构》，《求实》2003年第3期。

和社会生态的基础上，信息生态悄然生成。由于对信息、通信技术和绿色经济的关注，信息层面的生态问题提到议事日程。人们认识到，需要开辟一个特殊的综合研究领域，建立一个交叉学科，由此“信息生态”应运而生。在目前的研究中，“信息生态”既可以看作工作团队中的信息管理方式①，也可以是关系到整个人类思想生产和观念系统的生态，而这则跟大数据基础上的信息文明密切相关，它是信息文明的生态维度。

作为信息文明的生态维度，信息生态是人作为信息存在方式所处的更高层次生态系统；就人作为信息方式存在而言，信息生态甚至与人的本性密切相关。“对于任何好的政治家来说，关注信息使用的人性一面是必须的。而对于信息生态学者来说，则相当于亲吻婴儿。”②这一说法的确是意味深长的，道出了信息生态与人性相关的非同寻常之处。

信息文明的性质，使信息生态平衡具有与自然生态平衡完全不同的内涵。信息文明是一种共享的文明，而在物能文明时代，信息主要作为媒介起作用，因此生态主要表现为自然生态和社会生态。随着信息文明的发展，信息生态得以凸显，成为自然生态和社会生态基础上越来越重要的生态层面。共享的文明孕育共享的生态，共享的信息生态意味着信息对称的基础地位，而信息对称则以信息流动的畅达为前提。自然生态的关键是自然平衡；社会生态的关键是社会和谐；信息生态的关键则是信息对称。自然生态是孕育和维持人类生物特性的基础，信息生态是形塑人类社会和精神特性的场所。信息生态是一种更深入人性的生态，一种更与人的本性相关的生态。

信息生态与自然生态的最大不同，就在于自然生态以大自然为基础，而信息生态以大数据为基础；信息生态和自然生态的不同，还在于自然生态更是自然形成的，而信息生态更是人为营造的。自然生态是大自然进化的结果，人们所能做的主要是维护；而信息生态则是人类创构的产物，人们必须做的除了维护，更要关注眼光远近甚至创

---

① Alexei L. Eryomin, Information Ecology—A Viewpoint, *International Journal of Environmental Studies*, Vol.54, no.3—4, 1998, pp.241—253.

② Thomas H. Davenport, *Information Ecology-Mastering the Information and Knowledge Environment*, New York: Oxford University Press, 1997, p.81.

世职责的问题。这与在自然生态中人们主要是适应,而在信息生态中人们主要是创构的处境密切相关。

由于自然生态所涉及的更多是生存的基础,信息生态所涉及的更多是人的发展的基础,即使是作为核心内容之一的生态污染问题,信息生态也具有与自然生态完全不同的内涵。

正像自然生态中的环境污染,在信息生态中,信息污染是一个重要研究领域。而与自然生态相比,信息生态的破坏和失衡还有完全不同的内容。这些方面绝不只是与自然生态破坏和失衡危害身体健康相对应,只是危害心理健康的问题。

信息污染除了自然环境污染意义上的,更有人为谋求自身利益蓄意制造等方面。与自然生态不同,信息生态的失衡是"一部分人所极力要维护的现象。在这个意义上,它也是利益冲突的必然伴生现象,甚至在信息的财富价值显得越来越高昂的时代,就更是要将信息生态的失衡变成产生巨富的现代土壤。信息生态的这种价值负载使得它具有上层建筑的属性。"①通过大数据垄断等制造信息不对称、故意遮蔽和扭曲信息、散布片面甚至不实信息等,成了比危害心理健康层面的信息污染更为严重的问题。由于信息可以是从一个基本的简单信号到复杂的理论体系甚至意识形态,这种信息遮蔽和扭曲、信息片面化以及逻辑谬误的有意无意使用,不仅可以制造混乱,甚至可以造成心灵的扭曲;不仅对人的发展造成严重危害,而且由于危害发生在人的需要发展层次,而为受害者所难以觉察。正是由此,信息污染还有一个与自然生态和社会生态完全不同的层面,那就是信息理解。

越是复杂形态的信息,越是包含了某些人的理解。信息体发展到一定阶段,可能更多是社会理解的产物,有些内容甚至涉及社会无意识层面。因此,在相对客观的信息和作为不同级别信息理解产物的信息之间的关系,就成了更深层次的信息污染问题。而人对信息的理解取决于理解者所处的理论整体层次,这与理解者的理论思维能力联系在一起。在这个意义上,信息污染就可能以思维污染的方式表现出来,或者说

---

① 肖峰:《信息生态的哲学维度》,《河北学刊》2005 年第 1 期。

上升到思想污染的层次。因此,信息本身及其使用者和使用就特别重要,它不仅涉及信息生态,而且通过信息生态给社会生态甚至自然生态以深刻影响。

在信息文明时代,信息生态不仅建立在自然生态和社会生态的基础之上,而且对自然生态和社会生态有越来越大的影响,尤其是对社会生态。在某种意义上,社会生态经历了而且正在经历一个主要以自然生态为基础,到越来越主要以信息生态为基础的过程,或者由主要在自然生态基础上发展,到越来越主要通过信息生态的发展而发展的过程,这与人越来越以信息方式存在密切相关。因此,就信息生态而言,是否有利于人的信息生产,有利于人的创造力发挥,就成了根本标准。由于创造活动是最符合人性的活动,最重要的是创造活动的需求,因此,信息生态研究将为创造力解放奠定重要理论基础。

在自然生态中,人作为自然进化的产物,虽然是自然生态的一部分,但与自然生态的关系不是对等的,人归根结底受着自然环境的支配。在信息生态中,人作为信息体,在生成意义上与信息生态具有一定的对等性。在发展过程中,人与信息生态构成对等生成关系。自然生态更多是怎样保护,而信息生态则更多是怎样合理建构。信息生态是人类信息活动的结果,但人的"内心世界"只是信源之一,更多的信息是人们实践活动的产物,大数据就是最为典型的例子。信息生态的存在论基础是信息本身,而作为一种特殊的关系,信息的存在与人的感性实践密切相关,并从内到外构成一个更高层次的生态整体。一些信息生态学家把信息当作产生自生物的"意义",认为"这种意义不能独自而只能作为生态系统的一部分存在"。①信息只能在一定的生态中才有意义,就像一个句子只有在具体语境中才能确定其含义。作为信息方式存在的人和信息生态之间,存在一个更为复杂的平衡关系,正是这一关系在塑造人类信息文明。

3. 发展动力机制的信息文明展开

信息文明的发展进一步展开了人类社会发展的动力机制。由于物能在量上的重要性,基本的物能活动多为重复性的生产活动;由于信息在质上的重要性,基本的信息

---

① Tadashi Takenouchi, Information Ethics as Information Ecology: Connecting Frankl's Thought and Fundamental Informatics, *Ethics and Information Technology*, No.8, 2006, pp.187—193.

活动多为创造性的生产活动。因此,信息文明的发展使创新越来越成为发展的关键,信息文明时代创造力越来越是发展的核心驱动力。作为信息文明时代发展的主动力,创新取决于人的创造力。从个体的人来说,一个人的创造力取决于人的智商、情商和行商等;就整个社会而言,社会的创新能力取决于一个国家的教育和整体文明水平;而从人和社会关系或实际效果上说,一个社会的创造力则取决于特定社会中个人创造力的解放程度。创新发展在于人的创造力的发挥;人的创造力的发挥在于创造力的普遍解放;而人的创造力的普遍解放,则在于人的更高层次需要的普遍发展。

创新本身的驱动与人的需要的发展内在联系在一起。单纯的技术创新驱动力可以主要来自物质需要,物质利益可以成为技术创新的重要驱动力,因为技术创新更容易与物质利益直接相关联。然而,越是原创性的思想生产,与物质利益的关系越间接;越是基础性的思想原创,越难以通过外在的物质利益驱动,而是越需要源自更高水平需要的内在驱动力。从现实的社会发展也可以看到,越是大规模的技术性工程创新,越不仅可以而且需要通过来自社会组织的驱动力实现。一个经济总量在百亿级、温饱都成问题的国家,在思想原创十分落后的情况下,可以举全国之力进行核武器和洲际导弹研制,就是典型的例子。这种发展的实现可以与人本身的发展相对脱离,甚至在某种程度上可以与局部的人的发展相背离。但是,越是原创性的基础理论和思想创新,越需要人的内在驱动力,越必须在人本身需要发展的基础上才可能实现。而越是更高水平的内在需要驱动,越有赖于社会整体文明水平的提升。没有人的需要的发展,没有人本身的发展,没有与人的发展相符合的社会整体文明水平的提高,不可能大面积实现基础理论和思想的原创。

一个国家缺少足够基础理论和思想原创支持的技术创新,除了搭其他国家的思想生产公共汽车,否则不可能实现;而搭其他国家思想生产公共汽车的技术创新不可能持久。20 世纪日本经济发展的奇迹,主要就是依靠搭欧美基础理论研究的公共汽车,而日本经济 20 世纪 90 年代后的一蹶不振,则在很大程度上正是基础理论原创不足的结果。因为原创性基础理论和思想绝不仅仅是技术创新的基础,而且作为最重要的基础性条件,决定了一个社会的整体文明水平,从而决定了一个社会的创造力解放和发挥水平。这就涉及一种更复杂的双向循环关系。不仅社会整体文明是思想生产的基础，而且思想生产本身也是人类文明越来越重要的基础，如果物能文明时代在某种程度上遮蔽了这一点，那么信息文明时代则使它空前凸显。在信息文明时代，这种社会整体文明水平最重要的标度之一就是信息生态。发展机制的信息文明展开表明，信息文明时代社会整体文明和思想生产互为基础，二者构成了一种双向循环关系，这是信息文明时代的核心发展机制。

人类发展是一个个人发展和社会发展的双向循环过程。在人类发展过程中，个人和社会所构成的双向循环以物能为基础，信息是其更高层次。在人类社会发展的初级阶段，“信息资源的重要性远不及物质资源的重要性”[①]，物能循环占主导地位；随着人类社会的进一步发展，物能越来越沉降为基础地位，信息的界面地位越来越凸显。人类社会发展的过程，就是一个信息越来越居于上层界面地位的过程，这意味着作为基本信息体的个人越来越居有优先地位。

在个人和社会发展的双向循环过程中，由于不同的发展阶段，发展过程中个人和社会的关系会经历一个协变进程。在主要基于物能的人类物能文明时代，由于物能资源的优势地位，在个人和社会发展的双向循环中，社会发展优先于个人发展；没有社会的发展，个人发展没有展开的物能和社会基础。而在主要基于信息的信息文明时代，由于基于信息的智力优势，人的发展居于优先地位，没有个人的普遍发展，就不会有社会的正常发展，更谈不上经济的快速发展。正是在人本身发展进程的层次，不仅可以深化对自由主义和社群主义及其关系的理解，而且由此可见，信息文明所凸显的一个更重要方面，就是“发展”本身的根本性质。

三、凸显人的发展的信息文明

信息文明的性质表明，在一个相当长的历史阶段，人类社会的发展就是人从主要

---

① 肖峰：《信息文明的本体论建构》，《哲学分析》2017 年第 4 期。

以物能方式存在，到主要以信息方式存在的过程，而发展的机制则与人的需要的发展内在相关。正是在这个意义上，信息文明使这一点得以凸显：发展归根结底是人的发展。

1. 社会发展的基本方式是从量的增加到质的进步

发展可以是量的增加，也可以是质的进步。量的增加是质的进步不可或缺的前提性基础，但量的增加并不必定带来质的进步。在当代社会发展中，单纯 GDP 的增长就可以是不包含进步的量的发展，而经济发展基础上所进行的思想生产，特别是由此对行动和思想的反思所带来的认识和实践的发展，最后是人和社会需要水平的提高，才真正意味着质的进步。真正的发展必定包含进步，进步一定意味着人和社会需要水平的推升。农业文明之所以可以长期处于有量的发展无质的进步的状态，因为小农的需要大都停留于一亩三分地，满足于放羊赚钱、赚钱成家、成家生孩子、孩子大了再放羊的循环。这种循环不仅是单向封闭的，更根本的是无前提性反思的。由于信息因素的增加，工业文明的发展不同于农业文明；而信息文明的发展性质，则与整个物能文明的发展性质具有很大不同。

信息文明时代的发展是以进步为灵魂的发展，没有进步不仅就没有真正意义上的发展，而且不进则退。信息的共享本性意味着信息具有一些重要特点，其中之一即越是以信息为内容的产品，竞争性越强。对于主要以物能内容为主的产品（简作物能产品，典型的如食物）来说，重要的是量的重复和积累；而对于以信息内容为主的产品（简作信息产品，典型的如电脑软件）来说，重要的则是质的更新和升级。物能产品重在重复生产，更新换代主要因为其信息内容；信息产品的复制不是问题，问题在于产品的更新换代。而信息产品的更新换代，意味着极大的风险，这与物能产品完全不同。在产量和成本达到一定程度之前，一种更先进的物能工具并不会使相对落后的工具马上淘汰，而一个层次更高的信息产品的出现，却意味着较低层次相关产品的意义很快完全丧失。电锯早就有了，手锯仍有其市场；而智能手机一出现，BB 机和 Walkman 等就只能进博物馆。

如果说，物能产品的发展更与人们需求的满足相关，那么，信息产品的更新升级则更基于人的需要的发展，这意味着更与旧产品及相关观念的反思联系在一起，意味着社会进步由此与前提性反思密切相关。越是在发展的高级阶段，人和社会需要水平的推升就越一定是在实践中对既定观念、思维方式和行为方式进行前提性反思的结果。真正意义上的反思一定是对观念、理论、思维方式、行为方式甚至生存方式等的前提性思考。这也是信息文明时代的发展意味着哲学、科技、经济、社会、文化和生活一体化的重要原因。发展中的进步来自前提性反思，进步总是通过前提性反思进行和实现的，因而表现为基本观念的更新，无论科学还是社会的发展都是如此。爱因斯坦并不是推翻了牛顿力学，而是以新的基本观念抽离了更多或更高层次具体条件，使物理学的发展超出牛顿力学的适用范围，其所推翻的是牛顿建立经典物理学的基本观念或假设。在社会领域，更好的生活条件则会促生更高层次生活意义的寻求，从而使人们的兴趣越来越转向更具创新性的劳动，而这正是创新驱动发展的动力来源。

以创新为根本动力的经济发展必定与思想生产内在联系在一起。越是主要基于物能的人类文明社会，社会经济发展越是思想生产的前提。没有相应的物质生产基础，就不可能有思想生产；但在主要基于信息的人类文明时代，情况则逐渐逆转。在信息文明时代，发展以思想观念的进步为前提，没有思想观念的发展，社会经济的发展会受到极大限制。随着信息文明的发展，社会经济发展和思想生产的发展构成了双向循环，而且在这种双向循环中，思想生产具有越来越重要的能动作用，这与人的发展进程密切相连。

2. 人的发展是一个从外在条件到内在需要发展的过程

信息文明时代越来越明显的一体化发展趋势，绝不仅仅是一种现象，而是关系到发展的内在机制这一重要层面，这种机制要求将发展纳入人的发展这一整体去考虑。由于人的本性就是人的需要，人的发展就是人的需要的发展，信息文明时代的发展必须在人的需要的发展层次综合推进。道德需要的发展就最为典型，它既是人的需要发展的重要方面，也是涉及走出经济发展道德滑坡困境的社会现实问题。

从信息文明看社会道德发展的根本途径，可以更好地理解经济发展道德滑坡的内在根源。经济发展道德滑坡的一个重要原因，正与人的需要的发展及其引领，与人的发展密切相关，随着经济的增长及时调整社会整体结构，以适应和适时推进人的内在需要的提升，则是经济和道德和谐发展的重要保证。[1]而从人的创造性劳动，则可以更清楚地看到经济社会发展与人的发展的内在关联机制。

由于劳动的过程同时也是劳动者的发展过程，劳动者的发展意味着其劳动的层次越来越高。人越是展开，他的活动的层次就越高，这也意味着劳动的层次越高，并且劳动的质也越高。由此可以看到一个呈螺旋式上升的重要双向循环机制：劳动是社会发展的原动力，同时又是人的展开，人的发展同时又使得自己的劳动不断上升到更高层次。与劳动和人的发展之间的关系一样，在人的发展和社会发展之间，也同样存在这样一种至关重要的双向互动关系。一方面，劳动的质随着人的发展而不断提高，而劳动是社会发展的原动力，社会的持续发展在根本上依靠劳动质的不断提高。另一方面，社会的发展是人的发展，只是人的发展必须以社会的方式实现。社会发展以人为本的深层根据正在于：发展归根结底是人的发展。人和社会的发展又构成双向循环机制，没有人的发展当然没有社会的发展，与此同样重要的是，没有社会的发展，也没有人的发展。而在不同的社会发展阶段，循环的两个方向具有不同的地位。

在信息文明时代，作为最符合人性的活动，创造性劳动本身越来越是人的第一需要。这不仅意味着创造性劳动成果的共享性，而且关系到人的高层次展开。在这里，一个具有原则性的重要节点，就是发展从外在条件到内在需要的转换。这一转换所日益彰显的，正是发展归根结底是人的发展。就人的需要及其发展而言，这也应当是一个具有根本性的标准。信息文明时代涌现的创客(maker)，就是创造性劳动中发展典型地表现为人的发展的标志性现象。随着信息文明的发展出现的创客，被认为是“玩创新的新人类”[2]，他们强调网络化的、朋辈(同行)导向式学习的新兴“创客文化”，使学习和创构的动机来自乐趣和自我实现。[3]创客的劳动不仅是创造性活动，而且是日益表现为人的自由发展的劳动，更是一种具有共享性质的劳动。这种劳动是信息文明发展

---

① 王天恩：《论道德教育的根本途径》，《思想理论教育》2017 年第 4 期。

② Mark Hatch, *The Maker Movement Manifesto: Rules for innovation in the New World of Crafters*, New York: McGraw-Hill, 2013, p.16.

③ Mike Sharples ect., *Innovation Pedagogy*, The Open University Innovation Report 2, 2013, pp.5, 33.

的主动力，而对于一个达到中等收入水平后的国家，体现为人的发展的创造性劳动，则是进一步发展必不可少的条件。

3. 形成动力升级和人的需要发展的双向循环

信息文明时代人的信息存在方式，进一步表明发展动力与人的需要的发展具有越来越直接的联系。越是与人的需要及其发展关联密切，社会发展的动力越强劲；反之，劳动者的劳动距离人最关切的需要越远，社会发展的动力越不足。在物能文明社会发展条件下，发展动力与人的需要的发展的联系不仅可以是间接的，而且可能是相互冲突的。而在信息文明时代以创新为主的信息活动中，发展动力与人的需要的发展之间的联系，则越来越是直接和一致的。因此，必须在持续把握人的需要的发展中理解和不断推进社会发展。

人类的信息文明，意味着民生也越来越不只是与物质生活需要的满足状况相联系，而是随着经济社会的发展，包含越来越高层次需要的满足。人是否感觉幸福主要取决于他最关切需要的满足状况或满足的可能性。在正常情况下，人最关切的需要就是其最高层次需要。在社会发展领域，经济的发展使人得以从单纯的体力劳动中逐渐解放出来，从而单纯谋生的劳动就不再能够提供生存的全部意义。

人类信息文明的发展，一方面无疑将使人们失去主要基于物能文明的幸福要素；另一方面同时也会生发主要基于信息文明的新的幸福要素。这种变化在人们的具体生活中将表现得非常复杂，虽然总的来说体现了人的需要的发展，特别是体现了智能的进化，但在一些方面也将导致消极后果。加拿大卡尔顿大学教授拉贾伊认为，就像所有其他文明时代，信息文明也有造成正面和负面后果的潜势。[①]就信息文明社会发展趋势而言，由于对“监视资本主义”社会控制后果的担忧，哈佛大学教授肖莎娜·祖博夫认为：“谁从全球数据流学习？学什么？怎么学？谁决定？当权威失灵时将会发生什么？……这些问题的回答将形塑信息文明的特点。”[②]她甚至认为本世纪信息文明的

---

① Farhang Rajaee, *Globalization on Trial*: *The Human Condition and the Information Civilization*, Kumarian Press, 2000, p.xiv.

② Shoshana Zuboff, Big Other: Surveillance Capitalism and the Prospects of an Information Civilization, *Journal of Information Technology*, No.30, 2015, pp.75—89.

发展涉及“主人还是奴隶”问题，提出“为我们信息文明的精神而战”。[1]就信息文明的发展对人的影响来说，基于物能本性的感受丰富性和生动性的淡化甚至可能丧失。从根本上说，信息文明关系的是使我们能否更加幸福的问题，涉及人类幸福的层次提升。人类发展已经从自然进化进到了自主进化阶段，而进化过程就是放弃和获得的过程，至于到底应当放弃什么以及获得什么，则必须依靠尽可能长远的眼光，而眼光是否长远在根本上涉及整体观照的层次。因此，作为最高层次整体观照功能的提供者，哲学的意义也将随着信息文明的发展越来越凸显。

在物能文明时代，“人为物役”的形势使物能发展遮蔽人的发展；而信息文明时代的“物为人役”，则敞开了人的发展前景。创客现象绝不是历史的偶然或由于某些个人的兴趣爱好等因素使然，创客运动(maker movement)与人的需要的提升密切相关，具有正常社会条件下历史发展的必然性。出现“玩创新的新人类”，正体现了信息文明时代所凸显的发展性质。人是一个类的存在，人的需要的发展水平越高，需要的社会性就越强。随着人的需要的发展，社会发展的内容和水平也将不断提高。正是在这一过程中，社会的发展和人的发展才构成良性循环。

由信息文明的整体观照可见，由于信息的共享本性，由于信息文明是一种创构文明，当代发展正呈现人的发展和社会进步的加速双向循环。在这个双向循环中，由于物能文明的发展达到相应水平，由于信息文明是一种更贴近人性的文明，人的发展越来越居于优先地位，发展动力的更新与人的需要的发展之间具有越来越直接的机制性关联；由于人越来越以信息方式存在，由于信息文明呈现信息相互性与人类学相互性的叠加，社会进步的整体水平越来越是发展的关键。一个社会的信息生态水平和人们创造力的解放程度，越来越是当代发展的决定性因素。这些来自信息文明观照的结论，对于中国当代发展当具重要意义。

---

[1] Shoshana Zuboff, *Master or Slave? The Fight for the Soul of Our Information Civilization*, New York: Public Affairs, 2017.

第7章　在引领信息文明中推进新时代中国社会发展

重新理解发展的信息文明钥匙，意味着中国当代发展的信息文明整体观照。当代中国的发展，与整个人类社会的发展密切相关，在很大程度上，讨论中国的发展就是在讨论人类社会的发展。任何大国崛起都必须引领一种新的文明。在引领信息文明中发展，这是我们力争承担的历史使命，也是我们必须努力的目标方向。探讨当今中国的发展，必须在人类社会发展理念的当代反思和本身发展的基础之上进行；同样，讨论人类的发展也必须探索中国发展这个典范。作为一个正在崛起的大国，从信息文明层次对自身的发展作整体观照，对于中国的发展尤为重要。

一、中国在引领信息文明发展中崛起

由信息文明时代的发展性质，可以更深刻地理解为什么中国作为大国真正崛起，绝不仅仅是个经济总量的问题。事实上，从信息文明的角度看，即使经济总量本身也看质量，越是高质量的经济总量，越是意味着高创新含量，而高创新含量则意味着思想生产的高水平。因而，真正意义上的大国崛起，必须包括在经济发展基础上思想生产的相应发展。如果说，在以往的文明中，思想生产相对落后仍然可能有物质生产的领先发展,那在信息文明时代,随着生产水平的提高就越来越不可能了。由于物能生产和信息生产构成了双向循环,而且思想生产越来越成为这个双向循环的主导力量,在信息文明时代,只有在经济相应发展基础上思想生产尽可能同步跟进,才可能有新的大国真正崛起,或已有大国地位的继续升级。在信息文明的历史大潮中,21 世纪的大国崛起必定在信息文明的引领中;反过来说也一样,信息文明的到来,必定有大国新的崛起,不管是现实的还是潜在的大国。

从人类社会发展史可以看到一个重要事实:真正的大国崛起,总是表现为引领一种新的文明,只是这种文明可能有不同层次,这是任何一个大国真正崛起都具有的共同规律。人类文明的发展正迎来更高层次的信息文明,在人类历史发展的当下关口,中国作为大国真正崛起,所要引领的正是信息文明。

人类历史发展让我们面临的是一个不同于以往物能文明的更高层次人类文明,对于这一层次跨度空前的人类新文明,人们的认识肯定比在从农业文明向工业文明的发展中认识工业文明困难得多,这无疑会极大地增加引领信息文明的复杂性。也许,与传统的物能文明不同,信息文明很可能由多个国家共同引领。不进入引领信息文明国家的行列,任何国家要真正作为大国崛起或保持大国地位,都是不可能的。这意味着,如果不进入引领信息文明的行列,中国就不可能在 21 世纪作为大国真正崛起。而要进入引领信息文明的行列,我们就必须在科技、经济和社会发展的同时,深入进行信息文明及其与中国发展关系的研究。

二、信息文明发展的特点和中国的优势

对于中国的崛起来说,信息文明绝不仅仅是个理论问题,而是与中国的实际国情密切相关。作为一个人口最多的国家,中国面临一个将传统劣势转化为未来优势,实现“弯道超车”的历史机遇。一方面,改革开放以来,中国信息科技得到长足发展。高盛《2017 人工智能报告》认为:“未来 AI 领域的引领者仍将会在美国和中国。”[①]在信息

① 高盛:《2017 人工智能报告中文版》,第 16 页。

生态研究领域，中国研究成果的产出仅次于美国和英国。[①]另一方面，信息文明的发展，在具有与物能文明发展完全不同竞争风险的同时，也蕴含着极大的发展机会。信息文明发展的风险意味着机会的重新切换和配置，意味着发展时局的重新洗牌。因此，不像物能文明发展与已有物能基础和条件的关系，信息文明发展对于物能条件和技术基础并没有那种根本依赖性。对于信息文明的发展来说，最重要的基础甚至前提性条件之一，就是国人智商优势及其转化为创新优势的条件和机制，这对于我国将物能文明时代的人口劣势转化为信息文化时代的人口优势来说，具有举足轻重的地位。

在物能文明时代，人口众多确实是一个很大的负担，这样的国情决定了中国不可能像美国那样发展，更谈不上实现发展的超越，事实上，甚至不可能以传统的方式实现可持续发展。信息文明的到来，给了我们一个千载难逢的机会。因为就物能文明来说，一个人一张嘴，而物能资源非常有限，近14亿人口无疑负担沉重。按照物能文明的发展规律，中国应当如何发展的确是一个面临严峻挑战的大问题。而信息文明的到来，改变了这一发展形势。对于信息文明的发展来说，一个人一个脑袋，而信息资源无穷无尽，14亿个头脑成了难得的独特优势。信息共享及其基础上的思想生产具有群集效应，对于信息来说，共享的人越少，得到的反而越少；共享的人越多，得到的反而越多。因此，与物能文明时代完全不同，在信息文明时代，人口具有完全不同的意义。在信息文明时代，一个国家人口太少，发展会受到严重限制，人口越少，信息文明时代发展的基础越薄弱。这和信息体规模及与此相关的信息流动规模、方式和信息流速密切相关。由于发展归根结底是人的发展，由于信息文明时代人更以信息方式存在，信息流速将不仅是社会生产，而且直接就是人的发展的基本条件。信息流速与大人口基数叠加，将造就信息文明时代中国独一无二的发展优势。

信息流速与人口密度具有重要关联。在《资本论》第一卷谈到人口密度和人口流动的关系时，马克思曾有相关深刻论述："人口密度是一种相对的东西。人口较少但交

---

① Xiwei Wang etc., Information Ecology Research: Past, Present, and Future, *Information Technology Management*, No.18, 2017, pp.27—39.

通工具发达的国家，比人口较多但交通工具不发达的国家有更加密集的人口；从这个意义上说，例如，美国北部各州的人口比印度的人口更加稠密。”①马克思这一论述的启示意义，在信息文明时代更为凸显。一方面，人口不仅与信息扩散速度密切相关而决定了信息流速，而且在这个意义上决定了信息共享程度和信息生产效率；另一方面，信息流速又与相对人口密度密切相关，正常情况下，二者成正比关系。在信息文明时代，由于信息流动不仅在原子空间，更在比特空间进行，人口密度对于信息文明的发展不仅不是负担，反而是优势。但是，如果由于各种原因，信息流速因为信息扩散不畅而速不及人，那么，别的国家实际偏小的人口基数，就可能依靠信息流的畅达和更高的流速，盖过我们的人口基数优势，我们独一无二的相对优势就会丧失。如果我们在信息流速方面不处于劣势，甚至占有优势，那么信息流速优势与人口基数优势叠加，就能够实现人口众多由物能文明时代的劣势转变为信息文明时代的优势，多一个人多一张嘴转变为多一个人多一个大脑，从而能够真正拥有和保持独一无二的优势，问题只在于怎样充分发挥这些大脑的作用，也就是如何充分解放人的创造力。

三、引领信息文明的关键是创造力解放

人口众多由劣势变为优势是有条件的，那就是尽可能让更多人的大脑都充分发挥作用。要在引领信息文明中作为大国崛起，中国人的创造力必须得到充分解放。反过来说，解放创造力是信息文明时代发展的根本，从而也是中国作为大国真正崛起的关键。

一方面，中国人平均智商高②，而且中国人口基数大，具备引领信息文明的首要条件；另一方面，由于各种历史和文化的原因，中国人的创新能力并没有得到普遍发挥，

---

① 《马克思恩格斯全集》第44卷，人民出版社2001年版，第408—409页。

② 不少研究表明中国人智商处于高端，比如在英国阿尔斯特大学教授理查德·林恩(Richard Lynn)的“世界本土居民智力分布地图”(World distribution of the intelligence of indigenous people)上，中国处于IQ指数最高地区。详见Richard Lynn, *Race Differences in Intelligence: An Evolutionary Analysis*, Augusta: Washington Summit Publishers, 2006, p.Ⅶ。

创造力没有得到充分解放。如果这两个方面能够有一个更好应对，人类的21世纪肯定有我们全面扮演主角的历史性机遇。面对这一历史机遇，具有引领信息文明潜力的中国别无选择，只有抓住机遇，充分利用中国人的智商优势。

国人智商高只是首要的基础条件，智商要充分表现出来，还存在一个智商优势转化为创新优势的重要环节。因此，平均智商高，一方面并不一定出类拔萃者多，另一方面与经济发展、文化革新和体制改革密切相关。中国人平均智商高，但近代之后未得到充分表现已构成一个特殊历史现象。通过研究得到中国人平均智商高结论的理查德·林恩对此作了可资借鉴的探索："在公元元年至1500年期间，中国人建立起在一些方面领先欧洲的显赫文明。例如中国人发明的印刷、造纸术、纸币、火药、指南针和石堤运河，领先欧洲人几个世纪。而在1500年后，智力成就不如欧洲。历史学家把这一现象视为一个没有公认解释的历史之谜。""其中一个重要因素就是中国整个历史是一个单一国家，封建专制统治者可以压制自由，包括思想的自由。"①经济发展对智商优势转化为创新优势具有关键性影响，中国的改革开放不仅为中国人智商优势转化为创新优势提供了至关重要的经济条件，更重要的是为充分发挥国人的聪明才智提供了前所未有的社会条件和舞台，极大地解放了创造力。

解放创造力是一个社会整体文明水平提升的工程，而在当代，提升的标志就是信息文明水平。在信息文明建设中，信息生态建设是至关重要的层面。一方面，在全球化竞争的时代，越来越重要的是能吸引创新性人才的信息生态环境，而作为更高层次的生态文明，信息生态建立在自然生态和社会生态的基础之上。另一方面，创造力解放与信息生态建设越来越密切相关。发展归根结底是人的发展，而在信息文明时代，人主要或越来越是以信息方式存在和发展的，信息文明时代的发展应当是人作为信息方式存在的发展，信息生态因此就在当代发展中处于关键地位。

在信息文明时代，随着人越来越多地以信息的方式存在和发展，信息的流通和交流越来越是社会发展和人的发展的基础和前提性条件。在思想生产领域使信息尽可

① Richard Lynn, *Race Differences in Intelligence*: *An Evolutionary Analysis*, Augusta: Washington Summit Publishers, 2006, p.239.

能顺畅流通，具有比物能文明时代物流畅通更重要的意义。物能流通受阻不仅显而易见，而且由于物能本身具有更好的代偿性，物流一时不畅并不会带来太严重的后果；而信息受阻则不仅难以觉察，而且由于越是关键信息，代偿性往往越小，在竞争激烈的信息文明时代，信息不畅会造成连锁反应式严重后果。信息文明时代社会的信息流通和交流，远比物能文明时代的交通运输更为重要。随着社会信息文明的发展，尽可能在保护专利的同时促进社会的信息对称，维护二者间的动态平衡，作为国家管理越来越重要的职责，不仅是创新发展的重要保证，而且是维护社会公平公正、推动社会道德进步的基础工程。无论对于中国当前的发展，还是对于中国人的发展，信息文明发展中的信息生态建设都特别重要。

人类文明从来没有像信息文明时代那样，人的发展和社会的发展关联得那么密切和直接。国家的发展就是人的信息存在方式的发展，人的发展才是真正意义上的社会发展。关于这一点，我们可以在马克思的核心思想中找到非常深刻的根据。尽管身处19世纪，马克思主义经典作家却早就阐述了与此相关的两个重要方面：一方面，无产阶级只有解放全人类才能最后解放自己；另一方面，“每个人的自由发展是一切人的自由发展的条件”。①两个方面构成两个原理；两个原理相互关联，构成高层次发展的核心机制。一个是从整体到部分；一个是从部分到整体。这两个方面所构成的双向循环，正是人类信息文明发展的关键机制。在创客运动中，我们可以看到国家和社会发展直接体现为人的发展的历史景观。这些信息时代的引领者“热衷于将创意转化为现实，有的甚至不以赢利为目的，主要出于兴趣和爱好，热衷于为自己同时也为人类创构更美好的生活”②。国家的兴衰与个人的生存和发展不仅联系在一起，而且构成一个相互依存和协同发展的双向循环。正是个人和社会发展构成的双向循环，决定了一个国家信息文明时代的发展，决定了21世纪的竞争和竞争力。

21世纪的竞争是信息文明的竞争，信息文明的竞争就是意义生产的竞争。信息文

---

① 《马克思恩格斯选集》第1卷，人民出版社2012年版，第422页。

② Mark Hatch, *The Maker Movement Manifesto: Rules for Innovation in the New World of Crafters*, New York: McGraw-Hill, 2013, p.16.

明时代,要么生产意义,要么沦于没有意义、毫无用处。一个人是这样,一个国家、一个民族也是如此。大数据时代的竞争就是信息文明引领的竞争,这意味着,在以大数据为基础的信息文明时代,中国要么在引领信息文明中作为大国真正崛起,要么只是作为大国崛起在物能文明层次。而在信息文明这一更高层次人类文明的发展中,只是物能文明层次的崛起不可能走得很远。只有引领信息文明的国家,才能代表人类文明的未来。这正是从大数据所打开的信息文明大门,我们能够越来越清晰看到的前景,也是对于我们来说最为关切的未来方向。

四、创新发展驱动升级的性质和特点

全面建成小康社会意味着逐渐达到中等收入水平,表明当代中国发展已进入关键时期。从中等收入向高收入水平发展,社会一定要进入发展驱动升级的重要环节,正是这一重要发展阶段,涉及所谓“中等收入陷阱”问题。

关于“中等收入陷阱”的研究,反映了一个社会从中等收入到高收入水平发展过程中,驱动升级转换所经历的时间长度,将其称为“平底期”更为确切。“平底期”越长,就越具有所谓“中等收入陷阱”的特征。正因为如此,一些拉美国家被认为已经陷入中等收入陷阱。深入分析这一阶段社会发展驱动升级平底期的性质和特点,对于当代中国发展具有重要意义。

当一个国家规模足够大,社会由中等收入向高收入水平的发展驱动升级,都会具有四方面的基本性质和特点。

1. 单纯的经济驱动不足支撑

通常情况下,一个社会达到中等收入水平,驱动力主要来自经济因素,因为低收入,人们的低层次需要普遍没有得到满足,经济驱动最为有效。而社会达到中等收入水平的过程,正是人的需要水平提升的过程,同时也是经济驱动力逐渐弱化的过程。由于发展到中等收入水平,越来越多低收入时期的需要不断满足。一方面,源自追求这些需要满足的驱动逐渐减弱,这也是社会发展的结果;另一方面,社会的很多相关投资也已经完成,相关领域的发展增速也必定放缓,这就决定了社会必须为发展驱动升级到创新创造不断优化的社会条件。由于越是基础性的原创,越不可能通过经济驱动,这就意味着必须推升和满足大众更高层次的需要,否则发展就会失速。我们身边有很多现象可以说明这个问题,比如进城务工的第一代农民工,由于处于低收入发展阶段,为了家庭生计,为了后代能读书上大学改变人生境遇,必须努力给孩子提供更好的教育和发展条件,他们吃什么苦耐什么劳都在所不辞,甚至可以承受因发展阶段难以避免的社会不公。但是,当他们的努力使家庭收入水平大大提高,当社会逐步达到中等收入水平,原有的经济动力就必定逐渐弱化。与此同时,一方面由于家庭生活水平大大改善,另一方面由于接受了更好的教育,经济驱动的效果在第二代农民工那里就完全不同。即使收入有较大提高,一些主要是卖体力的岗位仍然出现"用工荒",就与此不无关系。如果社会不能为他们创造更具创新性工作的条件,从个人来看,就会处于缺乏从事低层次劳动驱动力,同时又不能从事可以更好发挥他们作用的"尴尬"境地;而就社会发展而言,就可能程度不同地影响社会发展驱动升级。在这一发展阶段,创新是社会发展驱动升级的决定性因素,它决定了社会从中等收入到高收入发展"平底期"的长短。

2. 跟踪应用创新不能长久胜任

跟踪世界科技发展前沿,发挥自己的市场优势,通过科技应用推动经济社会发展,对我国当代发展至关重要,但如果基础性原创不随之跟上,对应用的支撑不足,主要依靠跟踪应用不仅不可能有发展后劲,而且潜伏着巨大的发展风险。由于当前的竞争形势,也鉴于我国当前的发展现状,这一点尤为突出。量子计算研究是当前最具战略意义的领域,曾经就此请教过一位专家:中美量子计算研究领域到底有没有差距,差距有多大?他多年在美国做相关研究,回国工作也有年头了,回答应当是比较权威的:差距不是很大,我们在紧紧跟着。其实,跟踪和原创是有很大区别的。从目前人工智能的发展,更可以清楚地看到这一点。在人工智能的应用研究领域,我们国家做得红红火火,但基础理论研究还存在不小差距。像人工智能那样最具战略性的发展领域,基础性原创支撑不足,后果不堪设想。在这一研究领域,一个国家在核心机制研究上一旦率先取得突破，就可能获得绝对的发展优势。从长远看，过度倚靠别人的基础理论研究成果，还会损害自己的创新环境和创新文化，甚至不利于应用创新的发展。

3. *必须有基础理论原创性研究的持续支持*

越是大规模的工程性集成创新，能举全国之力越具有优势，我们国家的“两弹一星”就是一个重要典范，但一个社会从中等收入到高收入水平的发展，举全国之力的方式不可能解决问题。在整个社会发展进入创新驱动升级的发展阶段，不普遍提升广大民众的创新能力，就不可能满足社会发展全面驱动升级的需要，从而不可能有效缩短驱动升级“平底期”。基础理论的原创性研究，绝不只是为应用提供理论基础，而且本身就是创新发展环境的重要构成部分，涉及创新驱动机制的社会文明整体水平，涉及原创性人才成长的重要学科和环境条件。创新驱动有不同层次，越是高层次的创新驱动，越必须以人的相应高层级需要发展为前提。这意味着要有相应的信息和精神社会环境，其中社会公平公正是最基本的条件，关系到能否让更多人各得其所，各尽所能；投身事业，心无旁骛。最近我们的一个国际工作坊了邀请一位哲学本科出身的诺贝尔物理学奖获得者，跟他接触我有一种深深的触动，他给我的印象甚至都不是荣辱不惊，而是“荣辱不侵”，那种得其所在、心无旁骛、完全沉浸在自己研究领域的存在状态，使我不禁设想，如果他身处我们的有些环境，是否可能这样令自己置之度外？一个太过浮躁的环境，这样的人甚至很难生存。在发展创新驱动升级的关键时期，营造一个有利于基础原创人才产生、发展和充分发挥作用的社会环境，关系到国家的前途和命运。凡是阻碍创新发展的因素都是中华民族崛起的障碍，凡是不利于创新发展的因素都必须清除。要让更多人“所其所”，必须与人的发展的相应需要相契合。只有这样，社会发展驱动升级才可能落到人的发展这一根本。

4. *以人的发展水平全面提升为根本前提*

一个社会达到中等收入水平是发展的关键历史时期，它意味着社会经济发展必须从主要依靠劳动力量的投入(人口红利)，转换到主要依靠劳动力质的提升。社会达到中等收入主要靠生产要素的量的增加，主要表现为与劳动力相适应的其他生产要素的量增，而从中等收入到高收入水平发展，则必须依靠生产要素的质的发展，集中表现为劳动力质的提升。劳动力质的提升不能满足创新发展的要求,社会经济发展就会失速,以至于陷入较长甚至漫长的中等收入平底期。因此,一个更基本的重要问题空前凸显:社会由中等收入到高收入水平发展,必须以人的发展为根本前提。社会发展的驱动升级与人的发展密切相关,社会经济发展水平决定了必须有相应需要发展水平的劳动力。一个社会从中等收入到高等收入水平发展,应当是一个从主要以劳动力的量向劳动力的质发展的过程,而劳动力的质就在创新能力。各行各业从事创新性高质劳动的人越多,社会从中等收入到高收入水平发展的驱动升级速度越快。由于与经济和人口等规模相关,中国的中等收入平底期应当会相对较长,尽量缩短这一时段是当务之急。这就空前凸显了人的发展这一根本前提。而人的发展就是人的需要的发展,人的需要就是人的本性,这里所涉及的都不是抽象而是具体的个人。

作为一个类的存在,人必须在一个类中发展,类的发展和个人发展构成一个双向循环,互为前提,个人发展离不开社会,社会发展建立在个人发展的基础之上。在创新发展驱动升级时期,最重要的环节是个体的发展,因为越是基础性的原创,往往越依靠个体思维。在我国从中等收入到高收入水平的发展驱动升级过程中,注重具体个体与创新相匹配的高层次需要的发展,从而促进人民大众需要层次的提升,无疑是我国尽可能缩短从中等收入到高收入水平社会发展驱动升级的“平底期”,实现中华民族快速崛起的基本前提。

第 8 章　信息文明与新时代中国创新发展

作为唯物史观的基本原理，社会发展动力理论科学揭示了社会历史发展动力的实质和核心。它既是对传统社会发展动力思想的积极扬弃，又随着时代的发展在社会现实实践中不断丰富和完善。作为唯物史观社会发展理论的超越性体现和时代化彰显，创新发展理念是中国特色社会主义建设的历史经验凝结和现实实践诉求，对人类社会的发展和进步有着重要的理论和实践意义。在社会发展动力理论演化的基础上系统理解当代社会发展以"创新"为根本动力，探索践行"创新"发展理念的现实路径，当属中国特色社会主义发展的当务之急。

一、以解放创造力为核心践行"创新"理念

当今时代，发展在于创新，当代中国已进入必须以创新驱动发展的历史时期。创新驱动发展是中央审度当代发展大势，立足发展全局提出的重大战略。"创新"发展理念的有效践行，关系到中华民族的前途。基于我国发展现状的研究表明，践行"创新"理念的具体路径，主要是通过思想文化创新和制度创新推动科技和经济创新。习近平总书记指出："增强改革创新本领，保持锐意进取的精神风貌，善于结合实际创造性推

动工作，善于运用互联网技术和信息化手段开展工作。”[①]由信息时代的发展可见，正如经济体制改革旨在生产力的解放，思想文化创新和制度创新旨在创造力的解放，这是深入理解和践行“创新”发展理念的关键。在中国特色社会主义社会发展中，践行“创新”发展理念的重要路径，一是以创客文化建设为突破口的文化革新；二是以政府转型为契机的体制改革。而践行“创新”发展理念的根本路径，则是解放创造力。

中共十一届三中全会以来的改革开放，极大地解放了生产力，使我国迎头赶上了信息时代的列车，中国迅速发展成为一个有望在21世纪引领世界发展的国家。在竞争日益全球化的信息时代，中国的进一步发展面临在更深层次解放生产力——解放创造力的迫切任务。

邓小平的最大历史功绩，就在于通过解放思想和改革开放，并在各个领域推行相应政策，不仅使中国社会从停滞走向跨越式发展，而且使中国人焕发了生命的活力，从而极大地解放了生产力。无论是“摸着石头过河”，还是“不管白猫黑猫，抓住老鼠就是好猫”；无论是“大胆地试，大胆地闯”，还是“不争论，不讨论”，都是为了当时历史条件下的生产力解放。历史启示未来，虽然有些说法已经时过境迁，但不仅它们的历史作用将永垂史册，而且其历史意义本身，蕴含着对今天的重要启示。

在关键的历史时期，不同的历史阶段有不同的当务之急。在大锅饭吃没了大众的生产积极性的年代，中国特殊时期的当务之急是解放生产力。而在信息时代，中国跟整个世界一样，当务之急是解放创造力。

随着数字技术的爆炸式发展，信息时代扑面而来。人类社会的发展，已经进入了一个与以往完全不同的信息时代。而信息时代正是一个以创新驱动发展的典型时代。从外观看，信息时代是一个创新求存的时代；而从内蕴看，信息时代则意味着一个全新的时代。这个时代正以“新硬件时代”的方式拉开帷幕，悄然来临。

“新硬件”(new hardware)指在以往生产和生活中闻所未闻的人造物理存在，而“新硬件时代”则是软件技术、互联网和大数据技术等整合而成的一个更高层次的整体

① 习近平：《决胜全面建成小康社会　夺取新时代中国特色社会主义伟大胜利——在中国共产党第十九次全国代表大会上的报告》，人民出版社2017年版，第68页。

图景。根据传统书本,亚马逊的电子阅读器 Kindle 为人们所自然接受;随着电脑和手机的发展,iPad 和 iPhone 的出现在人们的期待之中。这些还比较容易理解,而 3D 打印、苹果智能手表、亚马逊多轴无人飞行器、脸书(Facebook)的 Oculus 虚拟眼镜和谷歌眼镜、无人驾驶汽车和智能机器驮驴,还有可穿戴设备、机器人厨师、可回收火箭和超级电池等,则都是一种完全不同的创造物,它们既至少在某些方面出乎人们想象,同时又能击中人们的深度需要,甚至开发人们的需求。无人驾驶汽车使"开车"变为"乘坐",就开发了人们在"行"中办公的需要。

作为以身体"硬件"为基础的人类,满足其需要的产业形态往往总是以硬件为表现形式,这既是"新硬件时代"提出的重要依据,也是与它相联系的新产业形态以硬件为表现形式的原因,但作为信息时代的创造物,它们并不一定都体现为硬件,而且硬件所扮演的,越来越更是基础的角色。"硬件 2.0"概念本身也说明了,即使新硬件也主要具有基础的地位。正是在这个意义上,作为信息时代的标志之一,"新硬件时代"只是信息时代的反映,二者在理念的整体层次上仍有质的不同。要更好地理解不同于以往任何时代的信息时代,我们应当在更高层次把握这个时代的特点。

信息时代的人类活动不同于以往,更多属于创新性活动。在这种活动中,没有创新就没有价值可言。正是以创新为特质,信息时代的人类活动才成为最契合人性的活动。创新不仅成为社会进步的大众动力源泉,而且越来越成为个人发展的普遍方式。正是针对人的深度需要的创新性,才使信息时代的创新具有超值性,创新产物才可能以前所未有的方式大大超值。美国电脑软件公司 Autodesk 用 3D 打印的假肢,使残疾成为炫酷;脸书通过虚拟设备给人"真实世界"的体验,则不仅深度满足人们以前不可能满足的需要,而且开发生命的价值。这些都是不仅满足需要,而且为用户创造价值而获得超值的典型例子。

信息时代创新的超值性,同时也意味着信息时代创新的高风险性。信息时代充满创新风险,这是一个同样需要创新性头脑规避创新风险的时代。互联网世界有一个重要规律:"数一数二,不三不四"。由于互联网的超级"马太效应",一个细分市场,只有第一名和第二名有生存的空间,第三名以后的存在价值则呈悬崖式陡降。由于更多不是以量的方式满足人们的基本需求,创新活动总是伴随着风险和激烈竞争。一方面是创新风险日增;另一方面是创新大众化。信息时代是大众创新的时代,在人人创业、万众创新的大趋势中,创业创新关系日益密切,越来越只有创新才能创业。这使创新文化建设关系到践行"创新"发展理念的现实路径。

信息时代的竞争是创造力的竞争。当中华民族以 14 亿之众面对扑朔迷离的信息时代,扑面而来的是汹涌的创新浪潮。在信息时代,创造力不仅是经济发展的根本动力和综合国力增强的重要保障,而且关系到国家整体文明水平的提升。在信息时代,决定一个国家竞争优势的不再是丰富的自然资源和廉价的劳动力,而是科学技术的拥有和应用。信息时代是一个充满变数的时代,只有通过不断解放和充分发挥创造力迎接未来的挑战,才是以不变应万变的唯一制胜之策。这将是一个创造力造就竞争优势,创造力就是竞争力的时代。依靠创新在科技、社会等一切领域占据抢先地位,具有越来越重要的战略意义。谁拥有关键技术,谁就占据了全球化竞争的制高点;谁拥有科技创造力,谁就拥有更多的关键技术;谁拥有有利于创造力发挥的社会体制,谁就会赢得竞争的主动权;谁拥有更多的创造性人才,谁就拥有更强的竞争实力。如果说,一个国家的以往生存和发展主要靠的是国民的勤劳和民族的勇气,那么信息时代的竞争求存就越来越依赖于整个民族的创造力。一个创造力逊色或者创造力被束缚的民族,在信息时代的全球化竞争中很难赢得自己的一席之地。作为我国发展的当务之急,从创造力解放可以看到"创新"发展理念有效践行的根本路径。

中国特色社会主义践行"创新"发展理念,实现"新常态"下的新发展,关键是解放创造力。历史的机遇和挑战,以一种前所未有的方式摆在了中国人的面前。在发展的"新常态"下,中国需要实现新发展,也拥有提出"新常态"下实现新发展的充分根据。这个根据就是历史的机遇和中华民族的巨大创造潜力。无论是历史还是现实都表明:中华民族具有非凡的创造力。古代中国的辉煌文明成就自不待言,新中国成立以来一些科技领域的重大突破,改革开放以来社会主义市场经济体制和"一国两制"等全新观念的提出和成功实践,都表现出中国人的非凡创造力。然而,中华民族的创造力还远未充分发挥,事实上一直处于被严重束缚的状态。进一步解放中华民族的创造力,是中国特色社会主义践行“创新”发展理念的根本路径。

解放创造力是在更深层次上解放和发展生产力。我国社会实践使人们认识到，社会主义的根本任务是解放生产力；而信息时代则使人们更清楚地看出，人类社会正在从以体力为主的生产时代全面转向以智力为主的全新时代。创造力成了信息时代生产力的关键要素，解放创造力成了生产力进一步解放的核心内容。

与传统意义上的解放生产力相比，解放创造力具有不同的性质。传统意义上的解放生产力主要涉及生产关系的调整，而以解放创造力为特点的当代生产力解放则涉及所有社会关系。包括政治的、经济的，甚至日常生活中的关系。这与劳动的信息化和复杂化密切相关。在一般劳动条件下，可以主要通过生产关系的调整提高人的积极性，而在创造性劳动条件下，则需要比一般意义上的劳动更多的条件，其中主要是创造主体条件和社会环境。这使创造力的解放不仅仅涉及传统生产，而且几乎涉及一切领域。正因为如此，社会的所有方面都存在一个解放创造力的问题。解放创造力的过程，事实上就是一个社会整体文明提升的过程。

社会整体文明的提升是一个缓慢的过程，而信息时代的竞争又时不我待，特别是随着我国这些年主要依靠投资驱动经历高速发展之后，正处于必须向创新驱动转换的重要历史阶段，面临诸多严峻挑战。

根据哈佛大学教授迈克尔·波特(Michael E. Porter)的经济发展驱动阶段理论，国家竞争战略可以划分为生产要素驱动(factor-driven)、投资驱动(investment-driven)、创新驱动(innovation-driven)和财富驱动(wealth-driven)四个阶段。在这位被誉为“竞争战略之父”的管理学家看来，作为国家竞争优势主要来源的前三个阶段，伴随的往往是经济繁荣，而财富驱动阶段则可能是从繁荣走向衰退的转折点。以这四个阶段为坐标，我国的发展正处于从生产要素驱动和投资驱动向创新驱动跨越的阶段。创新驱动既是经济发展的最佳状态，也是信息时代社会发展驱动的典型形式。由于当前特定的发展现状，“中国实施创新驱动发展面临的挑战主要在两个方面：一是全社会创新氛围不浓、创新文化欠缺；二是有利于创新的市场环境不配套。”①也就是说，当前

① 张蕾：《中国创新驱动发展路径探析》，《重庆大学学报》(社会科学版)2013年第4期。

践行"创新"发展理念主要面临两方面的问题：一是创新文化建设；二是体制改革。面对挑战，学界关于创新驱动突破点的讨论逐渐聚焦在两个方面：一是文化创新；二是制度创新。研究表明，"创新驱动发展的路径转换"，除了创新理论研究和创新体系建设，一是"要在创新文化建设方面做出突破"，二是"要在创新制度建设方面做出突破"①。问题和思路清楚了，在践行"创新"发展理念根本路径探讨的基础上，其具体路径就更为清晰和切实可行。

作为践行"创新"发展理念的根本路径，解放生产力关系到创新驱动的根本机制。相对于解放生产力，解放创造力有两层基本含义：一是通过文化革新，使创造主体的创造潜力得到充分发展；二是通过改革不断完善社会体制，使人们的创造力得到不断解放和充分发挥。创新驱动发展的基本观念就是创新发展理念，而其核心机制就是创新驱动。创新驱动的现实路径仍然是创新，主要是制度创新和文化创新。与信息时代的背景相联系，践行"创新"发展理念的现实路径就会得到更具体的呈现。借助信息时代的创客文化推进文化革新和创新文化建设，通过政府转型在全面深化改革中尽快释放和充分挖掘体制资源，并构成二者的良性循环机制，既是完成解放创造力的历史任务，推进我国整体文明提升的重要方略，同时也是践行"创新"发展理念的两条重要路径。

二、以创客文化建设为突破口进行"创新"理念文化革新

创新驱动发展的基本路径之一，就是以创新文化建设为目的的文化革新。纵观历史，大国崛起无不伴随成功的创新文化建设。这方面有发达国家的历史可资借鉴，其中最为典型的就是美国的发展。美国着力创新文化建设，建国后便颁布了《全民教育法案》，这对美国通过创新发展迅速崛起至关重要。目前，我国科技产出之所以效率不高，一个重要原因正是"缺乏创新文化的有效支撑"，"当前以创新为主的价值观尚未成为普遍风尚，功利化、工具化的科技观还比较严重"。②改变这种现状的最基本工程，就

① 马克：《创新驱动发展：加快形成新的经济发展方式的必然选择》，《社会科学战线》2013 年第 3 期。

② 李振京、张林山：《"十二五"时期科技体制改革与国家创新体系建设》，《宏观经济管理》2010 年第 6 期。

是以创新文化建设为目的的文化革新。作为践行“创新”发展理念最重要的路径之一，通过创新发展的文化革新大力推进创新文化建设，对于我国目前国情条件下的践行“创新”发展理念，尤其重要。

中国人的创新潜力还远没有在实践中普遍而充分地表现为现实的创造力，最为直接的原因是社会文化环境。中国中学生获国际奥林匹克智力竞赛金奖不少，但国人在现实中的创造性却比几乎与此奖无缘的美国学生差。中国人在不少领域表现出非凡的创造力并在国外很多科技领域扮演着重要角色，但中国仍处于创新乏力的状态。重大理论建树、前沿突破和专利较少，关键技术拥有量偏低，其中有历史的原因，更与我们的文化现状有关。创新文化集中表现在教学体制中，我们的教育体制还不能适应创新人才培养的需要。中小学时代是培养创造力的最佳时期，而在这个时期，我们却基本上仍然在实行单纯的知识教育。无论是家庭、学校还是社会，培养青少年创新能力的现状都亟待改变。我们还缺乏终身教育的意识和普遍需要，职业教育的发展也欠规范。知识产权还得不到有效保护，激发创造力的机制也还有待建立和完善。创新环境较差，法制不健全，版权保护意识差，措施不力，创新政策环境有待改善，这些都有形无形地束缚了人们的创造力，使中国人的创新潜力没能得到普遍发挥。一些表观上看上去是体制的问题，实质上却是文化问题，解放创造力面临与解放生产力不同的文化革新形势和任务。

解放创造力亟需破除守旧观念，建立创新文化，让价值趋向创新活动。在信息时代，这关系到一个民族的未来。创造力是一个民族、一种文化的活力所在，而创造力及其发挥程度，则反过来又决定了一种文化、一个民族的前途和命运。一种文化之所以会中道没落，就是因为囿于一定的模式。这种固定不变的模式，缺乏创新能力，缺乏新的变革和发展，从而因不能适应新时代的新形势而边缘化，甚至走向衰亡。信息时代更是如此，必须有整个民族的创造力的解放。无论是从事政治、经济管理，还是从事科学技术研究、应用和开发；无论是大学教授，还是在校学生；无论是专业科技人员，还是普通大众。而这必须有创新文化建设水平的时代性提升。

整个民族创造力的解放亟须建立崇尚创造的创新文化。创新文化关系到创新价值观,决定创新的价值导向,创新既是人类发展,也是人性解放和个人发展的根本所在;创新文化关系到创新体制,涉及创新动力机制得以形成和高速运转的重要环境,涉及学术自由为基本价值导向的学术文化;创新文化关系到创新行为规范,涉及创新活动效率和效益的源泉,涉及尊重创新和保护创新专利的意识。创新文化建设的目标,就是以开放的环境包容种种有关问题和新想法的自由讨论。创造力的解放需要更自由的空间,需要个性解放,需要人的全面发展。信息时代的到来,为我们提供了文化革新的突破口。

信息时代意味着创新成果的大量涌现,而创新成果大量涌现的重要前提,是人人享有发挥自己创造力的宽松环境和相应条件。解放大众的创造力不仅需要一个尊重知识、尊重人才的社会环境,而且需要一个尊重人、尊重所有人创造性的社会文化环境;不仅需要有利创新的社会文化,更需要与人的发展内在相关的创客文化。

在信息时代,创新文化革新的重要契机就是创客文化建设。创客(Maker)指热衷于 DIY(Do It Yourself)创新产物的人群。这一概念由美国 *Make* 杂志引出,2014 年才有中译,“创客”一词就进入 2015 年全国“两会”《政府工作报告》。创客的出现,意味着一种相应的文化,那就是创客文化。近几年来,由于经济实惠的计算硬件、3D 打印机和可用的开源软件,创客文化在加速流行。作为践行“创新”发展理念的重要路径,文化革新和创新文化建设必须创造条件,使创客文化在我国尽可能快速发展。

创客文化鼓励非正式的、共享的社会学习,聚焦于人工制品的创制,这些创造物范围很广,从机器人和 3D 打印模型到衣物和传统工艺品。创客文化强调实验、创新及通过实践和自主任务(self-directed tasks)检验理论。其特点是玩乐学习(playful learning),既鼓励通过犯错误学习(learning by making mistakes)勇冒风险,又鼓励快速迭代开发。通过即时测试、个人反思和同行验证提供反馈。通过实践共同体(community of practice)以非正式指导和持续进展支持学习;强调网络化的、朋辈(同行)导向(peer-led)式学习的新兴“创客文化”,使学习和创造的动机来自乐趣和自我实现。①

① Mike Sharples ect., *Innovation Pedagogy*, The Open University Innovation Report 2, 2013, pp.5, 33.

有些创客甚至不以赢利为目的，热衷于将创意转化为现实；他们的创新活动主要出于兴趣和爱好，热衷于在创新 2.0 时代为自己同时也为人类创造更美好的生活。

创客文化已经深入创客心灵，甚至有人把创客文化看作一种信仰。事实上，创客标志着信息时代人的生活方式和发展模式。创客不仅将是信息时代的引领者，而且是一个玩创新的新人类。因而，在吸取传统文化精华的同时破除守旧观念，在中外优秀文化相结合的基础上建立具有中国特色社会主义的创客文化，时不我待。创客文化不仅涉及创新教育，更重要的是关系到创客人格的培养。正是在这个意义上说，创客文化建设直接涉及创新人格的发展。

在信息时代，创新不只是一种产业驱动，同时也越来越是人的生活方式和发展形式。在这样一个时代，创新越来越成为人的内在需要。创新使人的发展和社会发展越来越内在关联在一起。一个民族创造力的解放，与创新人格培育密切相关。

创新人才培养亟须培养创新人格，让“创客”队伍在中国快速扩展。在信息时代，我们所面对的最大挑战之一是创新人格的培养。由于知识更新快，一些发达国家教育体制的半衰期只有两年，这不仅使教育体制的调整成了经常性的改革措施，而且对创新教育提出了越来越高的要求。在这样的形势下，培养适合信息时代创造力竞争的创造性人才，不仅关系到个人的全面发展，而且关系到中华民族的未来命运。在信息时代，不培养具有创新人格的大量人才，我们就不可能完成建设具有中国特色社会主义的全新事业。正如邓小平同志所指出的：“没有一点闯的精神，没有一点‘冒’的精神，没有一股气呀、劲呀，就走不出一条好路，走不出一条新路，就干不出新的事业。”解放思想，实事求是，大胆创新，勇于实践，应当是我们所要培养的创新人格的基本特征。为中国的强盛造就大量具有创新人格的创新人才，刻不容缓。

创客是一个以联合体方式发展的创新人群，创新是他们的生活，创意是他们的生命。这决定了他们的生活态度。作为把头脑中的创意变成现实的人，创客的旨趣是造物，利用科技造物。而创客的创新活动则是从小众运动到大众广泛参与的风潮。从软件开放代码到硬件，把创客的门槛拉得越来越低，使创客的创新活动越来越成为大众可以广泛参与的活动。创客不是一种职业，而是多多少少从职业中解放出来了的、不以挣钱为(主要或最终)目的、具有共同精神追求的一种生活方式。创客的精神状态是积极投入,充实饱满的,也是亢奋阳光的。他们推崇个性,崇尚自由思维;他们通过创新活动简化生活,使生活变得更为简便;他们不仅有创意,而且热衷于将自己的创意付诸实践;他们有个人主义倾向,同时又没有那种“祖传秘方”式的保守心态,而以分享技术、交流思想为乐,并由此通过自己的创新推动社会进步,为人类造福。创客和对电脑痴迷的极客(Geekr)不仅是当代发展的急需,同时也是人类发展的当代典型。“让我们成为创客(Let's be a Maker)!”其应当成为践行“创新”发展理念时代范围越来越广泛的共鸣。

“创客风潮”滥觞于硅谷,中国深圳却打出了“全球创客高地”的口号,这是一个令人鼓舞的信号。我国2012年提出的“互联网+”是一种新的经济形态,主要与商业有关,所以腾讯建物联网,上马与微信支付配套的新POS机。百度的中国大脑、百度眼、神灯、翻译机等,也是“新硬件时代”的产物。“新硬件时代”和“互联网+”的确具有理念层次上的不同,但即使是“新硬件时代”,也仍然只是一个全新时代的帷幕拉开。

以创客为主的创新机制与传统机制截然不同,在这种机制中,关键环节是创客和极客等。在传统创新机制中,创新主体往往以团队的方式集中在大学、科研机构和企业中,而创客则越来越多地以个体在信息联合体中的方式活动,因而也越来越多地存在于各种其他场所。在美国,创客在大学、自家车库和孵化器里各占大概1/3。“Maker”又被译为“自造者”,就足以表明创客的这种性质。

在创新驱动的时代,即使孵化器也跟传统的孵化器有很大不同,它们具有将市场需求和需要的满足与开发更直接联系起来的机制。美国的科技孵化器像学校的实习工厂,有3D打印等最先进的设备。在孵化器中,通过产品快速迭代,创新构过程使一个最初的创意很快演变成具有巨大商业价值的产品。在这个过程中,孵化器扮演着风投的角色。孵化器和自家车库与“推手”直接相连,直接市场化,大公司作为“买手”,买下创客团队和“硬蛋”孵化。一旦成功养大,就可能撬动百亿级市场。谷歌智能机器驮驴就是由波士顿动态研究所(Boston Dynamics)制造,为谷歌所收购。而这个巨大的撬动力,归根结底都源自创客们的创新。而创客的创新能力所涉及的,更多不是机制本身，而是一系列的观念更新和思想解放问题，说到底就是创客人格。

由于历史的原因，解放思想有时比生产思想难度更大。新的观念往往是人类进步的阶梯，但旧观念的束缚也是创造性发挥的头号障碍。由于中国的历史和国情，旧体制、旧观念的束缚仍然大量存在。不解开这些有形无形的束缚，中国大众的创造力就难以充分发挥。只有改变对标新立异一概排斥的社会心理，提倡鼓励冒险、容忍和接受失败的价值观，才能在全社会养成敢于思考、敢于创新的创造精神；只有创造一种良好的创新文化，造成崇尚创新、以创新为荣的文化环境，才能使中华民族创新之源大开；只有通过创造良好的创新环境，保障强烈的事业心和自我实现的心理需要，爱护认真求实的科学态度和激奋的情绪状态，保护浓厚的求知兴趣和勇于探索的精神，才能创造最佳的创新心理状态；只有通过建立充分使用创新人才的机制，才能使创新动力机制得以形成和高速运转，提高创新活动的效率和效益。因而，在吸取传统文化精华的同时破除守旧观念，在中外优秀文化相结合的基础上建立具有中国特色社会主义的创客文化，时不我待。创客文化不仅涉及创新教育，更重要的是关系到创客人格的培养。从信息时代的发展来看，创客人格是我们必须关注和培育的。信息时代最具代表性的创新人格，就是创客人格。

关于创客人格，可以从“创客运动宣言”(The Maker Movement Manifesto)得到深切感受：“创构对于人之为人至关重要。为了有整全感，我们必须创构、创造和表达自己。创构物理之物具有独特意义。这些东西就像构成我们的一个个小碎片，似乎是我们灵魂构成部分的具身化。”[①]从创客的成长和我国现实看，人才培养的关键在创客人格的培育；创客人格培养的关键则在创客文化，而创客文化建设又跟社会体制密切联系在一起。它们可以构成一个良性循环过程。

创新文化在很大程度上是整个社会的文化状态，不是光凭单个企业或单位能造就的，整个社会的创新文化与这个社会的体制密切相关。而就我国的现实状况看，尤为重要的当是体制改革，以政府转型为契机的体制改革是我国目前践行“创新”发展理念

① Mark Hatch, *The Maker Movement Manifesto*, *Rules for innovation in the New World of Crafters*, Hackers, and Tinkerers, McGraw-Hill, 2013, p.11.

的另一重要路径。

三、以政府转型为契机推动“创新”理念体制改革

从创新1.0升级到创新2.0，所强调的是“政用产学研”协同创新生态建构。提出实现政府2.0转型，意义非同寻常。践行“创新”发展理念亟须建立和完善公平、公正的社会体制体系，尽快释放和挖掘制度资源。单方面推进的改革已经不再能适应信息时代的发展形势，全面深化改革已经不是一个主观上想不想做的问题了。

创造力是社会文明的结晶。社会的创造力水平，是一定条件下社会文明整体功能状态的集中表现。社会创造力的解放程度，与一个社会的整体文明水平密切相关。解放创造力，在某种意义上说就是通过调整社会结构，优化社会体制功能状态。创造力的竞争，说到底就是包括政治文明在内的社会整体文明的竞争。

创造力充分发挥，必须有一个公平、公正的社会体制。公平、公正的竞争，公开、透明的运作，是使所有人的创造力得到解放和发挥的重要机制。保障公平竞争和激发创造性的社会体制，是社会创新源泉普遍涌现的前提条件。只有建立一个公平、公正的社会体制体系，才可能有践行“创新”发展理念的良好社会环境；才可能有一个国家、一个民族创造力的普遍解放；只有国民创造力得到普遍解放，才会有民族的全面振兴。在发展创客文化的同时，健全和发展具有中国特色社会主义的体制体系，保证社会的公平与公正，全面启动创造力普遍解放的历史进程，是中国特色社会主义践行“创新”发展理念的当务之急。

创新引领发展的关键是创新发展驱动机制，而建立和完善创新发展驱动机制的紧迫任务，则是体制变革。“实施创新驱动发展战略，最根本的是要增强自主创新能力，最紧迫的是要破除体制机制障碍。”[①]在我国创新驱动发展中，制度创新最重要的契机，就是当前的政府转型。无论是英国还是美国，崛起的历史都是政府转型的典型案例。

① 习近平2014年6月9日在中国科学院第十七次院士大会、中国工程院第十二次院士大会上的讲话。

"不断明确政府机构在创新驱动中的角色转换和功能定位"是英国崛起的重要路径，"英国政府认识到，政府在建设创新国家中的定位非常重要，其职责主要是营造鼓励创新的环境和氛围，政府不再是资源配置的主体，而是资源配置过程的监督者和公共服务的提供者"。[①]在第二次工业革命时期，企业技术实验室和大学科学实验室这两个人类历史上两种非常重要的科技制度创新，使当时经济发展处于落后的德国和美国在新技术方面，快速的追赶上并超过英国。[②]目前，我国在推动创新在价值实现过程中，存在必须突破的政府、产业、财税、金融、教育、市场、人才等方面的体制机制关卡。"我国需突破的制度障碍有：一是政府还保持着对重要经济资源的配置权，如项目布局与审批权、土地审批权；二是对各级政府官员政绩的主要评价标志，还是 GDP 的增长，这使我国经济出现了有增长无发展的局面；三是要素价格扭曲。各地为了片面发展经济，采取互相残杀的招商引资政策，使土地、水等资源的使用价格永远低于其价值，同时，我国的各类矿产资源价格也严重扭曲；四是政府未按市场要求进行相应的职能转变与适应，造成了增长方式转变的障碍。"因此，"创新驱动的突破点是制度创新"。[③]

改革开放以来，围绕解放生产力，我们已经在这方面做了大量工作。从解放创造力——践行"创新"发展理念的角度看，我们还亟需加速推进以下改革进程：

首先，充分利用当前反腐的有利形势，不仅深度推进反腐败，而且将反腐成果变成制度安排，健全监督体制，在根源上有效扼制社会腐败。社会腐败是践行"创新"发展理念创造力的腐蚀液，对于社会创造力的影响是灾难性的。腐败对创新环境的破坏，远远大于经济损失。在制度安排层面铲除腐败，对于保护和优化创新环境至关重要。

其次，健全干部体制，打击假冒伪劣产品的保护伞，有效保护知识产权和名牌产品。版权保护不力，从长远看对创造性的扼杀会越来越严重。通过制造假冒伪劣产品发不义之财是犯罪，依靠假冒伪劣产品谋求政绩是对整个国家创新资源和创新环境的极大破坏。保护知识产权和名牌产品，就是保护创造力。

---

① 陈强、余伟：《英国创新驱动发展的路径与特征分析》，《中国科技论坛》2013 年第 12 期。

② 胡振华、杨琼：《创新驱动的双重路径与后发赶超》，《学习与实践》2014 年第 5 期。

③ 张晓第：《创新驱动在转变经济增长方式中的理论与实践探索》，《经济研究导刊》2008 年第 3 期。

最后,深度引入市场机制,尽可能打破各种形式的垄断。垄断是创造力的巨大障碍,中国电器等行业的飞速发展是打破垄断的直接结果。我们应当根据国情尽快打破可以打破的一切形式的垄断,使公平公正的竞争有更好的体制保障。公平、公正的社会体制体系,是创造力普遍解放不可缺少的社会条件。

公平、公正的社会体制对于践行“创新”发展理念之所以如此重要,就因为社会体制在很大程度上决定了人们创造力的发挥水平。在人的创新性活动中,一些非认知的心理因素,如情感和心境等的影响极大。情感在思维活动中的作用是众所周知的。每一个有正常思维能力的人,都会感觉到情感热烈时思维效率大增。积极的情感能使创新的敏感性提高,能保证创新信息的及时捕捉,并使创新主体迷恋创造,对有关事物充满兴趣,使联想活跃、想象丰富,在思维群体中心情舒畅、交往积极、心理相容水平高。积极的情感还具有强烈的激励作用,能激发创新意识和进取心,有利于思维进入最佳状态,从而极大地提高创造效率。而包括情感过激或缺乏以及情绪低落等的消极情感则使人过分冲动,失去自制力甚至导致思维功能障碍,难于进行正常的思维,从而丧失进行正确的自我评价和预见行为后果的能力,使思维状态遭到严重破坏,抑制创造性思维活动。

作为一个个体,人们无疑可能通过滋养情趣、消除积郁在一定程度上优化情绪,改善创新主体的情感状况,使其朝积极向上和健康的方向发展,从而改善创新状态,但要从根本上改善思维状态,关键是创造一个心旷神怡的外部环境。

外部环境是影响人的心理状态的重要因素,外部环境的和谐有利于达到思维的最佳状态。而一个心旷神怡的外部环境,远不止是工作室的色彩和灯光配置等小环境,更为重要得多的是整个社会的大环境。包括从良好的人际关系到科学合理的社会意识形态。越是大面积的创新,越与整个社会的大环境,与社会的整体文明水平密切相关。而社会的整体文明水平,在很大程度上是由制度文明体现的。一个社会的创造力发挥水平,与这个社会的整体文明水平尤其是这个社会的制度文明水平直接相关。正是在这个意义上说,通过体制选择营造一个有利于发挥人们创造力的最佳状态,对于我国目前的“创新”理念践行至关重要。

一个有利于“创新”理念践行的体制应当是法律大于一切的，没有例外。行政法规大于法律，领导批示又大于行政法规的现象，将极大地破坏社会规则，从而破坏人们的心态，破坏“创新”理念践行的规则条件。游戏的意义由游戏规则维护，游戏规则的完善或破坏程度就是游戏本身意义的拥有或丧失程度；公平公正的社会环境是由公平公正的体制维护的，公平公正的破坏程度，与创造力发挥的程度密切相关。

创造力的发挥需要有信息的最大程度交流，创新主体需要处于一个尽可能开放的系统中。因而，保证对内对外尽可能开放的体制是人们践行“创新”发展理念的重要社会条件。体制的开放必定带来整个社会的开放，开放原则是社会整体文明的一个重要方面。开放不仅有利于信息的交流，也有利于人类社会各方面的进步。社会的开放程度，是整个社会践行“创新”发展理念的基本条件之一。在信息时代，以开明的态度保持互联网的开放环境是涉及一个民族“创新”理念践行的大事，关乎中华民族的复兴和前途命运。

创造力要得到最大程度的解放，社会体制除了必须开放，还必须贯彻自由竞争的原则。自由竞争不仅有利于为创造力的发挥形成激励机制，而且能够激发人的创造性。有利于践行“创新”发展理念的竞争机制强调公平、公开和公正；公平的竞争要求主体处于同等地位，需要体制保证创造主体事实上的地位平等，进行公开、公平、自由的竞争。以法律形式确定竞争规则和秩序，是公平竞争从而也是创造力正常发挥的体制保证。公平竞争不仅是造就良好创新状态，使创造力有效发挥的基本条件，而且由此造成的资源自由流动和选择是保证创新资源配置优势性原则的重要前提。

创新资源的自由流动和选择，直接造成机会均等的局面。给所有主体提供同样机会的机会均等原则符合人类所有活动的需要，尤其是创新活动。机会均等这一制度文明要素，在社会生活中发挥着与在经济活动中同样重要的作用。机会均等作为社会文明的一个重要因素，是社会公平和公正不可或缺的基础。只有机会均等才能为公正公平提供必不可少的前提，机会均等原则带来的是整个社会制度文明发展的高速度和高水平。事实上，公平和公正是制度文明进步本身的重要标准之一。公正和公平本身就是社会文明的重要内容，它与创造力的发挥具有比其与市场经济领域更为重要的关系。

如果说，在市场经济中，机会均等主要是带来物质资源配置的高效益，那么，在精神生产领域，机会是否均等所带来的就不仅仅是物质资源配置是否高效的问题，更关系到主体的心理和精神状态，关系到创造力是否能得到正常发挥。公平和公正决不仅仅是保证物质资源高效配置所需要的，它不仅在其他社会资源的配置中发挥着同样重要的作用，而且极大地影响人的情绪和心境，影响人所在的整个创新环境，从而极大地影响人的创造力发挥水平。

体制在很大程度上决定人的创造性的发挥，甚至在一定程度上决定人的创造性。在信息时代，规范合理的体制是最重要的社会资源之一，谁拥有更合理的体制，谁就能在竞争中取胜。因为体制在很大程度上决定创新环境，而有利于创新的文化和社会环境，又是争夺创新性人才的关键因素。创客大量出现和云集之地，必定是有利创新的社会制度和体制之地；也必定是创客文化繁荣之地，社会发展充满活力之地。只有建构有利于创新的文化和制度环境，才能充分解放创造力，才能更有效地践行“创新”发展理念；只有全面有效践行“创新”发展理念，中国人的创造力才能得到普遍解放，才会有中华民族的全面振兴。二者构成良性循环。解放创造力是中国特色社会主义践行“创新”发展理念根本路径的核心，而以创客文化建设为突破口的文化革新和以政府转型为契机的体制改革，则是践行“创新”发展理念的两条重要路径。

第 9 章　中国特色社会主义信息生态文明建设

自从大数据开启信息文明，人类的信息存在方式日渐凸显。人的信息存在方式，使信息生态成了自然生态和社会生态基础上日益重要的生态文明层次。探索信息生态这一更高层次文明的哲学基础，无论对于信息生态的研究，还是人类文明的发展，都具有基础性重要意义。

一、信息生态研究及其进展

作为一个新兴的研究领域，信息生态随着信息文明的发展迅速兴起；作为一个综合性研究领域，信息生态的发展在众多学科中广泛展开，一些基础性的工作亟需哲学学科的深度参与。

由于对信息、通信技术和绿色经济的关注，信息层面的生态问题引起人们的重视。人们认识到，需要开辟一个特殊的综合研究领域，建立一个交叉学科，由此“信息生态”(information ecology)应运而生。

“信息生态”既可以是关系到整个人类思想生产和观念系统的生态，也可以看作工作团队中的信息管理方式。到目前为止，信息生态研究涉及广义信息论、生态学、心理学、医学、公共健康、安全、冲突研究、政治学、语言学和管理学等。“信息生态被看作人们在信息交往的社会环境下生存和发展的状态，而且人们更多地将信息生态看作一个集合概念，包含了信息的质量、管理、产品和价值以及信息服务与需求的评估等。”作为一门研究支配信息影响规律的科学，信息生态学科的影响主要有两类：一是生物系统的形成和功能发挥，包括个人、人类群体一般意义上的人性；二是人类健康和心理、身体和社会福祉。所有这些都旨在发展改善信息环境的方法论。①

“信息生态”概念由美国学者在 20 世纪 60 年代第一次提出。1978 年，霍顿(Horton)在《系统管理杂志》发表《信息生态》一文②，1989 年，哈里斯(K. Harris)在《信息管理国际杂志》发表同名论文，系统阐述了信息生态概念③。1997 年，阿列克谢·叶廖明(Alexei L. Eryomin)在《环境研究国际杂志》发表论文《信息生态——一种观点》，系统讨论了信息生态的研究内容。在 Alexei L. Eryomin 所建议的研究领域中，除了信息贮存、传输和接收、信息和人类健康相互作用的定性和定量研究、信息服务评估、工作场所、组织、信息富裕和信息贫困国家及世界共同体的信息管理、信息识别的定性和定量标准，还包括情感信息超载、信息需求、信息价值、信息责任及其社会品格等。④1999 年，纳尔迪(Nardi)和奥戴(O'Day)在麻省理工大学出版社出版《信息生态：用心使用技术》一书，提出一种新的信息生态理论，认为一个信息生态系统是由人类、工作、价值和技术在一定环境中构成的系统。关注信息生态系统是由技术支持的人们的行为，而不是技术本身。⑤

国外信息生态研究所注重的主要是“信息安全”、国际信息生态、信息的文化际和国际交流、信息作为经济因素的意义、信息的语言生态、公共信息生态、信息污染、信息富裕和信息贫困国家的差别、大众媒体、大众信息生态、心理学和医学中的信息生态、情绪的信息理论、信息生态和卫生学、信息生态和交通、人类信息生态等。作为经济因素，信息是后工业时代最重要的特征之一。信息的语言生态内容丰富，研究具体到语

---

①④ Alexei L. Eryomin, Information Ecology—A Viewpoint, *International Journal of Environmental Studies*, Vol.54, no.3—4, 1998, pp.241—253.

②③ Horton FW., Information Ecology, *J. Syst Manag* 29(9) 1978, pp.32—36.

⑤ Bonnie A. Nardi, Vicki L. O'Day, *Information Ecologies: Using Technology with Heart*, MIT Press Cambridge, 1999, p.14.

言环境可以是一个地区冲突的源起及生态稳定的因素。由于随着信息爆炸,带来了一种新形式的污染——信息污染。因此,信息污染成了一个在很多方面完全不同于自然环境污染的重要研究领域。

关于信息生态的文献研究表明,在信息生态领域,一个稳定的关键作者群体尚未形成,这表明该领域的研究还不成熟。信息生态研究仍在发展阶段,关于信息生态哲学基础的研究更是如此。这意味着中国在这方面仍拥有引领研究、取得重要话语权的难得机会。

根据普赖斯定律(Price's law),我们可以从文献研究看到一个研究领域的发展状况。1992 年,信息生态出现一个文献发表高峰;2006 年后,信息生态概念逐渐为大家接受,表明信息生态是一个仍在发展的新领域。1992—2013 年,在信息生态领域 SCI 和 SSCI 期刊发表的论文中,美国占 36%,表明美国大学在信息生态研究领域起引领作用。英国占 6%,俄罗斯 1%,西班牙 2%,荷兰 3%,德国 4%,其他国家和地区 33%,中国、法国和加拿大各占 5%;在学科分布上,环境和生态学占近 48%,电脑科技近 12%,海洋淡水生物超过 10%,海洋学超过 7%,信息科学和图书馆学近 6%,物理和地理超过 5%,商业和经济学约 5%,农业超过 4%。[①]数据表明,中国在信息生态研究中占有重要位置,对于发展信息生态领域的话语体系,掌握信息生态话语权具有一定优势,加上国内刊发的大量论文还没有统计进去,中国对生态文明建设的重视和在国际上的独特地位,在信息生态领域的话语权有机会与走在最前沿的国家一道取得引领地位。

关于信息生态的文献研究表明,在信息生态领域,一个稳定的关键作者群体尚未形成,这表明该领域的研究还不成熟。信息生态研究仍在发展阶段,关于信息生态哲学基础的研究更是如此。

统计数据表明,中国在信息生态研究中占有重要位置,对于发展信息生态领域的话语体系,掌握信息生态话语权具有一定优势,加上国内刊发的大量论文还没有统计进去,中国对生态文明建设的重视和在国际上的独特地位,在信息生态领域的话语权

① Xiwei Wang etc., Information Ecology Research: Past, Present, and Future, *Information Technology Management*, No.18, 2017, pp.27—39.

有机会与走在最前沿的国家一道取得引领地位。

国内关于信息生态的研究已有近20年的历史，但直到2006年才出现快速发展势头，2010年后走向平稳。研究所涉及的领域主要是情报和图书馆，这两个行业占40%以上。研究内容主要集中在信息生态学、信息生态系统、信息生态位和信息生态链四个方面。信息生态学研究主要包括概念探究、学科内容及其在具体行业中的具体指导。信息生态系统研究主要包括系统构建、系统平衡、系统评价与测度、系统演进。信息生态位研究主要包括信息生态位理论的构建与完善及具体应用研究。信息生态链主要研究不同种类信息之间信息流转的链式依存关系。具体应用主要涉及高校图书馆、信息服务平台和政务平台、网络教学、社交网络和电商网络。①目前，信息生态研究的热点主要在信息生态系统、电子商务信息生态和网络信息生态。相对于国外信息生态研究，国内研究目前在深度和广度上仍然存在比较大的差距，同时也具有自己的特色和优势。

关于信息生态，哲学领域的关注和研究很少，真正关于信息生态的哲学基础研究几近空白，到目前为止，较为系统的探索只有肖峰教授的《信息生态的哲学维度》，而且这篇论文发表于2005年，此后基本没有研究成果发表。对于这样一个富有哲学内涵的生态领域，研究急需加强。一方面，信息生态的哲学研究关乎哲学社会科学话语体系建设，加强这方面的研究，对中国哲学社会科学生态文明话语体系建设具有重要地位，属于可望取得引领地位的领域。另一方面，信息生态哲学基础的研究对于中国的信息文明研究和建设至关重要。

关于信息生态的哲学问题，目前的研究大都是对应自然生态论述的。这和信息哲学大都对应非信息哲学论述相似。这样，在类比性研究基本结束后就没有自己可以长久拓展的空间了。深化信息生态的研究，对于我国信息文明建设至关重要。

二、信息生态的构成、特性及发展

信息生态不是信息本身构成的生态，而是人作为信息存在方式所处的生态系统。

① 柯健等：《我国信息生态研究综述》，《情报科学》2016年第10期。

就人作为信息方式存在而言，信息生态与人的本性密切相关。

信息生态与自然生态的最大不同，就在于自然生态以大自然为基础，而信息生态以大数据为基础；信息生态和自然生态的不同，还在于自然生态更是自然形成的，而信息生态则更是人为创建的。自然生态是大自然进化的结果，人们所能做的主要是维护；而信息生态则是人类创构的产物，人们必须做的除了维护，更有长远眼光和创世职责的问题。这与在自然生态中人们主要是适应，而在信息生态中人们主要是进行创构的处境密切相关。

作为人类建构的产物，信息生态由 4 个基本层次构成：

(1) 信息网络层次。这是信息生态的物能基础层次，真正意义上的信息生态正是建立在信息网络的基础之上。

(2) 信息流通层次。这是信息生态的过程基础层次，它类似自然生态中的物能循环，但对于信息生态来说，信息流通比物能流通具有更根本的地位。

(3) 信息生产层次。这是信息生态的发展进化层次，没有信息生产，就不可能有信息生态的真正发展，从而也就不可能有更高层次的信息生态。

(4) 信息创构层次。这是信息生态发展的动力机制层次，没有信息创构，就不会有新质信息的形成，也就不会有信源和信宿所构成的信息体的发展。

信息是信源和信宿关系，只有作为信源的信息发送端和作为信宿的信息接收端发生信息关系，才构成信息。而且，信息的接收还涉及信宿的感受性和识别。因此，信息的基本特性是相互性。相互性所表达的是在整体过程机制中，作为同一整体构成部分之间相互依存、不可分割、彼此影响、共同行动的关系。而作为最基本特性的信息相互性，就是信源和信宿的相互依存性。十分耐人寻味的是，相互性即是信息的基本特性，也是人类学基本特性。在信息文明发展中，作为信息和人类学共同的基本特性，相互性同时也是信息生态的基本特性。信息的相互性构成信息生态的相互性，而相互性同时作为人类学特性，随着信息文明的发展会出现叠加，而且叠加的面会越来越广，程度会越来越深。这一事实意味着信息文明时代将出现相互性以几何级数倍增的效应。由信息的相互性和人以信息方式存在的事实，可以更好地理解信息生态作为“一种客观的信息分布和结构状态”与“一种主观的心理感觉”①二者的相互关联状态。如果说自然生态的基本特性主要是物能或实体性,社会生态的基本特性主要是关系性,信息生态的基本特性则是在自然和社会基础上比关系性更基础的相互性。

信息体就是信宿信源一体化构成的信息关系体。当一个信息系统具有信息感受能力时,它就是一个信宿;当一个信息系统不仅能接收信息,而且能进行信息反馈时,就已形成信息反馈系统,这样一个信息反馈系统就是一个信宿和信源一体化的信息体;而当一个信息系统因结构信息缺环而有信息需要,并具备满足自己需要的能力时,就形成了具有信息自主能力的信息体。信息体具有生命特征,而其环境就意味着信息生态。

在信息生态的发展中,信息对称与不对称构成了一个基本的相互作用机制(矛盾运动)。信息对称是信息文明发展水平的重要标度,同时在信息生产前沿的信息不对称又是保证信息创新及生产动力的重要机制。因此,随着社会信息文明水平的发展保持信息不对称和信息对称的合理平衡,就是充分发挥信息创新动力,通过有效推动信息生产推进信息文明进步的重要原理。信息文明发展的基本原理,正是信息对称和不对称之间的相互作用或矛盾运动。信息不对称的利益关系,涉及信息文明时代的基本矛盾。一方面,信息对称对于市场的资源配置至关重要,市场的资源配置完全靠信息进行,正如比尔·盖茨所说:“完美的信息是完美的市场的基础”;另一方面,暂时的信息不对称又是保护创新积极性不可或缺的措施。二者的相对关系构成信息文明时代社会发展的基本矛盾。

事实上,信息生态具有自然生态所没有的重要性质。信息环境与自然环境具有根本不同,一个涉及人的生物性生存,一个涉及人的信息性生存;一个更多涉及人的生存,另一个更多涉及人的发展,而人的发展最重要而又与信息内在相关的方面,就是人的创造能力的展开。因而以人的创造力的发展为核心,反思信息生态的哲学基础,当是至关重要的信息生态研究内容,无论对于信息文明生态维度的展开,还是深入挖掘

① 肖峰:《信息生态的哲学维度》,《河北学刊》2005 年第 1 期。

信息生态的哲学意蕴，都至为重要。

三、人类信息文明的生态维度

信息生态是信息文明的生态维度，这与信息文明时代人的存在方式密切相关。作为信息文明的生态维度，信息生态是人作为信息存在方式所处的更高层次生态系统；就人作为信息方式存在而言，信息生态与人的本性密切相关。随着信息文明的发展，人越来越以信息方式存在，因而，信息生态对于人以信息方式存在具有基础意义。

1. 一种人类以信息方式存在和发展的生态

由于自然生态所涉及的更多是生存的基础，信息生态所涉及的更多是人的发展的基础，即使是作为核心内容之一的生态污染问题，信息生态也具有与自然生态完全不同的内涵。

正像自然生态中的环境污染，在信息生态中，信息污染是一个重要研究领域。目前关于信息污染的研究，还主要是对应自然生态污染的研究范式。“信息生态的污染和失衡，如有害、无用和垃圾信息的泛滥，信息超载、信息爆炸、信息垄断（导致信息鸿沟、数字鸿沟等）、信息犯罪以及发生在个体身上的一些不良信息症状（如信息饥饿症、信息过量症、信息错位症、信息孤独症、信息恐惧症）”。[①]信息生态的这些污染和失衡现象，还只是相应于自然生态的，而作为一种特殊的生态系统，与自然生态相比，信息生态的破坏和失衡还有完全不同的内容。这些方面绝不只是与自然生态破坏和失衡危害身体健康相对应，也远不只是危害心理健康的问题。

信息污染除了自然环境污染意义上的，更有人为蓄意制造方面的。通过大数据垄断等制造信息不对称、通过篡改大数据相关关系故意遮蔽和扭曲信息、散布片面甚至不实信息等，成了比危害心理健康层面的信息污染更为严重的问题。由于信息可以是从一个基本的简单信号到复杂的理论体系甚至意识形态，这种信息遮蔽和扭曲、信息

① 肖峰：《信息生态的哲学维度》，《河北学刊》2005 年第 1 期。

片面化以及逻辑谬误的有意无意使用，不仅可以制造混乱，甚至可以造成心灵的扭曲。正是由此，信息污染还有一个与自然生态和社会生态完全不同的层面，那就是信息理解。越是复杂形态的信息，越是包含了某些人的理解。信息体发展到一定阶段，可能更多是一些人理解的产物。因此，在相对客观的信息和作为不同级别信息理解产物的信息之间的关系，就成了更深层次的信息污染问题。而人对信息的理解取决于理解者所处的整体层次，这与理解者的理论思维能力联系在一起。在这个意义上，信息污染就可能以思维污染的方式表现出来，或者说上升到思想污染的层次。各种邪教的思想控制就是最严重的社会表现之一。因此，信息本身及其使用者和使用就特别重要。真正负责任的信息发布，应当对信息本身、信息使用者及其使用(理解)本身有基本的区分。因此，信息生态的维护最需要批判性思维，由此对信息生态进行前提性反思，就可能大大深化对于信息生态的认识。

2. 一种人类共享的生态

自然生态更是人类共存的天然基础，信息生态更是人类共享的后天产物，它更是一种人类共享的生态。

不必拥有就方便甚至更方便地使用，正涉及作为前提的共享基本原理。而在信息文明时代，信息化为这一基本原理得到最充分发挥奠定了存在论基础。

相对于使用而言，事实上的拥有可能并不符合人的更根本需要。拥有，如果不是最有效的使用策略，常常可能成为负担。

共享的生态基于共享的文明；共享的文明具有自己特有的发展动力机制——信息对称与不对称之间的矛盾。信息文明的性质使信息生态平衡具有与自然生态平衡完全不同的内涵。与自然生态不同，信息生态的失衡是“一部分人所极力要维护的现象。在这个意义上，它也是利益冲突的必然伴生现象，甚至在信息的财富价值显得越来越高昂的时代，就更是要将信息生态的失衡变成产生巨富的现代土壤。信息生态的这种价值负载使得它具有上层建筑的属性”。[①]自然生态的关键是自然平衡；社会生态的关

① 肖峰：《信息生态的哲学维度》，《河北学刊》2005年第1期。

键是社会和谐;信息生态的关键则是信息流通。自然生态是孕育和维持人类生物特性的基础,信息生态是形塑人类社会和精神特性的场所。信息生态是一种更为人性的生态,它具有远比自然生态和社会生态更丰富深刻的哲学内涵。

3. 一个处于核心层次的生态

从人的存在方式看,虽然在信息文明时代人越来越以信息方式存在,但对现实中的人来说,人总是同时以物能方式存在,作为信息方式存在的基础,人的物能方式存在是一个基本事实,因而人的信息方式存在是物能方式存在基础上更高度层次的存在方式。对人来说,信息生态是自然生态和社会生态基础上更高层次的生态系统。

在信息文明时代,信息生态不仅建立在自然生态和社会生态的基础之上,而且对自然生态和社会生态具有越来越大的影响,尤其是对社会生态。在某种意义上,社会生态经历了而且正在经历一个主要以自然生态为基础,到越来越主要以信息生态为基础的过程,或者由主要在自然生态基础上发展,到越来越主要通过信息生态的发展而发展的过程,这与人越来越以信息方式存在密切相关。

由于人越来越以信息方式存在,信息生态理所当然成了一个越来越重要的基础性问题。对于人类来说,自然生态或更根本地说物能生态具有切身性,而信息生态则不仅具有切身性,而且更具“切心性”,信息生态切近人的心灵。在自然生态的基础上,信息生态将日益为人们所密切关注,日益成为信息文明时代关乎人类发展的问题,就像在物能文明时代,自然生态关乎人类生存的问题一样。正是这一点,在根本上意味着信息生态具有至关重要的意蕴。

信息文明时代信息生态的研究,不仅为生态文明领域中国哲学社会科学学术话语体系建设取得引领地位,而且为信息文明时代的意识形态创新提供了新的契机。

四、中国哲学社会科学话语体系建设的信息生态维度

作为一个特殊的综合研究领域,信息生态具有非常丰富深刻的哲学社会科学意蕴,从而对于生态文明的哲学学术话语体系建设具有基础性的重要地位。

随着信息文明的发展，拓展信息生态研究的广度和深度，丰富信息生态理论，涉及哲学社会科学学术话语体系建设，即信息生态文明学术话语体系建设问题，而信息生态文明的哲学研究则在这一发展中承担着重要任务，甚至在生态文明领域哲学社会科学学术话语体系建设方面，具有超越发达国家突破口的地位。

1. 一种以人的需要为出发点的哲学方式

作为信息方式的存在，人具有越来越重要的信息需要；而且，人越是以信息方式存在，对于信息的需求就越比物能需求更为强烈。现代心理学的一项实验表明：一个人处于与一切信息隔离的状态中，其忍耐程度远小于其忍受饥饿的程度。信息需求是有层次的，科亨(Kochen)曾将用户的信息需求状态划分为客观状态、认识状态和表达状态三个层次。对信息消费来说，支配信息占有行为的不是客观信息需求，而是主观信息需求，即处于认识和表达状态的信息需求，并且信息占有越多，信息需求越明确；反之，信息需求越明确，信息占有越多。信息占有和信息需求的这种双重建构本质使得信息消费表现出边际效用递增的特性，这也是信息消费与物质消费的一大区别。①这里既涉及人的信息需要的性质，又涉及信息价值的信息需求根据。

人的基本信息需求可以分为两个层次：认知和表达。无论认知还是表达，都是以信息方式存在为基础的。而人以信息方式存在的状态，取决于信息需求的满足状态。“就个体的信息需要和接受来看，信息输入得过多或过少，都会造成个体的身心不适，影响人的健康。社会信息总体上的不平衡导致社会文明的病态，比如色情信息泛滥、隐私信息流行和虚假信息防不胜防等；个体信息输入与输出的不平衡则导致个体的病态，有信息过剩综合征与信息荒漠综合征两类情形，目前尤其以信息过剩导致的信息病症为突出，主要包括信息混乱、信息负担、信息焦虑和信息恐惧等。”②作为主要以信息方式存在的人，内在信息系统失衡更根本地还关系到人的信息生产状态，涉及人的创造力构成和发挥。而就信息生态而言，是否有利于人的信息生产，有利于人的创造力发挥，就成了根本标准。

① 沙勇忠、高海洋：《关于信息消费的几个理论问题》，《图书情报工作》2001 年第 5 期。

② 曹劲松：《论信息伦理原则》，《江西社会科学》2003 年第 10 期。

在信息生态中,不仅存在“信息荒漠化”和信息过剩等问题,而且存在“数字化泡沫”甚至“信息越多反而意味着信息越少”等现象。信息越多,一方面资源越多,价值潜力越大;另一方面数据结构性越差,确定性越小。数据越大,信息越多,结构化程度往往越低,也就是有序性往往越低。在这种情况下,完全可能“饥饿已迅速转化为消化不良”。[①]不仅如此,“我们一直以为信息丰富是一件美妙的事情,直到后来才明白,它可能会夺走我们与生俱来的精神权利——安宁”。[②]因食物餍足而倒胃口对人的机体的影响是暂时和微不足道的,而人作为信息系统的信息失衡则可能给以信息方式存在的人带来致命冲击。

2. 一种凸显使用理论的价值观念

由此也可以看到,信息的价值正是以信息需求为根据的。边际效用递增是指在信息结构中,越到后来的缺环信息效用越是增加。这是就消费者的信息结构而言的,与信息生产的边际成本递减是两种不同的现象。前者是需求决定的,而后者则是由生产成本决定的;前者是由缺环信息的稀缺造成的,而后者则是信息复制成本递减的结果。信息结构越是有序,缺环信息的价值就越高。这与人的物能需求性质有很大不同,它决定了信息生态和自然生态中信息和物能具有不同的价值根据。

由信息生态中人作为信息方式存在的现实也可以看到,以人的需要为出发点,也正是推动社会发展、实现人类解放的根本途径。“对于信息生态的善恶分析主要从是否有利于人的发展和推动社会文明进步上加以判别。”在这个意义上,“良好的信息生态要能够满足人们正常的精神需要,并引导每个人充分发掘自身潜力,进而推动人类社会文明的持续进步”。[③]由于创造活动是最符合人性的活动,在人的精神需求中,最重要的是创造活动的需求。因而,信息生态研究必定引向创造力解放。信息和信息生态的价值不能就信息本身而言,而是取决于信宿的需要。正是与人的需要更密切的内在关联,信息价值具有不同的哲学意蕴。

---

① 约翰·希利·布朗、保罗·杜奎德:《信息的社会层面》,商务印书馆 2003 年版,第 5 页。

② 戴维·申克:《信息烟尘》,江西教育出版社 2001 年版,第 175 页。

③ 曹劲松:《论信息伦理原则》,《江西社会科学》2003 年第 10 期。

就信息价值而言，信息生态和自然生态的另一个重要不同，则是在信息生态中，可能大多数信息是有害的。“现代社会信息流中，实际上无用甚至有害的信息不少于55%，在个别领域甚至达到80%。由于信息垃圾的干扰，许多花费巨资建立起来的数据库只有10%是真正有用的。”[①]信息是否有用不是由信息本身单方面决定的，而是与人的需要和满足自己信息需要的能力密切相关。就像大数据，在有些人眼里是垃圾，而在另一些人眼里却可能是金山。

信息价值最典型地凸显了信宿的需要——在以人的需要为出发点和最终目的在大数据挖掘运用中，这一点体现得最为淋漓尽致。尽管存在就人类发展而言的合理信息生态标准，但不像自然生态与所有人的价值关系都基本是一样的，信息生态与不同的人具有不同的价值关系，“共同满意的信息生态及其标准是不存在的”[②]。“信息虽然并不是空间形式上的稀缺资源，却是一种时间形式上的稀缺资源。”[③]信息消耗最多的是信宿分类、整理和选择信息的时间，这意味着信息生态与人的价值关系，在很大程度上取决于人的信息理解和处理能力，取决于人对信息和人的需要及其发展之间关联的认识。因为“不存在什么‘纯信息’（正如不存在‘纯事实’一样），信息总是和理论上的或实践上的‘前理解’（pre-understanding）相关的。这意味着我们总是可以就此作出某些评判”。[④]说到底，信息是一种特殊的关系。即使关系项可以看作是纯粹的，关系都不可能是纯的。正是在这个意义上，人和信息生态的价值关系，取决于人的“前理解”。

在信息生态系统中，最关键的要素是具有“前理解”的人，这使信息生态系统比自然生态系统具有复杂得多的关系。在这样一个复杂关系体系中，任何人都只能是一个能动的agent，正因为如此，人以信息方式存在，使“agent”概念得以空前凸显。人们之所以认为，“人文性是信息生态的明显标志——基于人文的信息生态研究所强调的是人。人位于信息生态的中心位置”[⑤]，就因为在信息生态系统中，人作为agent的特殊

---

①②④ 肖峰：《信息生态的哲学维度》，《河北学刊》2005年第1期。

③ 波斯特：《信息方式》，商务印书馆2000年版，第21页。

⑤ 陈曙：《信息生态研究》，《图书与情报》1996年第2期。

地位。与其说人居于信息生态的中心位置并不是因为信息生态的“人文性”，不如说人几乎是已知以信息方式存在的唯一 agent，或至少是以信息方式存在的主要因素。在这样一个 agent 与信息环境互动生成的信息生态系统中，不再存在信息背后的抽象普遍性终极本质，认识的出发点就是 agent 的需要，认识的最终目的就是 agent 需要的满足。这意味着一种以人的需要为出发点的哲学方式。这是信息生态最重要的哲学意蕴之一，同时也是生态文明哲学社会科学学术话语体系建设的关键内容。信息生态意味着更高的理论整体层次。

3. *一个更高层次的整体观照*

信息生态的生存论哲学意蕴甚至将人们的思考引向本体论。“自信息哲学产生后，一些信息哲学家即提出‘万物源于比特’的假设，进一步引出自然能否被信息化的问题。其中，就可能隐含着自然的物质生态是否会归结为信息生态，或者两种生态中谁是谁的本体论基础。这或许还只是一个具有未来性的本体论问题。”[①]“万物源于比特”未必成立，但由信息理解万物（物能）却是很有意义的思考维度，就像由关系理解实体。信息的关系性和相互性，敞开了由关系理解物能实体的重要进路。

在自然生态中，人作为自然进化的产物，虽然是自然生态的一部分，但与自然生态的关系不是对等的，人归根结底受着自然环境的支配。在信息生态中，人作为信息体，在生成意义上与信息生态具有对等性。在发展过程中，人与信息生态构成对等生成关系。“信息生态论以人为本的思想导引了信息构筑体系中用户体验和可用性的研究。所谓用户体验，是指包括帮助用户在网站上快速而简便地完成其目标的一系列工作。所谓可用性，是指某个特定产品在特定使用环境下为特定用户用于特定用途时所具有的有效性（Effectiveness）、高效率（Efficiency）和用户满意度（Satisfaction）。”[②]信息生态最重要的哲学意蕴是以信息方式存在的人，通过建构合理的信息生态满足人的信息需要。自然生态更多是怎样保护，而信息生态则更多是怎样合理建构。

一方面，信息生态是人类信息活动的结果。“信息生态无非是无数人的‘内心世

---

① 肖峰：《信息生态的哲学维度》，《河北学刊》2005 年第 1 期。

② 刘强、曾民族：《信息构筑体系及其对推动信息服务业进步的影响》，《情报理论与实践》2003 年第 1 期。

界'外在化后所形成的'信息联合体'。""信息生态的本体论基础就是个体的主观的内部的信息世界。"①但人的"内心世界"只是信源之一,更多的信息是人们实践活动的产物,大数据就是最为典型的例子。在这个意义上说,"世界是某种我们必须通过我们的行动加以修正的东西,或者是修正我们行动的东西"。②信息生态的存在论基础是信息本身,而作为一种特殊的关系,信息的存在与人的感性实践密切相关。

另一方面,作为主要以信息方式存在的人本身也是人的信息活动的产物。"人的主观信息世界也是在信息生态中被建构和生成的。因为,人没有一个'先验'的主观世界,人的经验、知识等都是在和外部世界打交道的过程中,在不断摄取外部信息的过程中逐步'养成'的,因此,它的内部的主观信息世界也是映射(或内化)了外部的信息生态环境的,即也是在后者的作用与影响下被建构起来的。"③这里所说的实际上是信息体——人作为最重要的信息体的生成和发展过程。麦克卢汉的"媒介即信息"意味着"我们的心灵结构为我们所使用的不同媒介所改变"。④这是作为人的信息体形成的重要社会方式(通过社会化生成)。在信息活动中,这两个方面通过相互作用构成良性循环机制,使人越来越以信息方式存在。同时,人的生态环境也越来越是信息性质的。在信息生态中,这一点更为明显:"我的日常生活世界绝不是我个人的世界,而是从一开始就是一个主体间际的世界,是一个我与我的同伴共享的世界,是一个也由其他他人经验和解释的世界,简而言之,它对于我们所有人来说是一个共同的世界。"⑤存在方式、思维方式和行为方式的互动,在信息生态中表现为信息存在方式、人作为信息方式存在的思维方式和人类 agent 的行为方式的互动。"创造信息和消费信息的过程本身就是设计我们存在的方式,建构我们'如何是'与'是什么',也就是在建构一种我们与之融为一体的信息生态。"⑥这也是人类存在所面临的一个前所未有的过程,一个互动造世的过程。甚至人的信息占有和信息需要之间也具有双重建构性质。在这一过程

①③⑥ 肖峰:《信息生态的哲学维度》,《河北学刊》2005 年第 1 期。

② 阿尔弗雷德·许茨:《社会实在问题》,华夏出版社 1998 年版,第 285 页。

④ Karl Leidlmail, "From the Philosophy Technology to a Theory Media," *Philosophy & Technology*, 4:3 Spring 1999.

⑤ 阿尔弗雷德·许茨:《社会实在问题》,华夏出版社 1998 年版,第 409 页。

中,作为信息方式存在的人和信息生态之间,存在一个更为复杂的平衡关系。作为信息方式的存在,人与信息生态所构成的相互生成的世界以及互动造世过程,意味着哲学方式本身的根本转换。

随着人越来越以信息方式存在,信息生态对人的发展居有越来越核心的地位。作为最符合人性的活动,创造活动中创造力的解放是人类解放的高级形态。作为与人类创造活动和创造力解放联系最为密切的内在层次,信息生态涉及人类发展环境的最高层次,它意味着一个更高理论层次的整体观照。

五、信息文明时代的意识形态创新

"新时代"的世界背景是信息文明时代,而信息文明是一种在既定世界基础上的创构文明。作为一种创构文明,信息文明是哲学、科学(包括社会科学)技术、艺术、经济、社会、文化乃至生活等一体化发展的时代。信息文明时代的发展,对整个人类社会意识形态都构成了挑战,必须通过意识形态创新积极应对。

1. 信息文明及其智能发展阶段

作为信息创构和人工智能的重要基础,大数据不仅开启了信息文明,而且推动信息文明进入智能发展阶段。

大数据的基础是信息,而信息具有共享的本性。关于信息的共享本性,萧伯纳早就做了形象的表述:如果我有一个苹果,你有一个苹果,我们交换后每人还是只有一个苹果;但是如果我有一个思想,你有一个思想,我们交换后每个人都有两个思想。由于信息具有这种物能不具有的共享本性,在信息文明时代中国的发展面临前所未有的历史机遇——优劣势的历史性转换:从 14 亿张嘴转换为 14 亿个脑袋。只要中国人的创造力得到充分解放,中国的真正崛起就指日可待。创造力解放涉及很多因素,而通过意识形态创新,从适应到引领信息文明发展,则是最为重要的方面之一。

在信息文明时代的意识形态创新中,马克思主义具有理论优势。马克思主义经典作家关于人类社会发展的洞见,在信息文明时代得到进一步彰显。

马克思从人的基本需要出发揭示人类社会的发展规律,而信息文明的发展所凸显的人的信息需要的发展,则进一步展开了马克思主义的内在逻辑。

与人的物能需要不同,人的信息需要具有类的共同性。人的信息需要的类共同性不是说人都有信息需要,而是人的信息需要不仅具有必须共同体成员共同满足,才能使个人的信息需要得到满足,而且作为人的本性的信息需要甚至不可能个人单独产生,必须在一个类中作为一个类的需要共同形成。电话就是一个再典型不过的例子:我拥有一个苹果,不需要依靠他人完全可以自己满足;但我独自拥有一部电话却绝不可能满足自己手机通信的需要,必须一个类中所有成员都拥有电话,每个人才拥有用电话和这个类中的所有人直接通讯的全维度自由。正是在这里,可以看到马克思主义基本原理重要内容的信息文明展开:无产阶级只有解放全人类才能最后解放自己;所有人的自由发展是每个人自由发展的前提。

2. 信息文明时代意识形态创新面临历史性任务

人工智能发展是人类解放的现实途径,但人类解放不是一个打开大门拥入天堂的简单过程,而是“真正的人的历史”的开始。这是一个人类生活从自然拥有意义到人为寻求意义的过程。在这一过程中,个人和社会的发展都会遇到严峻挑战。对于个人来说,每个人都面临从自然赋予意义到自己寻求意义的转换。以往,所有人多多少少都具有自然赋予的意义,但随着人工智能越来越多替代人类劳动,使物质财富真正“充分涌流”,随着信息文明社会人越来越以信息方式存在,主要源自生物载体本能的意义就越来越不足以支撑信息文明时代的人的生活。目前人们关于人工智能取代人的工作岗位的忧虑,不只是简单地担心失业,还有自觉不自觉地有一种不工作我去干什么的焦虑。

而对于社会来说,人工智能的发展将带来人类历史上我们所能想象的最大红利。面对这一空前红利,社会公正是对制度设计的严峻考验。关于社会公正,人类基因编辑还不算是风险最大的,人类智能和机器智能的融合进化,才是真正的挑战。人类智能和人工智能的融合进化,甚至涉及人自身的革命。正因为如此,对于中国的发展来说,意识形态创新必须在马克思主义人类解放的理论基础上,在马克思主义时代化进程中进行。

3. 信息文明时代意识形态创新的基本根据

信息文明时代的意识形态创新,必须以马克思的理论革命为基本根据。以往我们理解中的马克思的哲学革命,更到位的理解应当是马克思的理论革命:理论的最终目的不是具体事物背后抽象普遍性“本质”的认识,而是为具体事物的认识提供整体观照。在马克思主义经典作家中,这一点集中体现在人类社会发展规律具体探索的理论整体观照中。

作为一定社会的经济和政治直接相联系的观念、观点、概念的总和,意识形态在这个时代具有特殊的际遇:在信息文明这一人类社会发展的最高整体层次把握意识形态创新。信息文明时代大数据基础上的创构更清楚地表明,马克思理论革命的意义在当代得以最充分展开。

抽象概念使人类得以在更高层次认识具体事物,并在此基础上进一步通过工业化生产同类产品,从而形成了所谓现代性。它一方面直接带来了近代科学,另一方面也随着人类发展出现“思维的异化”(马克思语),引发了越来越多需要反思的问题。

信息文明提供了一个整体观照的更高层次存在,把这一更高层次事实存在上升到理论的高度,就可以像马克思主义经典作家站在当时人类社会发展的最高层次——资本主义经济考察整个人类社会的发展,大幅提升我们对当代人类社会的认识,大大促进我们关于理论和实践关系理解的深化。信息文明时代从描述到创构的发展,使人类实践发生了根本变化。当我们描述既存的原子世界,所追求的是认识与对象相符合,而当我们在大数据基础上甚至以比特创构世界,情景则完全不同了。信息创构所要符合的不是大数据,也不是外部世界,而是人的需要及其发展。在这一转换中,关于抽象概念和范畴在人类认识和实践中的地位,可以得到更到位的理解。一方面,抽象概念使人有了文化,使人类社会走出野蛮步入文明;另一方面,如果抽象普遍性成了理论的终极追寻,或者抽象的质的规定不区分具体条件地使用,却不仅会使人类迷失,而且可能会使人类社会蒙受灾难。

正是在这个意义上,信息文明赋予我们一个重要时代任务:在信息文明这一更高层次的观照下,通过作为意识形态基础的基本观念的前提性反思,不断创新意识形态。

第 10 章　信息文明与中国文艺语言创新

一个人能走进艺术的殿堂是很幸运的，从中不仅能感受到文学艺术源自修行的从容，而且能在文学艺术中感受到从理性到感性的哲理美。

对于具有特定人类学特性的我们来说，美既具有永恒性，又具有时代性。信息文明的发展对艺术语言创新提出了新的时代任务，本章在信息文明发展的大背景中，对造世美学作一初步探索，以期为当代中国艺术语言创新提供些许借鉴。

一、信息文明和造世美学

当前，可能不少人都有一种越来越强烈的感觉：未来扑面而来。几乎是接二连三地，AlphaGo 依靠人类棋谱战胜人类冠军，AlphaZero 不依靠任何人类知识碾压人类冠军；脸书聊天机器人自创语言交流；人工智能甚至能作诗绘画。这些"事件"无一不涉及我们知识和思维的人类学特性问题，与正在发生的人类对自身的革命密切相关。作为离人最近的领域，文学艺术怎样面对人类自身的革命？由于人工智能近来发展到能作诗绘画，这一问题关乎文学艺术的发展和艺术语言创新。而所有"事件"的根源，都在大数据所开启的信息文明。

在信息文明时代，信息活动日益取代物能活动，物能活动越来越由智能创构物代劳。作为物数据化的结果，大数据是数据物化的前提。物的数据化只是信息文明时代的前奏，真正的信息文明时代是数据的物化，那就是刚刚出现在我们生活中的“3D 打印”“谷歌眼镜”和所谓“新硬件”。它所开启的是一个创构的时代，所谓“新硬件时代”，事实上是创构时代的序幕。这意味着人类文明从一个以描述活动为主的时代，进入到一个以创构活动为主的时代。[①]由于信息化对物能“割据”的日益弥合，信息文明是一种创构的文明，而创构的文明则意味着一个哲学、文学、艺术以及科学、社会、经济一体化发展的时代。

作为信息文明的基础，大数据为人类创构活动提供了基本平台，而创构活动所形成的次生世界——人工世界，则成了人类越来越直接，从而也越来越重要的生存基础。在大数据相关关系的基础上，人们得以创构世界，而在以虚拟技术为代表的数字技术领域，造世哲学则已悄然浮现，这是涉及存在论新视域的重要哲学问题。造世哲学就是关于人类在原生世界的基础上，创构次生世界的哲学。作为一种创构文明，信息文明本身就意味着人类对自身所处周遭世界的自我创构。人类由自然进化而来，而人类的成熟注定了自己在自然世界基础上创构次生世界的历史使命。在信息文明时代，哲学不仅在于认识世界和改造世界，而且越来越在于创构世界。

造世哲学给哲学发展所带来的最大影响和变化，就是意味着造世伦理和造世美学。随着造世哲学的发展，美学发展出创构美学、造世美学。

逐渐进化而来的自然界，包括人类自己，都是大自然鬼斧神工的艺术作品。面对大自然，人类或者主要以理性的方式描述，或者主要以感性的方式描绘，而在大数据时代，人类活动越来越从更多是描述世界发展到更多是创构世界，人类从描绘对象的审美，提升到创构世界的审美。

由于虚拟技术的发展，在虚拟实在中创构，远不主要是一个科学技术问题。在次生世界的创构中，科学技术越来越只是基础，而其“上层建筑”则越来越涉及哲学和艺术等。在虚拟世界进行全新艺术创造，不仅丰富人生意义，而且日益通过编程改变世

---

① 王天恩：《大数据中的因果关系及其哲学内涵》，《中国社会科学》2016 年第 5 期。

界面貌，主导世界的美学塑造。

在信息文明时代，大数据与人的需要及其发展关联更为深切。文学艺术具有需要面广的性质，而在信息文明时代，文学艺术将更为明显地具有满足越来越高层次需要的特质。艺术哲学作为哲学的最高层次，根源在自由。中国画家从艺术求得个人自由，具有耐人寻味的深刻意蕴。从消极方面说，作为一切社会关系的总和，个人自由具有社会性，局限于个人不可能寻获真正的自由；而从积极方面看，这种追寻路径则无疑蕴含着走向人类自由基本源泉的进路。人类自由不可能没有个人自由的发展而达至，只是其中存在一个个人自由和社会自由关系的问题："每个人的自由发展是一切人的自由发展的条件。"①

在第二届长安论坛上，程大利先生谈到，传统艺术特别是中国绘画，越是艺术大家就越是在从绘画创作寻获自身的自由。他还提到一个令人震撼的历史事实，自己的作品为世人所欣赏，会使有些中国画大师感觉失望，极端的会将自己的画撕毁。这一事实让人深有感触，中国传统文化中的这一现象极为特别，没有高深的技能和修行不可能获得这种自由。而在大数据信息文明时代，由于人越来越以信息方式存在，人类学相互性和信息相互性的叠加，使人类的需要越向高层次发展就越具有共同需要的性质，正是需要的共同性，使这种需要的满足具有共同性；也正是由此不仅架通了个人的自由追寻到社会的自由境界，同时架通了传统哲学向造世哲学和造世美学转化的思想脉流。

由于意象比逻辑更为发达，中国传统文化的精华，更多在文学艺术中。在中国封建社会，山水画是专制社会中表达对自由的渴望。在那样的社会条件和文明层次，通过艺术也许能寻获不淹没在尘世，甚至达至内心安宁性质的自由，但对于真正意义上的自由，则只能具有某种类似宗教的性质，或至少具有宗教的某些特征。因为真正的自由是人类作为一个类的自由，而作为一个类的自由，除了相应的物能条件，社会还需要有特定的信息基础。在信息文明时代，中国传统文化中的这种自由寻获，则蕴含着

① 《马克思恩格斯选集》第1卷，人民出版社2012年版，第422页。

人类寻获自由的重要路径。在信息文明时代,中国画特别是山水画与画家心灵自由的联系,在造世美学中正与创构有关,这也是一种根据内心想象的造物甚至造世。

在信息文明时代,美学在造世活动中将扮演越来越重要的角色,而大数据和信息文明,也将给文学艺术带来巨大变化。

二、信息文明时代的文学艺术走向

由于人日渐以信息方式存在,信息文明给文学艺术带来的影响是多方面的,我们现在能想象的可能还主要是有限的两个方面。

一方面,艺术语言载体从原子向比特发展。文学艺术与创构本来就很近,只是在创构时代,文学艺术将拥有新的元素和基础。信息文明为文学艺术开启了一个更大的时代舞台,艺术语言载体不仅有原子性的,而且越来越多地将是比特性的。以比特为载体的语言也不仅更为丰富多彩,而且具有利于创构的性质。更丰富的比特语言使文学艺术从更多是表达转向更多是创构,而且这种创构所使用的语言具有重大区别。从信息的层次看,文学艺术创作事实上是创构审美信源,而人工智能作诗绘画正是潜在信源创建。审美信源是最高层次信源的构成部分,具有感性和理性之分。正像一般潜在信源,作为潜在的审美信源,不仅艺术家,不仅人类,人工智能甚至大自然都可以创建,只是层次有很大(甚至根本)不同。而在信息文明时代,文学艺术家创构审美信源既可以用原子材料,更可以用比特材料。由于与原子材料相比,比特材料在诉诸人的感官时具有更丰富的可能性,信息文明为文学艺术提供了新的语言类型,提供了更广阔的创构空间。而且,作为信息文明的基础,大数据不仅具有整全性,而且具有多样性。这种数据的整全度和多样化还会不断增加,能够包含比知识更多的内容,不仅包括意向,甚至包括意象。

另一方面,文学艺术从表达和认识向创构发展。从主要是表达和认识到主要是创构,涉及造世美学的哲学基础。

人类生活在这个世界上,还没有开始对它进行认识,就在感受着它。文学艺术向来具有认识意义，这就是人们对世界（包括人与世界的关系）的感受，以及基于这种感受的态度的表达。

文学艺术不仅是一种主观表达，同时也是人类认识世界的一种重要方式。在文学艺术感受中，包含着人类认识世界的最早方式之一。人类对世界的艺术认识是对世界的一种感性把握，这种认识是以形象的方式间接地进行的。文学艺术本身经历了一个从对外部事物的单纯形象认识到审美认识的过程。

以艺术的方式认识世界，开始只是人们在缺乏逻辑手段时对世界的一种形象把握方式，以后随着人们审美能力的发展，逐渐从单纯的形象认识变为从审美的角度认识世界。典型的艺术认识，是人们按照一定的审美标准，通过文学艺术想象对外部对象进行文学艺术加工，将现实生活中的美好因素按一定的文学艺术形式结构加以典型化、形象化，创造出源于生活又高于生活、具有文学艺术形式美的文学艺术对象。

正因为如此，我们可以把某些文学艺术视为“感性哲学”，或者用加缪的话说，一种“形象哲学”。在歌德的诗中，人们可以感受到一种哲学思辨的力量，而在尼采的哲学著作中，则可以感觉到仿佛在燃烧的观念。前者中情感变成透着理性精神的概念，后者中“概念变成灌注了神秘力量的比喻”。卡尔纳普认为形而上学是文学艺术不适当的替代物，并由此主张用文学艺术来取代形而上学，就像尼采所做的那样。他认为，尼采的作品部分具有占绝对优势的经验内容。在那里可以看到对特殊文学艺术形象的历史分析，对道德的历史、心理分析。在其《查拉图斯特拉如是说》中，他最强烈地表达了别人用形而上学或伦理学表达的东西。在那里，“他并未选择使人误入歧途的理论形式，而公开地选择了文学艺术的形式，诗的形式”。加缪就曾指出，文学作品通常是一种难以表达的哲学的结果，是这种哲学的具体图解和美化修饰。

总之，艺术认识作为一种情感性的表达，主要是一种唤起情感的技术。典型的文学艺术表达是感性的，感性的艺术直接诉诸人的视觉、听觉和触觉等感觉官能。维柯认为“诗人们首先凭凡俗智慧感觉到有多少，后来哲学家们凭玄奥智慧来理解的也就有多少，所以诗人们可以说就是人类的感官，而哲学家们就是人类的理智”。

作为表达，艺术认识和哲学思辨构成相应的感性和理性两极，艺术认识是典型的感性表达，哲学思辨则是典型的理性表达。在人类思想史上，关于哲学思辨和艺术认识尽管有完全不同的观点，但它们始终是相辅相成的两极。柏拉图也许是第一个明确敌视文学艺术的大哲学家，在他的政治哲学中，他极力贬斥文学艺术中所特有的那种非理性的情感力量，在现实中他则主张实行严格的检查制度；而在理想国里，他甚至对那些文学艺术家实行流放政策。然而，饶有趣味的是，他虽然害怕自己的文学艺术家素质，并否认自己作品的文学艺术性质，但他的著作本身却被公认为就是伟大的文学艺术。叔本华则与柏拉图的观点完全相反，他认为文学艺术揭开了主观性的面纱和迷雾，捕捉住流动的生活，使我们看到了真实的世界。在柏拉图那里被看作是"粗俗的具体"的文学艺术，在叔本华那里被描绘成一种"智慧的努力"，它像哲学思辨一样承担着解释世界的使命。

真正的文学艺术家可以称作感性哲学家。有时候感性比理性更重要，渗透着理性的感性实际上是一种探索未知事物，或者说在信息极度缺乏条件下探索未知事物的特殊能力。理性的东西在感性中往往更具有对未知事物的认知功能。有理性参与的感性不仅比纯感性丰富，而且要比纯理性更有力。

正如作为理性表达的哲学思辨可以有感性的东西，作为感性表达的艺术认识也可以有理性的成分。文学艺术的抽象化发展，使文学艺术表达也开始诉诸人的理性思维。一部伟大的文学艺术作品确实能给人以巨大的空间感，通过对文学艺术作品的感受，我们进入了一个虽然是形象的，但同时又是思考的宏大殿堂。在抽象画家所展示的世界中，具体的物体已经变成抽象的线条的颜色的世界；作为感性美的超越，现代"丑学"所面对的是一种正在生长中的理性美。正是在这个意义上说，同样作为一种表达，哲学思辨和艺术认识的区别不在于前者是理性的而后者是感性的，而是在于艺术认识是一种情感性的表达，哲学思辨则是一种理智性的表达。

由此，我们可以看到文学艺术与哲学的一体化性质。而信息文明则意味着，文学艺术与哲学的这种关系，不仅由于一体化发展而从一种外在的关系变成了一种内在的关系，而且可以看到作为其一体化更深层次结构的造世哲学。正是这种更深层次结构，为文学艺术语言创新提供了更高层次的整体观照。

三、信息文明时代的中国文艺语言创新

由上述讨论,可见造世美学的基本性质,其中最重要的包括:造世美学不仅意味着在创构世界过程中与存在论的一体化,意味着在创构世界过程中与认识论的一体化,而且意味着在创构世界过程中与伦理学等的一体化。正是在这个意义上,造世美学就是创构世界的美学,就是世界创构中的美学维度,它意味着一种更具整体性的审美。

由造世美学的基本性质,可以大致窥见其源自造世美学的某些基本特点:一是哲学一体化的美学特质;二是整体创构性;三是感性和理性美一体化;四是整体观照的典型形象性。这种性质的造世美学,无疑是信息文明时代中国文艺语言创新的时代背景、理论基础和实践坐标。

信息文明时代中国文艺语言创新的一个重要方面,应当以造世美学为整体观照,以文艺内容创新推进文艺语言创新。文艺语言创新根本在艺术创作内容的创新,二者构成双向循环。一方面,艺术语言以表现内容为目的;另一方面,艺术创作内容又在根本上决定艺术语言的创新。文艺语言创新根本上决定于创作内容的创新,决定于创作理念的生产。显然,造世哲学所意味着的整体性发展,为创作内容创新提供了全新主题,而信息文明时代和与之相契合的中国传统哲学三大优势特征,构成了当代文艺语言创新的一个重要基础。中国文艺语言创新根本上决定于文艺创作的内容创新,而这一创新的最重要领域,则与造世美学密切相关。作为信息时代美学的新形态,造世美学在很大程度上意味着文艺创作的全新内容。基于造世美学的文艺内容创新不仅带来文艺语言创新,而且二者构成良性循环。在这一循环过程中,有三个环节至关重要。

1. 一体化艺术语言的全面推展

在中国哲学意境中,具体所指的能指启示将会是重要生长点。由于重能指,西方哲学在语言研究领域形成了很多可以为我们所借鉴的重要成果。从所指回溯发掘悟的通道,这适合文学艺术表达。在信息文明时代,以比特为载体的信息多样性,为在更高层次理解所指和能指及其关联奠定了重要基础,创造了前所未有的条件。在中国传

统文化中，一方面，“得意忘言”的“言”是有形的语言，这是需要补课的方面；但另一方面，不仅没有“忘”，而且借以得“意”的还有类似“意象”等的“言”。“意会”当中得到“会意”的亦应是不同的“言”，这些都是有待深化理解的重要思想资源。一方面，在信息基础上拓展语言研究，从而发展中国的东方式语言哲学研究，无论对于中国哲学的发展还是文艺语言创新都至关重要。另一方面，如果在信息层次研究语言，文学艺术语言创新就有一个更深的层次。正是从这一更深层次出发和在此基础上，可以在更高层次把意象语言纳入文学艺术语言创新范围。因此，大数据基础上的文学艺术语言创新就有了一个完全不同的新境界。

大数据不仅包含自然语言(邮件等文本)，而且包含音形甚至情境性等信息，这些信息为意象语言等的研究提供了新的可能，由此可以开辟新的语言创新领域。总之，文学艺术语言的创新可以从更具逻辑性的自然语言向意象性的会意语言拓展，在信息多样化条件下发展所指和能指、原子和比特载体一体化的艺术语言。从而不仅可以扩展文学艺术创新研究的领域，而且可以丰富语言学及相关领域的研究。

在信息多样性和中西哲学的优势互补中，艺术语言创新可以在实现逻辑语言描述和艺术语言创构的结合甚至一体化基础上，充分挖掘中国传统哲学中的意象语言。

从传统艺术语言看，中国哲学传统与信息文明时代的艺术语言创新，集中在意象语言(笔墨语言等)的思化。之所以说“思化”，因为形式化性质，对于中国意象，对于诗化意象，对于作为中国画绘画语言的“象”来说，过于逻辑化显然不合适。中国文化中有酝酿五千年的佳酿，很值得深入体味和挖掘。中国画不是做出来，而是修出来的。中国书画的笔墨语言蕴含着(体)悟的语言性质。长期积淀的丰富中国意象(甚至意境)的语言性质，非常值得研究。由“有速度的线”到“以画言志”等，不仅可以感觉到语言范畴的拓展，更重要的是可以看到从状物到造物的可能性。

2. 流变世界的情理动态把握

文学艺术是人类敏感的触角和美的捕手。在造世美学时代，既涉及流变世界的动态表达和生动创构，又涉及从感性美到理性美的发展整体化。这意味着感性和理性的一体化回归。

造世美学正意味着感性美和理性美的一体化。人都需要情感动力,做艰深的事情尤其需要激情的鼓励和推动。从事抽象领域的劳作,即使像纯数学领域的探索,事实上也需要情感的激励,理性的美正是这种激情的来源。没有一个有成就的科学和数学家,不是因为受着这种理性美所激发。

在人们的日常生活中,对于作为感性实践的人来说,周遭事物构成及整个环境都是感性的东西,因此感性的美最初几乎是美感的唯一来源。感性的美建立在人之"感官"基础上,而理性的美则是建立在思之"器官"基础之上。感性的美通过文学艺术得到提升,而这提升的境界却越来越接近理性的美,抽象画就是典型的领域。思想的美在文学艺术作品中的表现,正是感性的美和理性的美的美妙结合,或者确切地说是美的"会师";更高层次的美,是感性的美和理性的美的融合。高层次文学艺术的作用不仅仅是"唤醒感情",而且是通过感情,以感性的方式"唤醒思想(意识)"。美或文学艺术的发展,是一个从感官愉悦到思想震撼的过程。

感觉越发达的人,对感性美的感受力越强;思想越发达的人,对理性美的感受力越强,只有当二者交融在生活中,才是更高层次的生活的美。对于个人来说,生活的美因美感而不同,各有所好;但对于造世而言,美就在根本上是整体性的。在个人生活中,有序是一种美,破缺也是一种美;规律性是一种美,混沌也是一种美。而在造世美学中,似乎这些美的集合才是融感性与理性为一体的美。

3. 典型创构的形象整体观照

典型创构的形象整体观照,不仅涉及造世美学,而且涉及整个造世哲学。由于其感性性质,文学艺术语言创新为语言及相关领域研究提供了最好的突破口:从关注生活中具体事物的典型表现,到个别典型的整体观照;从碎片化,到整体观照中的个别启示。文学艺术典型刻画不仅具有整体意义,更重要的是具有整体观照意义。

从很早开始,人们就把文学看作一面镜子,美国文学批评家埃布拉姆斯把文学比喻为灯。文学既是一面镜子,也是一束灯光,这正是文学艺术整体性的艺术表达。

文学艺术源于生活,源自生活的文学艺术作品反过来又照亮生活,"镜子"和"灯光"构成一个双向循环过程。在这一循环中,中国传统艺术可能主要局限在个人的范围，比如自由；而信息文明时代，由于信息文明的共享性质，这个双向循环所涉及的范围会空前扩大，其结果是从个人（自由）扩展到社会（自由）。文学艺术对生活的照亮如果日益成为一种整体观照的方式，那这就是文学艺术的整体之光，对于人类的感性生活而言，这种整体观照远胜于抽象普通性理论所能给我们提供的。而在信息文明时代，这种典型创构的形象整体观照就主要源自对人的信息存在方式的典型把握。

在信息文明时代，人越来越以信息方式存在。人的信息存在方式的发展，将带来人的生存境况的完全改变。人越是感觉自己是一个生物体的存在，就越会感觉自己的暂时性甚至渺小；人越是感觉自己是一个信息体的存在，则不仅越会感觉到自己的永恒和独一无二，而且会被激发而生出更多的信息。这对于信息文明时代文学艺术语言创新，具有多重意义。由于越来越以信息方式存在，人们的思维方式和行为方式都会发生重要转变。以典型形象的方式捕捉和反映人的存在方式所带来的行为方式的变化，蕴含着文艺语言创新的广阔内容空间。

在信息文明时代，对于当代中国文艺语言创新来说，既要看到中国传统文化特别是传统哲学的优势，又要看到它的劣势。当代文艺语言创新的重要方面，正是基于造世美学，在革新传统文化、培养创新人格、保护学术生态的基础上，把握信息文明。信息文明时代文艺语言创新的一个重要方面，与从表达到创构的发展关系密切，而创构则正与注重变化过程、关注具体事物和长于整体观照密切相关；它们构成当代中国造世美学发展的重要哲学和文化基础。

以一体化的艺术语言，以情理动态把握流变的世界和我们自身，由此结晶典型创构，为信息文明时代的生活提供形象整体观照，正是信息文明时代造世美学和当代中国艺术语言创新的动人画卷。

Ⅲ. 人类解放篇

第 11 章　信息文明时代信息需要的发展

信息文明时代，人的信息需要(information need)日渐成为一个亟待探索的重要课题，它不仅关乎人的需要理解的深化，从而与信息文明时代人的发展和当代社会发展驱动升级密切相关，而且涉及人工智能的基础研究，关系到广义智能进化的驱动机制。

一、信息需要是智能体的根本需要

由于认识的历史局限性，信息需要的理解至今一直处于云山雾罩之中，这和信息需要日渐凸显的重要性形成越来越强烈的反差。随着信息文明的发展，信息的感受性关系理解为信息需要理解的深化提供了必要的理论前提。

1. 人的两种基本需要

在目前关于需要的研究中，对象是有机体，而且大多以人的需要为研究对象，因此通常把需要看作生存和发展过程中，有机体感受到的生理和心理上对客观事物的某种要求。那是以内部的缺乏或不平衡状态表现出来的外部条件依赖。而信息需要的研究则主要以人为对象，"信息需要"这一术语通常被理解为个人或群体为了满足有意识或无意识的需要而寻找和获取信息的欲望。局限于人类主体，不仅难以区分人类基本需要的两个层次，更难以看清信息需要的根本性质。随着人工智能的发展，信息需要的研究对象自然而然由有机体上升到信息体。而信息的感受性关系理解，则为这一扩展创造了条件。

信息是信宿和信源间的感受性关系，当信宿和信源通过信息反馈机制一体化，就构成信息体。关于信息体，当代信息哲学和人工智能交汇到了同一方向。人工智能的发展，为从信息到信息体的理解提供了系统的概念工具。在信息体概念的基础上，信息需要则可以进一步概括为信息体为了满足有意识或无意识的需要而寻找和获取信息的欲望。

以物能体为对象，只能研究物能需要。只有以信息体或智能体为对象，才能不仅窥见广义智能进化的驱动机制，而且进一步深化信息需要以及人的需要的理解。

人作为以生物体为载体的信息体，有两种最基本的需要：一是物能需要；二是信息需要。

物能需要是人的最基础需要，信息需要建立在物能需要的基础之上。人要生存，首先是生物载体要有物能供给，因此就必须有物能；而身体要活动，就必须对活动的环境有感知，因此就必须有信息。这种信息需要甚至在低等动物那里就可以看到，典型的比如蚂蚁和蜜蜂等社会性昆虫相互间信息联系的需要。所谓“信息素”就是一种满足信息需要的产物，蚂蚁通过分泌具有特殊气体的化学物质，置放于找寻目标的路径，作为“路标”引导同伴到达目的地。

因此，关于信息需要的理解，更重要更基本的还在于信息需要和物能需要的区别。信息需要与物能需要的一个重要不同，表现在意识方面：对于意识信息体来说，物能需要总是在意识层面，而信息需要则如海面冰山，越是复杂的信息体，越是大部分在潜意识之中。由于在意识层面，物能需要都无需人们的特意关注，物能需要自身总是会冒出来，涌现在意识中，需要越强烈越是如此。饥饿难耐的食物需要，难以控制的身体冲动等，都是物能需要的强烈表现，没有任何物能需要不是自己表现出来的。而与物能需要不同，信息需要可以是隐蔽的，如果没有注意或认识到，有些信息需要，信息体根本意识不到其存在。有些信息缺环不到一定情景根本意识不到，而有些整体层次攸关的信息需要，甚至没有一定的领悟能力，智能体根本不可能意识到。在这个意义上，信息需要可以是隐埋着的，这正是英国城市大学信息科学系主任大卫·尼古拉斯(David Nicholas)所说的“隐蔽的需要”(dormant need)。

尼古拉斯认为有一种信息需要，在人类需要中处于隐蔽状态。“人们并不总是知道他们的信息需要是什么。”①信息需要可能的隐蔽性质，对于人类具有十分重要的意义。它蕴含着教育的重要价值，甚至对于最重要的智能活动——创新，具有机制性意义。在人的需要中，只有信息需要才存在这样的问题：在潜意识领域从无到有生长出来。因此只有深入到信息需要，才能真正深入研究人的需要。在马克思基于人的需要探索人类社会发展规律的基础上，在信息需要的层次进一步推进人类社会发展规律的研究，像马克思从人的物能需要出发探索人类社会的发展规律，从信息需要的研究出发探索智能进化的规律，将是这个历史性任务的当代工作。

信息需要与物能需要的另一个不同，在于信息需要的满足对智能体自己的能力要求不仅更高，而且可以高到这样的程度，以至于在一定条件下，没有任何智能体具备了满足的能力——这常常表现为智能体能力的局限。尼古拉斯将这种情况概括为“未表达的需要”(unexpressed needs)。

信息需要和物能需要的根本不同，还在于信息需要可以具有满足甚至产生的共同性。这与信息和物能本性上的区别密切相关，并因此而具有非同寻常的意义。事实上，物能需要和信息需要都是人的基本需要，只是它们在人的基本需要中，处于不同的基本层次。而它们之所以处于不同的基本层次，则只是因为物能是信息的基础。作为生物体存在，物能需要是人的最基础需要；而作为信息体存在，信息需要也是人的最基本需要。在人类进化过程中，人的信息需要一开始集中体现在心理层面，人们将其统称为“心理需要”；在心理需要的基础上再发展成更为复杂的信息需要形式，人们又将其统称为“精神需要”。因此，在人的需要的研究中，信息需要涉及更为基础的层次。在信息需要的层次，可以对人的需要作更为深入的研究，从而对人的需要及人的本性有一个更深入系统的理解。特别是，由于信息与物能的不同本性，根据对信息需要本

① David Nicholas, *Assessing Information Needs: Tools, Techniques and Concepts for the Internet Age*, Second edition, the Taylor & Francis, 2005, p.22.

性的研究，可以对人作为一个类的存在的需要性质有一个更根本的了解，从而基于人的信息需要对人的本性和人类存在有一个更到位的把握。

人的需要就是人的本性，人作为生物体存在，纯粹的物能需要使人作为生物体生存和发展，表现为动物性存在。只有作为信息体存在，只有从人的信息需要出发，才能真正看到人作为一个类的存在的本性，看到人必须作为一个类存在的根本原因，看到人类作为一个整体存在的基本根据。人的信息需要的发展意味着人的需要的信息提升。正是在这个意义上说，信息需要是人的根本需要。而且不独对于人类如此，信息需要是所有智能体的根本需要。

2. 信息需要作为人的根本需要

人的需要无疑是了解信息需要的重要所在，但同时又是易于构成信息需要理解障碍的领域。信息作为人的基本需要，总是受着更基本的物能需要的遮蔽，而信息作为信息体的最基本需要，就不仅不会存在误解，而且可以大大扩展和深化信息需要与智能体关系的理解，把信息需要与人工智能的自主进化联系起来。通常，就人的物能需要和信息需要的关系，或者就物能和信息的关系而言，"信息需要的概念根植于更基本的人类需要。人类在多大程度上'需要知道'是有争议的，大多数学者认为这是次要的需要，远不如对食物、住所或伴侣的需要重要"。[①]事实上，不光"需要知道"意义上的信息需要，人的所有信息需要都基于物能需要，这不仅意味着没有物能需要的满足，就不可能有具有信息需要的人的存在，而且更直接的在于：没有物能需要的基本满足，就不可能有信息需要的发生，甚至作为信宿的信息体也不可能有信息。

对于作为最复杂信息体的人类而言，信息需要不仅包括能意识到的信息需要，而且包括意识层面之下，还在潜意识中的信息需要。越是低层次的信息需要，越具有无意识的性质。因此，在具有意识的信息体中，信息需要可以作有意识信息需要和无意识信息需要的区分。当我们以心理需要特别是精神需要的形态讨论人的需要时，作为它们基础而且是更深层次内容的，事实上是更原初的信息需要。与心理需要特别是精

---

① Donald O. Case, *Looking for Information: A Survey of Research on Information Seeking, Needs, and Behavior*, second edition, Elsevier Ltd., 2007, p.5.

神需要不同，在信息体中，信息需要的产生和存在总是在无意识状态下。这意味着，我们以心理需要和精神需要的方式谈论的，大都是已经到了意识层面的信息需要形态，而不会也不能触及未进入意识层面的信息需要。这也意味着，如果在深居潜意识的信息需要内容层面讨论相关问题，必定涉及新的信息需要研究领域。

作为最复杂的信息体，人类对自己心灵深处真正的信息需要往往所知有限。对此，加拿大麦吉尔大学信息科学学院研究员查尔斯·科尔(Charles Cole)有代表性陈述："无论在日常小范围基础上，还是关于更大更重要的问题，使用信息搜索产生新知识的问题，在于我们人类在这些情况下都不知道我们真正的、深层的信息需要。"①由于认识到低层次信息需要的无意识性质，科尔基于信息科学和心理学的广泛研究，提出了一种新的信息需要理论，由"意识进路"(consciousness approach)研究信息需要和信息搜索。在信息的感受性关系理解的基础上，意识进路蕴含着经验和逻辑内在结合的可能性。

由于作为感受性关系，信息有经验信息和逻辑信息之分。经验信息是由有形的外感官与对象(不仅是外部世界，而且包括感受对象的信息体自身)之间建立的感受性关系(我们通常将其编码产物看作信息，典型的如作为生物遗传物质的碱基甚至 DNA)；逻辑信息则是由无形的内感官与逻辑对象之间建立的感受性关系(我们通常将其编码产物看作信息，典型的如罗马数字和阿拉伯数字及其关系体系，以及人类各种逻辑系统)。由于这两类信息的不同来源和性质，在人类认识活动中，以致有哲学上经验主义进路和理性主义进路长期相持不下的论争。在信息层面可以看得更清楚，正是经验信息和逻辑信息的相互作用，构成人类认识发展的基本机制。

与此相应，信息需要也有经验信息需要和逻辑信息需要的分野。而且，意识到我们真正具有的信息需要至关重要，它关系到我们作为高级信息体与外部世界的关系。"真正的信息需要打开了从个人到外部信息世界的通道之门，就如当目睹一场车祸时我们所真正看到的。"这也正是科尔通过"将信息需要划分为各个层次来研究"的原因。

---

① Charles Cole, *The Consciousness' Drive: Information Need and the Search for Meaning*, Springer International Publishing AG, part of Springer Nature, 2018, p.v.

他认为，我们最深层的信息需要是“与我们在世界中的地位的联系或契合(fit)”。“它是我们内心所拥有的东西——我们如何思考以及我们所思考的，我们的意识——和新信息所在的外部世界之间的连接通道。当我们发现我们真正的信息需要时，它打开了通往外部世界新信息的通道之门，突然让它进入了我们的内心。”[①]科尔的这段话，无疑深刻阐释了人的信息需要的基本性质。在这里，科尔还只是把信息看作外部世界既定的客观存在，正像物能一样。如果把信息作为感受性关系理解，这种情景就更是活生生的。

作为人的根本需要，信息需要的满足可以是一个惊喜的过程。“发现真正的信息需要是一种体验性的信息事件，导致新信息突然进入搜索者的信念系统，这是搜索者所能感受到的世界与个体之间的能量传递。这是一个‘惊喜’的时刻！”它不是一种单纯感性的惊奇，而是涉及意义的理性寻求。这正是科尔所要得到的最后结论：“返回到非常广泛的物种层面的意识——对信息需要的研究和对意义的探寻。”正是认识到信息需要作为心理进化驱动的重要性，为了更好地研究信息需要和信息搜索在人类生活中的作用，科尔采取了“一个广阔的、物种层面的视角”，寻问“人类如何在与世界的关系以及他们在世界的地位中思考及思考什么？”“以最基本的方式审视作为人类意识一种功能的信息需要。”[②]对信息需要的研究不仅关乎意义的寻求，而且还把它置放于人与世界关系最基本的层面，因此事关人的根本。正是在这个意义上说，信息需要不仅是人的基本需要，而且是人的根本需要。也正是从比人的信息需要更原始的领域，才不仅可能对人工智能的信息需要关联有更深入的理解，而且能更到位地理解信息需要本身。

二、信息的相互性和信息需要的共同性

当今时代，信息文明扑面而来。对于人类发展来说，信息文明非比寻常。人类信

---

① Charles Cole, *The Consciousness' Drive*: *Information Need and the Search for Meaning*, Springer International Publishing AG, part of Springer Nature, 2018, p.3.

② Charles Cole, *The Consciousness' Drive*: *Information Need and the Search for Meaning*, Springer International Publishing AG, part of Springer Nature, 2018, pp.10, 15.

息文明之所以这么特别，就因为信息完全不同于物能的本性，而其中最为重要的，就是信息的相互性和共享性。

1. 作为信息最基本特性的相互性

随着信息文明的发展，关于相互性(reciprocity)概念的理解展示出越来越广阔的空间。英文“reciprocity”的中译一般为“互惠”“互利合作”等。而从西文原文看，拉丁文“reciprocus”包含着一个更重要的机制：有来有往，来回运动。在生活里，这可以解释为礼尚往来；在贸易等多边关系中，自然而然的理解是互利合作；而在信息研究领域，其更深刻的内涵则表现为一个复杂循环的投影，循环运动的平面投影就折叠成了简单的来回运动。这意味着把平面投影造成的折叠打开，就可以展开一个至关重要的信息循环过程机制。由于问题的复杂性，这一折叠打开尚须假以时日，但要达到对信息最基本特性的理解，则只需把相互性理解为：作为同一整体构成部分之间在整体过程机制中的相互依存、不可分割、彼此影响、共同行动的关系。这一理解建立在 reciprocity 的基本含义的基础之上，但还必须基于这一含义，在信息文明的场域加以展开。

关于 reciprocity，目前最深入的理解主要在物种合作研究领域，但即使在这一领域，中译一般也为“互惠性”。将 reciprocity 仅仅理解为“互惠性”显然不够，因为在生物界，尤其对人类来说，“互惠”固然重要，但仍然只是生存的某种补充，并非必不可少。将它理解为“相互性”或“互性”，才能上升到依存关系。作为相互依存，相互性不能没有；如果没有，以其为基本特性的对象就不可能存在。而把相互性放到信息层面，这一含义则能得到真正到位的理解。

相互性之所以是信息的基本特性，因为信息就是一种特殊的关系，没有信宿和信源关系，就不可能有信息。如果不能建立电话之间的通讯关系，作为物能实体的电话依然如故，但作为信息关系体，电话的存在便失去了意义，事实上不复存在。由此不难想见，随着信息文明的发展，相互性概念会日渐凸显并变得越来越重要。

2. 相互性作为人类学基本特性

由于人类归根结底是信息方式的存在，相互性既是信息的基本特性，同时也是人类学基本特性。正因为如此，信息文明对于人类发展具有非同寻常的意义。在这样一个完全不同的人类文明中，有一个基本的事实至关重要，那就是信息基本特性和人类学基本特性的叠加。这一基本事实是研究信息文明的一个重要基础，它涉及作为信息和人类学共同基本特性的相互性。

信息文明时代所凸显的信息和人类学相互性的叠加，绝不是一种巧合，而是人的存在方式与信息的重要内在关联。这一事实既是深入理解信息文明的重要层面，同时也是理解相互性这一重要概念的最佳场域。

与信息的相互性相比，作为人类学基本特性的相互性相对较为隐蔽。在动物界，越是基本的相互性，越是显而易见。蚁类和蜂群存在生理上的相互性，蚂蚁和蜜蜂离开群体，无法独立生存，这只是一种最基础的相互性。由于作为人类学基本特性，相互性事实上是基于信息的，因而，在生物学关系上，人并不像蜂蚁，脱离类似乎也能生存。只有在语言、情感和社会关系中，才可以看到人类相互性更典型的体现。而人类越是作为信息方式的存在，其相互性就越是明显。

作为人类学基本特性，人类相互性表现为越来越复杂的关系，包括相互生成、相互发展、相互激励和相互成就等。相互生成在思想生产中最为典型，人类思想生产领域的相互性，无论在历史还是逻辑维度都得到极大扩展。

越是高层次的人类相互性，越是集中折射出人性的光辉。随着信息文明的发展，人类个体从家庭到社区，从城市到国家和世界，无不渗透着人类的文化和精神相互性。人间最应当开发的宝贵财富，就是人类的相互性。

事实上，相互性是信息文明的内在根据，同时也是大数据开启信息文明的更深层次论据。作为信息和人类学共同的基本特性，相互性是人类信息文明的直接依据，没有这种相互性，大数据和信息就永远只能仅仅是技术手段和资源，而人类文明则只能始终主要陷于物质的纠缠，发展止步于物能层次。作为人类学基本特性，相互性主要是作为信息基本特性的社会或人类体现，而在人类信息文明社会，大数据则是呈现相互性叠加效应的重要基础。正是社会分工，大大强化了人类的相互性，而人类相互性的真正回归，则是当自己在大数据基础上日益以信息方式存在时，作为基本特性的相互性与同为信息基本特性的相互性日趋叠加。这一相互性的叠加效应，将折射出信息文明时代人以信息方式存在这一历史性重合的壮丽史诗。[1]人类信息文明的发展,既是这一壮丽史诗的展开,同时也是人的本性的展露过程。

3. 信息需要的共同性和人的本性

关于信息需要的特征,目前的研究基本上还没有抓到重点。有的研究概括出的信息需要特征不少,但深刻的不多。尼古拉斯概括出"信息需要的 11 个主要特征",其中第一个也是最重要的一个,就是"主题"(Subject)。[2]从把"主题"看作"信息需要最明显、最直接的特征"就可以看到,这是对信息产品而不是信息需要的特征概括。其他的更不是真正意义上的信息需要的基本特征。正是由此,可以看到关于信息需要的理解,在根本上取决于对信息的理解。信息理解必须随着信息文明的展开甚至信息科技的发展而不断深化。

作为信息的基本特征,相互性正是根源于信息的感受性关系性质。任何关系都具有相互性,但感受性使关系具有更强甚至完全不同的相互性,当信息体发展到互为感受性关系时,相互性就发展到了一个新质层次。在这个基础上,随着互为感受性关系层次的复杂化,相互性不断强化;当发展到具有信息生产能力的人类智能体,相互性便发展到人类学层次。作为信息的基本特征,相互性决定了人的信息需要产生和满足的共同性。

信息文明的发展,使相互性随着人类的发展而不断凸显和展开,人的信息需要的系统研究,将为进一步深入理解人的高层次需要产生和满足的共同性奠定理论基础。

人的本性在根本上就是人的需要,而不同层次需要的满足具有不同的性质。越是低层次需要的满足,越具有个别性,物质需要的满足就具有这种典型的性质。与此相应,越是高层次需要的满足,越具有共同性。人的信息需要的研究表明,这是因为人的需要层次越低,越具有物能的性质;人的需要层次越高,越具有信息的性质。在从生理需要到心理需要再到精神需要的发展过程中,物能越来越处于基础地位,而信息则越来越居于界面位置。

---

① 王天恩:《人类信息文明时代的相互性叠加》,《中国社会科学报》2017 年 10 月 10 日。

② David Nicholas, *Assessing Information Needs: Tools, Techniques and Concepts for the Internet Age*, Second edition, the Taylor & Francis, 2005, p.39.

由于越是高层次的人类需要，越具有信息的性质，从而需要及其满足的相互性越强，资源的个人或小范围拥有意义越小。这意味着人类高层次需要的整体性，意味着这种需要满足的共同性。因此，越是高层次的需要，越必须在合作中才能获得共同满足。要么都得到需要的满足，要么都得不到满足，这是需要满足中的共时态相互代理。正是由此可以看到，作为以“代理”为基本含义之一的概念，“agent”具有独特含义。这种共时态相互代理意味着更进一步的事实：不仅需要的满足，而且需要的产生和发展也是共同的，情感和很多社会需要就已经明显是人和人共同的相互需要。如果说情感需要及其关系的形成更多涉及的是少数人，那么思想生产需要的发生和发展，所涉及的人则可以呈几何级数增加。越是高层次需要的产生和满足，越可能直接或间接地涉及更多的人，直至涉及整个类，从而需要的满足和产生越具有共同性。因为只有在人的共时态相互代理中，更高层次上的需要才可能出现。人的需要越发展到高层次，在特定群体中就越具有整体的性质，越是类的整体性需要，从而这种需要的满足也具有类的共同性。由于具有满足的共同性，在特定群体中，这种具有整体性的需要就不是某些个体可以单独满足，而另一些个体不是同时得到满足的性质。在这种整体性需要中，出现了一个新的特点：人的需要不仅仅是在一般意义上相互代理，而且每个人都是共同需要及其满足的代理。只有代表和满足了类的整体性需要，才能得到个人需要的满足，而人类日益以信息方式存在，则大大加速了这一变化。

在信息文明时代，占主导地位的活动越来越是信息创构活动，这意味着物能创构越来越通过信息创构活动进行。人类活动主要是生产创意，而创意的物能实现则完全通过机器完成。正因为如此，一方面，人的信息需要的满足关系到当代社会发展的驱动升级；另一方面，由于信息文明时代人越来越以信息方式存在，人在根本上是信息方式的存在。对于作为信息存在方式的人来说，创造活动是最符合人性的活动；而大数据为最符合人性的创构活动奠定了基础。在此基础上，创造性活动是人的第一需要，正是信息创构，通过最符合人性的活动走向人的类解放。

信息文明的发展进一步展开了人作为一切社会关系总和的根本性质，社会发展表现为人是一切社会关系的总和——相互性的真正展开，从而使人的信息需要得到空前发展。从信息相互性的角度，无论对于"人是一切社会关系的总和"，还是"自由人的联合体"，都可以得到更深入的理解。不在联合体中，"自由人"就会成为"自由电子"。而马克思主义经典作家关于无产阶级只有解放全人类才能最后解放他们自己，"每个人的自由发展是一切人的自由发展的条件"①等思想，则一方面是关于整个人类解放相互性最精辟的阐释，另一方面可以从信息的基本特性和人类学基本特性的叠加得到更深刻的理解。

作为信息方式的存在，人具有越来越重要的信息需要。"'信息需求'成为越来越多的人无论在时间上还是在精力上的'第一位需求'。"②而且，人越是以信息方式存在，对于信息的需要就越比物能需要更为强烈。由于日益与人的信息存在方式相关联，信息技术将不断深入影响人的信息需要的发展；随着信息文明的演进，人和社会将发生一系列变化，这在根本上体现为人的需要的发展。这种发展将大大出乎很多人的想象，一个总的趋势是：自然人的物能性需要会逐渐减退、萎缩甚至随人机融合而消失，信息性需要则会相应迅速发生发展。在这一过程中，新需要的发生也将有一个很大变化，物能性新需要基本不会发生，信息性新需要则发生得越来越出人意料。这种变化一方面意味着人的发展，另一方面又意味着人的相应退化。人的需要及其发展的这种变化，将导致一系列价值观嬗变。因此，人和社会的前提性反思及批判能力便越来越重要。这里既涉及人的信息需要的性质，又涉及信息价值的信息需要根据。

人以信息方式存在的状态，取决于信息需要的满足状态。因此，还有一点会出乎很多人的预料，对于以信息方式存在的人来说，信息需要的满足有比物能需要的满足之于主要以物能方式存在的人更严重的影响。这一点，从反面看可能更清楚。因食物餍足而倒胃口对人的机体的影响是暂时和微不足道的，而人作为信息系统的信息失衡，则可能给以信息方式存在的人带来致命冲击。作为主要以信息方式存在的人，内在信息系统失衡更根本地还关系到人的信息生产状态，涉及人的创造力的形成和发挥。即使在物能文明时代，这方面的例子也比比皆是，"文化大革命"期间，由于观念的

① 《马克思恩格斯选集》第1卷，人民出版社2012年版，第422页。
② 肖峰：《信息文明的本体论建构》，《哲学分析》2017年第4期。

扭曲,人们的内在信念系统普遍失衡,一些知识领域的信息生产陷于停滞;而在信息文明时代,人的创造力发挥与人的信息方式存在之间,则构成了信息文明空前凸显的双向循环机制。这种双向循环,不仅涉及人类及其社会发展的一般机制,而且涉及人工智能的自主进化机制。

三、人工智能自主进化的信息需要驱动

关于信息需要的研究,不仅涉及人的需要研究的深化,而且关系到人类智能进化和机器智能进化的共同驱动机制,正是基于人的信息需要的理解,才能推进广义智能进化的基础研究。这正是信息需要及其研究的重要性所在,它既涉及人工智能自主进化的驱动机制,又涉及人工智能自主进化的性质及其与人类复杂关系理解的深化。

1. 通用智能进化的类亲历性

面对新一代人工智能的发展,人们表现出了对于人类命运的空前担忧。深入理解人工智能的发展,对于人类前景命运攸关。信息需要及其特性的研究,无疑为我们提供了在更深层次理解人工智能特别是通用人工智能发展的重要基础。

通用人工智能可以处理复杂的外部关系,这意味着通用智能体(general intelligent agent)必须是一个具有群体性质的存在,即一个群体关系中的个体。因为通用智能体间关系(如情感关系)所体现的是信息的相互性,而这种相互性源自类群中的个体经历,只能在类的经历中形成。也就是说,实现通用智能的自主进化,必须在一个类中才有可能。

通用人工智能的自主进化或人工智能进化到通用阶段,离不开类亲历性。在人类智能进化中,这种类亲历性具有心理学上的依据。正是基于进化心理学,科尔给出一个关于意识的初步定义:“人类意识是我们心理的和个体的(mental and subjective)持续时空之旅的产物,当我们思考我们在世界中的经历时,我们回到过去,然后走向未来。这一时空之旅确立并强化了我们与现实世界的不同——作为世界上独特的行为者的身份。通过时空之旅,我们获得了我们在这个世界上,在一个持续的自我认识行

为中的经验的所有权。而且,我们有一个对新信息的持续信息需要。”[①]正是这种对新信息的持续需要,不仅驱动着人类的进化,而且是通用人工智能进化唯一可能的驱动。一个简单的根据就是:自主进化的通用人工智能只会比人类更是信息方式的存在;越是信息方式的存在,信息体的进化越是由信息需要驱动。而信息需要具有满足甚至产生的共同性,以信息需要为根本驱动的自主进化人工智能,必定具有相同的性质。这意味着,至少是通用人工智能的自主进化,只有在一个类中才有可能实现。

关于进化,凯文·凯利(Kevin Kelly)有一个重要观点:(在生物学意义上)非群体系统不能进化。[②]这应当是进化的一条铁律,至少是对于通用智能而言,进化只有在一个类中才可能进行。这个结论至关重要,即便并不是所有进化都必须在一个类中进行,但通用智能进化一定是这样。人工智能的通用化发展过程,一定是个体在一个类中的社会化过程,也就是人工智能的类化过程。通用人工智能一定是人工智能进化中类化过程——在某种意义上说,也就是人化过程——的产物,只是可能这种类化的层次在自然人类之上。

从通用人工智能自主进化的类亲历性,可以得到自主进化人工智能的类人特性,看到机器进化智能具有和生物进化智能同样的类人性质。

通用人工智能的类化途径主要有二:一是智能机器自成一类;二是融入早就以类的方式进化和存在的人类。由于在人类智能进化的基础上发生,通用人工智能自主进化存在人类学路径依赖,应当是自然而然的事情。这提示了一种重要的可能性:人类不用担心人性和智能机器特性的不相容,甚至机器智能体构成对人类的毁灭性威胁。如果人类要当心智能机器,那也是在要警惕人类自己相同的意义上。因此,最具挑战性的问题不是来自机器智能毁灭人类的可能性,而是人机智能进化竞速。这方面,人机融合进化似乎是目前最大的可能。——所有这些都表明,信息需要的研究至关重要。

---

① Charles Cole, *The Consciousness' Drive: Information Need and the Search for Meaning*, Springer International Publishing AG, part of Springer Nature, 2018, p.49.

② Kevin Kelly, *Out of Control: The New Biology of Machines, Social Systems, & the Economic*, World-Basic Books, 1995, p.22.

对于人工智能的研究来说，信息需要研究的重要性，关键是关乎人工智能自主进化的内在驱动，而这不仅涉及人工智能自主进化的机制，而且由于智能体需要与其本性的内在关联，甚至涉及自主进化人工智能的本性——从而涉及人们目前对于人工智能发展的关切。而对于信息需要的研究来说，其重要性和迫切性却没有被充分意识到。

2. 信息需要研究的重要性和迫切性

由于信息的理解是更基础的任务，信息需要理解和信息理解的相互影响，决定了信息需要理解的重要性，这与目前关于信息需要的研究现状构成了强烈反差。

关于信息需要的研究，目前远未引起充分重视，而仅就信息文明的现实发展，已经使人们意识到改变信息需要研究当前状况的必要性和迫切性。人们意识到，“对信息需要的忽视之所以不能再继续下去，具有充分而迫切的理由”。[①]但对这些理由的认识还远远不够，大多局限于信息需求层面，大都还主要是从需求层次讨论信息需要研究的重要性和迫切性。把信息需要作为信息需求研究和理解，信息需要及其研究的重要性就会被严重遮蔽。

在目前的研究中，信息需要和信息需求在人们观念中的未充分分化状态，不仅极大地影响了信息需要的理解，而且由此限制了关于人的需要本身理解的深化。而对人的信息需要的理解，对于探索人工智能自主进化的驱动机制至关重要。

在人类发展语境中，需要(need)是人的发展层次的内在表现，因而人的需要就是人的本性。一方面，一个人的需要是这个人的本性的内在表现；另一方面，通过一个人的需要，能窥见这个人的本性。而需求(demand)则是需要的外在表达，这种外在表达表现为人的行为，行为指向具体的所需对象。这里涉及作为人的本性内在表现的需求和作为这种需求外在表达所指向的具体事物，涉及人的信息需要和物能需要一系列关联的系统理解。

在人的需要研究中，物能需要不仅处于基础层次，而且都是有形的。因此，从作为发展层次的需要到外部指向的具体对象，关系相对比较清楚。而由于没有在信息层次

---

① David Nicholas, *Assessing Information Needs: Tools, Techniques and Concepts for the Internet Age*, Second edition, the Taylor & Francis, 2005, p.12.

理解，心理需要和精神需要的描述都有特定局限，只能是抽象从而不同程度上笼统的，因而不会明显存在下述区分的必要性：作为人的发展层次的需要与作为其表现的对于具体对象的需求。这样，一方面由于尚未涉及更复杂内容而表现得较为简洁清晰，另一方面同时也没有进入对于人的需要的更深入分析和理解。在信息层次可以清楚地看到，信息需要和物能需要一样，从作为人的发展层次的抽象概念，到具有具体需求指向的具体事物，层次也呈现得非常清楚。从这一视域看人的需要，有利于进一步厘清信息需要和信息需求之间的关系，只是由于上述原因，在厘清之前反而感觉混乱了。

在广义智能进化语境中，由于既涉及人类智能体，又涉及机器智能体，“信息需要”和“信息需求”关系的更确切表述应当是：信息需要是智能体作为信息方式存在发展层次的内在表现，信息需求是智能体信息需要的外在表达。厘清信息需要和信息需求之间的关系，不仅是深入探索人的需要的重要前提，而且有利于发现信息需要研究的人工智能意义，明确其在作为人工智能自主进化驱动机制中的地位。

对于人类的生物载体来说，物能需要与我们在这个世界上生存的基础密切相关；而人类作为信息体，信息需要则与我们在这个世界上发展的基础具有更为密切的关系。正是在这个意义上说，人类信息需要与世界更为内在相关。只有深入理解信息需要，才能不仅改变目前主要致力于信息需求，并在某种程度上遮蔽了信息需要研究的状况，充分理解信息需要的重要性及其研究的迫切性，而且通过从人类信息需要到一般智能体信息需要的研究，走进通用人工智能进化机制探索的更深层次。因此，信息需要研究的重要性和迫切性，不仅在于信息需要在深化人类需要理解方面具有重要意义，而且涉及包括人工智能在内的广义智能进化的驱动机制。

3. 广义智能进化的信息需要驱动机制

关于人工智能自主进化的核心机制，感受性(qualia)和意向性(intentionality)是两个关键研究领域。而正是在信息需要层面，可以看到这两个领域研究的深入。

关于人的信息需要在人类意识进化驱动机制中的地位，科尔作了具有存在论意义的探索。他认识到，“我们所有真实信息需要的来源是我们信仰系统与我们周围世界的关系方面(the relational aspect of our belief system to the world around us)，特别是外部世界和我们内在的、与生俱来的、基于信仰的自我理论之间的‘契合’或‘不契合’。我们真正的信息需要与我们之外世界中的信息有关的自我认同，以及我们与世界保持平衡的人类目标有关。”信息、意识或心理进化的每一阶段都是具有不同的信息需要意向及人类和世界之间不同的信息流渠道。随着人类通过其认知发展阶段的进化，这种意向动力变得越来越强劲。[①]正是“将信仰与意义意向的寻求和新知识的生产联系起来”，构成了信息需要的驱动，使我们成了越来越以信息方式存在的人类。

正是信息需要的驱动，才使人成为人，也就是说，人之为人，就因为信息需要的驱动；人之所以成为迄今拥有最高智能的信息体，就因为信息需要的驱动。物能需要的驱动使物能体(典型代表是生物体)发展进化，只有信息需要的驱动才能使信息体进化发展。

人之为人的信息需要驱动表明，没有信息需要的驱动机制，机器智能不可能自主进化，广义智能进化不可能形成。作为智能体的根本需要，信息需要涉及广义智能进化的核心机制。信息需要不仅是智能体进化核心驱动力的来源，而且是智能进化过程中信息有序化的根源。

信息需要作为广义智能进化的核心驱动力，集中体现在意识生成的信息需要驱动中。在信息体的进化过程中，总是先有信息需要，然后才有意识形成。科尔发现，“信息需要是人类意识的驱动力，包括它的进化。在数十万年的人类进化过程中，在我们的信息需要能力(need faculty)的驱动下，人类对我们周遭世界的信息变得更加通达”，正是由这一发现，科尔认识到，“信息搜索系统、信息需要的概念基础和信息搜索应当采取基于意识的视角”。[②]作为心理进化驱动的信息需要，正是信息进化驱动力的最终来源。

1991 年，进化心理学家梅林·唐纳德(Merlin Donald)提出了一种理论，将人类意识进化分为场景性心智、模拟性心智、神话性心智和理论性心智四个层次。正是在唐纳德进化心理学成果的基础上，科尔导向了信息需要意识进化驱动的探索。他认识

① Charles Cole, *The Consciousness' Drive*: *Information Need and the Search for Meaning*, Springer International Publishing AG, 2018, pp.211, 214, 223, 233.

② Charles Cole, *The Consciousness' Drive*: *Information Need and the Search for Meaning*, Springer International Publishing AG, p.158.

到,"我们的信息敏感意识是我们成为独特存在的基础",因此根据唐纳德的人类意识结构的基本图式,把人类意识比作内燃机,从而把寻求需要满足活动中的意向称作燃料:"个人在搜索信息时的意向,即引擎的燃料"。而"对意义的探索是一种更强大的燃料,助长了一种更强大的神话心智时间机器"。由此,科尔建立起了一个新的范式,并在此基础上展开了信息需要意向及其性质的探索。他认为:"两个占主导地位的意向是对理解的追求和对意义的更有力的探索。"正是基于意向性层面对信息寻索的考察,科尔发现"信息需要具有激励性质",信息寻索是一种体验世界的活动。而芬兰坦佩雷大学的里霍·萨沃莱宁(Reijo Savolainen)则认为,信息需要是进行信息搜索的开始状态或动机。它提供了整个搜索过程中的组织原则和驱动力,直到找到满足需要的信息。它是一种极其复杂和重要的"触发"和"驱动"机制,是信息搜索的基础。[①]在科尔看来,我们生活中所有真正的信息问题或需要,那些会改变我们生活的重要信息问题或需要,都是由这种复杂的,框架外的信息需要驱动的。位于意识驱动信息需要—搜索模型核心的,是将信息需要和信息搜索视为一种引擎,其目标是搜索者的新知识产生。[②]正是由人类信息寻索的信息需要驱动机制,可以清楚地看到人工智能自主进化的可能性和相应的重要基础研究领域。

信息需要不仅是人类行为,而且是进化的核心动力来源,涉及广义智能进化驱动的基本机制。作为广义智能进化的内在核心驱动机制,信息需要关系到智能体的环境适应。在这一点上,不仅机器智能进化和生物智能进化相同,而且在信息进化和智能进化中可以看得更清楚。而当前信息需要研究现状与人工智能发展之间的强烈反差,则使人们在人工智能发展和广义智能进化的驱动机制层次,更清楚地看到信息需要研究的迫切性。正因为如此,现在是在信息层次进一步深化人的需要的理解,进而系统理解信息需要以及作为广义智能进化驱动机制的信息需要的时候了。

---

① Reijo Savolainen, Information Need as Trigger and Driver of Information Seeking: A Conceptual Analysis. *Aslib Journal of Information Management*, 69(1), 2017, pp.2—21.

② Charles Cole, *The Consciousness' Drive*: *Information Need and the Search for Meaning*, Springer International Publishing AG, 2018, pp.96, 97, 101, 103, 158, 162, 164, 205.

第 12 章　信息文明时代人的信息存在方式

信息文明正扑面而来,随着人类文明升级换代式的发展,人的存在方式也在潜移默化地相应转换。深入探究信息文明时代人的信息存在方式,无论对于人类自我认识还是当代人类社会的理解,无疑都具有重要意义。信息文明的发展越来越普遍地表明,不从人主要以信息方式存在的层面理解,很多新现象不可能得到更合理的解释;一些具有转折性的理论,没有人以信息方式存在这把钥匙,也不可能得到更合理的理解。

一、信息文明时代人类存在方式的根本转换

早在 20 世纪 70 年代,由于关注到劳动力中信息工人的比例已经超过半数,美国未来学家丹尼尔・贝尔就提出了"后工业社会"的概念。"后工业社会"是以"工业社会"为参照定义信息社会,因而首先是从国民生产总值和社会经济结构,甚至劳动力和工资等方面论述的。当然,贝尔也提到与信息内在相关的更根本方面:"理论知识正日益发展成一个社会的战略源泉,即中轴原理。"[①]20 世纪 90 年代,美国历史家马克・珀斯特更明确地感觉面临一种新的情势:20 世纪下半叶几十年社会秩序的变化,仍然在

① 丹尼尔・贝尔:《后工业社会的来临——对社会预测的一项探索》,高銛等译,新华出版社 1997 年版,第 28 页。

用旧模式解释。曾经被考虑的后工业社会、信息社会、第三次浪潮以及原子时代或核时代或电子时代等都整体上被否弃。正发生的变化是全新的,囿于已有理论框架不可能很好理解,人们面临托马斯·库恩意义上的范式转换。[①]由此,马克·珀斯特借用马克思的“生产方式”(mode of production),在马克思“生产方式”意义上提出“信息方式”(mode of information)的概念。

根据马克思的“生产方式”研究“信息方式”,不可能像马克思那样形成系统的理论。因此,马克·珀斯特也表明自己“并不是试图形成一种关于‘信息方式’正式理论领域”,并为此表现出了“理论上的谦恭”。对于“生产方式”和“信息方式”之间的不同,马克·珀斯特至少在潜意识中已经有所感觉。正如他所说:“这是一种意在进一步促进理论发展和经验探究的尝试。”[②]这种尝试是在“后工业社会”等基础上的进一步努力,进一步反映了人类所面临的存在方式的转变。在21世纪的今天,信息文明的加速度发展,已经使这一情势变得更为清晰。信息文明的发展已经表明,信息对于人类的重要性,关键不是在类似马克思“生产方式”的层次,而在人主要以信息方式存在(the informational way of human existence)。信息文明的到来,意味着人的存在方式的相应转换。在信息的意义上,应深化到存在方式而不是信息方式。信息方式不是在生产方式的意义上,而是作为存在方式意义上的重要概念。

存在决定意识,生存和实践条件的信息化对人的存在方式具有根本性影响。早在电子媒介进入人类生活之后,这种影响就悄然发生了。“电子媒介交谈取消语境,创造了一种新的言说情景”。即使是独白而不是对话式的信息活动也是如此,“媒体催生观众自己建构的形式,这些形式深深吸引了他们”。[③]事实上,甚至电视都具有这种功能。电视技术只是使异质(heterogeneous)人群可以在异时空(asynchronous)聚会[④]。当麦克卢汉说“媒介即信息”,当时感觉好像还并不那么确切,今天才能感觉到,只有在人主

① Mark Poster, *The Mode of Information: Post-structuralism and Social Contexts*, Polity Press, 1990, p.21.

② Mark Poster, *The Mode of Information: Post-structuralism and Social Contexts*, Polity Press, 1990, pp.16, 17.

③ Mark Poster, *The Mode of Information: Post-structuralism and Social Contexts*, Polity Press, 1990, pp.45, 46.

④ Joshua Meyrowitz, *No Sense of Place: The Impact of Electronic Media on Social Behavior*, Oxford University Press, 1986, p.314.

要以信息方式存在的意义上,这话才能得到合理的理解。随着信息文明的发展,人的存在方式的信息化势所必然。正因为如此,人越来越主要以信息方式存在,具有深刻的生存论根源,因为人越来越是其环境存在的日益信息化造成的。而数字技术的广泛应用则甚至有把人的存在环境及其本身整个信息化的倾向。

由于信息技术的发展,所需信息可以随时随地调用,越是以信息方式存在的人越可能随遇而安,甚至随处是“家”,因而更可能从容生存。因为主要以信息方式存在,人的生存环境具有泛在的性质。在这种泛在社会环境中,甚至传统的单一性的时间都变成了泛在的随时随地,类似排队等候等闲置情景几乎不复存在。正是这一由环境造就的“进化”倾向,促使人越来越以信息的方式存在。

人越来越以信息方式存在,不仅体现在作为信息工具的硬件和软件上,甚至会以让人吃惊的速度体现在与人的身体嫁接的硬件上。如今,信息工具的使用越来越普遍,但目前所使用的信息工具还不是最主要的方式,主要的方式则是人在硬件上会越来越多地出现身体与信息工具的直接结合——从作为外设的信息工具到穿戴设备,再到作为内嵌的信息部件——器官。人工智能——不管是作为外设协助人类信息加工,还是与人融为一体,都是人以信息方式存在在硬件方面的表现。

技术一方面与具有人类学特性的身体嫁接在一起;另一方面其形成本身又因为通过人而自身具有某种人类学特性,只是相对于前者而言,这种人类学特性是间接的。这意味着人类学特性的某种技术扩展。

在信息文明时代,由于一个重要事实,人类学特性将出现一个划时代的扩展。这涉及一个重要概念:相互性。相互性是作为同一整体构成部分之间在整体过程机制中的相互依存、不可分割、彼此影响、共同行动的关系。相互性既是信息的基本特性,也是基本的人类学特性。随着信息文明的发展,人类相互性和信息相互性的叠加会迎来一个相互性倍增效应。因此,信息文明时代的人类相互性出现了一个堪称“奇点”的转折。进入信息文明时代,人类的相互性将出现呈几何级数强化的局势。作为越来越以信息方式存在的人类,信息的爆炸性增长将使人的类意识呈现为汇合面越来越广、汇合度越来越深的洪流。

人更多以信息方式存在,绝不只是就个人而言,作为一个类的存在,人类的相互性与信息的相互性正像日食过程月亮和太阳在视线中的重合,随着以相互性为基本特性的信息在人类存在中毕生迅速扩大,社会整体中人和人之间的相互性呈几何级数增加,这种叠加以前所未有的速度强化着人类的相互性。这种相互性越来越是信息形式的,它与个人内在的信息方式存在构成了一个以相互性为基本特性的人的信息方式整体存在。

这种由信息的全面发展为特征的人类社会整体的信息方式存在,典型地表现在大数据的发展将人的信息呈现透明式的存在。这种透明式的存在的信息方式,所生成的正是一种"全景监视场景"。这是一种"全民自我相互性控制(reciprocal control)"①的方式,或者是人类相互性达到几近透明的发展阶段。

大数据的发展,使当代监视系统与原先仅建立在数据库基础上的系统完全不同。作为全数据,大数据是能够建立真正透明的监视系统的关键基础。关于这种 20 世纪后期出现的"监视社会",福柯在其《规训与惩罚》中有深入阐述:"我们的社会不是一个公开场面的社会,而是一个监视社会。在表面意象的背后,人们深入地干预着肉体;在极抽象的交换背后,继续进行着对各种有用力量的细致而具体的训练。交流的渠道是一种积聚和集中知识的支撑物。符号游戏规定了权力的停泊地。个人的美妙整体并没有被我们的社会秩序所肢解、压制和改变。应该说,个人被按照一种完整的关于力量与肉体的技术而小心地纺织在社会秩序中。"②这种越来越以信息方式存在的深层次意义上的信息化,其实并不是政府或组织的单方面行为,它跟人以信息方式及存在本身的需要密切相关。"全体参与其作为全景监视场景常规监视主体的自我构建过程。"③只是出于这种需要的共同构建被政府或某些组织和个人所利用。自由和被控制是相对的,既具有历史性,又与人的发展水平——即人的需要层次密切相关。

在信息文明时代,社会控制之所以转向社会监督,就因为"没有时空坐标去固定日常语言"④。正因为如此,社会文化和生活方式更容易相对脱离社会控制而自行演变和

---

① Mark Poster, *The Mode of Information: Post-structuralism and Social Contexts*, Polity Press, 1990, p.93.

② 福柯:《规训与惩罚:监狱的诞生》,刘北成等译,三联书店 1999 年版,第 243 页。

③ Mark Poster, *The Mode of Information: Post-structuralism and Social Contexts*, Polity Press, 1990, p.97.

④ Mark Poster, *The Mode of Information: Post-structuralism and Social Contexts*, Polity Press, 1990, p.86.

传播。也正因为如此,社会的发育会比以物能为主的文明时代更迅速和充分。这也是社会的对抗运动会周期较短而又容易反复出现的原因,由此可以看到当代社会民粹主义盛行的重要基础。由于信息文明时代人类相互性呈指数强化,社会存在和个人存在的信息化构成反馈循环,这种信息循环所产生的强大动力,将以加速度把人类推入信息存在方式。

二、人类的信息存在方式

在信息文明时代,人类越来越以信息的方式存在。作为信息方式的存在,人就是接收、加工、理解已有信息,创构和发送创新性信息的存在。人主要以信息方式存在,意味着包括劳动在内的人类活动逐渐成为以信息方式进行的过程。在主要以物能方式进行的活动中,一方面,劳动者的身体直接进入物质产品形成过程;另一方面,劳动者的身体器官都进入与劳动对象的相互作用过程中。而在信息文明时代,劳动则更多是一种人与信息打交道的活动,这种信息性质的活动为最符合人性的创造性活动奠定了具有存在论意义的基础。

人越来越以信息方式存在的发展过程,不仅会很快,而且会非常自然地使人适应存在的信息化,尽管这一过程会给人的生存带来根本性变化。

在信息文明时代,人的社会化过程和自我意识的建构都会发生根本性的转换。信息技术在人类生存中扮演着越来越重要的角色,"这些技术可说是将自我分散到世界中",人们"不再能认为自己处于自己理性、自主的主体性的中心,或者由一个明确的自我所环绕",而是"在社会空间中被分裂、被颠倒、被拆分"①。主要以信息方式存在,甚至使人的自我意识及与他人和在社会中的关系发生深刻的变化。"它们弥散主体,使其时空离位。"②这是从具有固定时空定位的物能存在与不具有这种定位的信息方式存在的人的特点,正是它使"agent"这个至关重要的概念空前凸显。

---

① Mark Poster, *The Mode of Information*: *Post-structuralism and Social Contexts*, Polity Press, 1990, p.16.

② Mark Poster, *The Mode of Information*: *Post-structuralism and Social Contexts*, Polity Press, 1990, p.116.

由于借助信息技术手段,agent 与其他因素的相互作用越来越深入到对象深处,由此带来两方面的变化:一是自我得到拓展;二是 agent 间性出现联合的群体性。由于信息比知识——尤其比科学和哲学等的含义广泛得多,更由于不是理性主体而是主要以信息方式存在的 agent,在基础层次就不再主要是理性的,而是包含了所有作为信息方式存在的 agent 的丰富性。因此,理性和非理性、正常和异常,甚至男性和女性的差别必须重新认识,关系必须重构。作为信息方式的存在,男性和女性的异同和关系必须重新评估。这是性别研究——特别是处于相对劣势的女性相关性别研究越来越热门的原因之一。

作为主要以信息方式存在的 agent,人对自由的需要也将发生变化,可能更多从人权意义上的自由向作为最符合人的本性的创造活动及其所涉及的条件等自由转化。在这种转换中,信息生态是一个至关重要的概念。

信息生态是在人类所处的自然生态和社会生态基础上的更高层次生态。随着人的存在方式的信息化,信息生态在人的存在中居于越来越重要的地位。由于越来越以信息方式存在,人类与信息生态的关系越来越比自然生态和社会生态更为直接。

信息文明时代给人们带来的存在方式具有前所未有的丰富性。一方面,那是一种不仅可以穿上"马甲",而且可以换上不同"马甲"的方式;另一方面,那又是一种可以完全脱掉"马甲"的方式。一方面,由于可以穿上和换上不同"马甲",使人可以隐藏真面目而使人际关系疏离;另一方面,由于有时候可以是无面具的真相裸露,"虚拟主体性可能比'实在'自我更真实"。[①]人的存在的信息方式具有可以隐身的性质,因而可以更好地相互交流,批评和发表传统环境中被认为不合适的观点。在这种生活中,不仅人们主要以信息方式存在将得到前所未有的凸显,而且信息生态将变得比任何人类生态都更为关键,而且其本性将得到根本揭示。

以信息方式存在和信息生态都意味着:受制度性框架制约的书面语言日益为网络(电子语言)所取代。与笔书相比,电脑书写是非物质性的。这与其说是书写失去物质

---

① Mark Poster, *The Mode of Information: Post-structuralism and Social Contexts*, Polity Press, 1990, p.121.

性，不如说信息加工、生产过程趋向于还原为信息过程本身，免去了思想变成物质性文字的形成环节，因此物质性的不可逆性为信息的可逆性所取代，尽显信息相对于物能的灵活性。

信息工具的发展，将使传统书写成为过去，或者成为中国书法一类的存在。口头语言化将是以信息方式存在带来的倾向。文化的口头化并不意味着抛弃书写，而是书写及其产物变成了由信息工具完成的工作。在这样的情况下，口头语言和书面语言的刻板区分将不复存在。在信息工具的辅助下，口头语言将同时变成书面语言，甚至变成比传统书面语言更复杂的东西。电脑书写反映了思想本身信息性质的回归，而这一过程的典型表现则类似于电脑直接植入人脑，直接对接大脑的生物电讯号。由于没有一些传统的语境因素，人主要以信息方式存在中的交流具有"净化"语言的作用；由于人们不得不更依靠语言本身进行交流，因而对于语言的含义要求更为清晰明确，而且会为此增加语言本身内容的交流。随着信息文明的发展，随着人越来越以信息方式存在，作为人类信息特有方式的话语越来越是人类活动的重要方式。"在一个充斥话语的世界，语言本身变成了争夺之地。"①这里的话语充斥就是其社会表现。这既意味着以信息方式生存的新机遇，也意味着新的挑战。

信息文明时代人更以信息方式存在，意味着也将面临新的挑战。人主要以信息方式存在，一方面使人们之间的交流变得更为便捷；另一方面又使作为物能方式存在的人和人之间的关系变得更为疏远——那是一种在身体的亲密意义上说的疏远。这是人从主要以物能方式存在转变为越来越以信息方式存在过程中的正常现象，也是其重要特征。不仅作为物能存在的人和人关系变得疏远，甚至词和物的关联都是如此。如果不从物信息化的层次看，对词（信息）和物之间关联的渐行渐远就可能得出消极的结论，但作为信息化的一个方面，这又是一个积极的过程。

与物数据化相对应，物信息化还有另一层面，那就是与从黄金经货币到比特币相对应，正经历从对应关系到表征关系的过程。这一过程代表着一类信息化方式，属于

---

① Richard Terdiman, *Discourse/Counter-Discourse*: *The Theory and Practice of Symbolic Resistance in Nineteenth-Century France*, Cornell University Press, 1985, p.43.

信息化的重要方面。它意味着所指越来越间接化，在语言中表现为词和物之间的对应关系，逐渐演变为表征关系。“对于置身于电子媒介交流中的主体来说，客体趋向于变成信号物之流本身，而不是作为语言所表征的物质世界。在信息方式中，主体分辨信号物之流背后的‘实在’变得越来越困难，甚至没有意义，结果社会生活部分地变成寻找自己坐标的主体接受和诠释信息的实践活动。”①而进一步的结果，则是人类存在信息方式一方面导致肤浅化，另一方面导致神秘化。

凭着法国哲学家的感性丰富性，关于当代人的存在，福柯曾经有这样一种描述：“人会被清除，就像海边画在沙滩上的一张人脸。”②珀斯特认为，福柯“表达了主体在信息方式中的迷失”。他认为：“在电子媒介交流中，主体现在漂浮、悬置在客观现实的位点之间，随着不确定的随机安排，以不同格局被建构和重构。”③物能方式存在的扎实感和信息方式存在的漂浮感恰成对照。作为信息方式的存在，人们越来越需要有思想和创构活动作为支柱。作为物的存在，很多人甚至对自己遗体的处理都非常在意，而作为信息方式的存在，人们所关注的更是自己的思想留存。这种思想留存，就像作为生物体存在的后嗣。

作为主要以信息方式存在的 agent 的生活，应当是信息文明时代的一种修行。信息文明时代人类沟通的便捷会减少诸多因误会而发生的事件，甚至可以包括战争，但信息获取和交流的便捷导致直接性，由此也生出了时空深度的丧失。因此，主要以信息方式存在，至少对于部分群体而言，肤浅化至少在某些发展阶段是不可避免的，纯粹信息消费式的肤浅永远只能是肤浅。这是人主要以信息方式存在的信息文明时代的重要问题。

信息文明意味着语言性信息日益凸显，非语言性的物能日益退隐。这也正是信息文明不同于物能文明的重要特征。从人类存在的信息方式看，这种转变自然有其重要

---

① Mark Poster, *The Mode of Information: Post-structuralism and Social Contexts*, Polity Press, 1990, pp.14—15.

② Michel Foucault, *The Order of Things: An Archaeology of the Human Sciences*, London and New York, Routledge, 1989, p.422.

③ Mark Poster, *The Mode of Information: Post-structuralism and Social Contexts*, Polity Press, 1990, p.10.

方面，但因此而神秘化也是不可避免的。早在20世纪80年代，人们就已经发现，我们的社会“正是这神秘化的媒介，浸润在资讯和信息之中”。[①]这是一种特殊的神秘化，它来自信息不同于物能的内容和相互关系。

在信息不同于物能的相互关系中，最重要最基本的仍然是相互性。正是相互性，使人和人之间的社会关系提升到了一个与以往完全不同的新层次。作为信息方式的存在，人的群体规模影响到所有人的生存质量和发展空间。这意味着，一定信息体中的个人，即使是单纯的消费者，也有其构成意义。这意味着在不同于物能文明的信息文明中，人主要以信息方式存在具有不同的生存方式，而其中最为基本的，就是人类存在的共享方式。

三、人类存在的共享方式

信息所具有的与物能完全不同的本性，与信息文明本身内在联系在一起。其中最为重要的联系之一，就是信息的共享性质对信息文明的决定性作用。

信息不同于物能的最重要本性之一，就是不仅不会因分享而减少，反而会因共享而增多。而信息的共享本性将使人类社会的存在和发展出现新的不同的规律。作为信息本性造就的经济规律，信息产品复制与传播的边际成本递减，为信息共享奠定了经济基础。作为移动互联网造就的技术规律，网络倍增效应则为信息共享奠定了技术基础。正是信息的共享本性以及这些基于信息本性的规律，造就了不同于以往物能文明的信息文明，决定了信息文明是一种不同于物能文明的新的文明层次。如果说物能文明充其量是一种分享文明，那么信息文明再不济也是一种共享文明，信息文明具有基于信息本性的共享特点。

物能文明是一种因共享范围有限而注定始终伴随（如果不是日益加剧）物质利益冲突的文明，而信息共享的天然本性在根本上改变了这种局势，为人类文明发展奠定

---

① Fredric Jameson, *The Political Unconscious*, Cornell University Press, 1981, pp.60—61.

了共享范围原则上可以无限扩展的基础。由于信息的共享本性，信息的共享才真正可以是不仅没有冲突的必然性，而且可以范围无限。信息文明是一种随着共享范围的扩大，单位成本反而不断降低的文明，因此满足更多人的需要不仅不会成为一种负担(就像满足越来越多人吃饭的需要将是一个灾难性后果)，而且反而会成为相互减负，从而构成越来越强有力的相互支撑机制(就像更多人使用会使软件制作成本的分摊成本越来越小)。物能分享随着分享者的增加而负担趋向无限大；而信息共享则相反，会随着共享者的增加而使共享代价趋向无限小。这使人类需要的满足将进入一个完全不同于物能文明的境况。

信息文明提供了以人的需要为出发点，以这种需要的满足为最终目的的本体基础。信息文明提供了把捉人的需要的技术手段，大数据是其最重要的信息基础，它使信息文明日益成为一种以人(类)的需要为出发点，以这种需要的满足为最终目的的文明。共享文明的社会基础是社会活动以人的需要为出发点，以人的需要的满足为最终目的。正是以大数据为基础的信息系统，为此提供了技术条件。以人的需要为出发点，以满足这种需要为最终目的，人的需要的光照就能从近乎一个堆的大数据中，照亮相关因素(factor)，让它们以特定的方式进入相互作用，构成特定的信息系统，或根据信息系统建构物能系统满足人的需要。①这就是大数据的重要性所在，它使人们不是通过取样和抽象概括，直接通过相关因素分析和凝聚进入相互作用，达到满足人的某种特定需要的目的。

以人的需要的光照，从近似堆的大数据中寻找相关因素，导向信息文明时代典型的创构活动。信息文明时代仍然以对外部世界的认识为基础，但创构活动在此基础上获得越来越重要的地位：根据人的需要创构信息系统(比如一部电影、一个电视剧)和物能系统，满足人不断发展的需要。

在低层次需要的活动中，尽管需要的满足可能是相互冲突的，但有时候仍然必须通过相互代理才能满足彼此需要。而在高层次需要的活动中，任何 agent 的需要都必

① 详见王天恩：《大数据中的因果关系及其哲学内涵》，《中国社会科学》2016 年第 5 期。

须在合作中才能获得具有共同性的满足。这种满足不再是个别的,而是共同性的。要么都满足,都得到需要的满足;要么都得不到满足。这是典型的需要满足中的相互代理。更进一步,不仅需要的满足是共同的,而且需要的形成也是共同的,就像在情感和社会需要中,实质上是人和人相互的共同需要。只有在 agent 的相互代理中,更高层次上的需要才可能出现,因为人的需要越发展到高层次,越是类的需要而不是某些个人具有而另一些个体没有或不必有的需要。在这种类的需要中,出现了一个新的特点,那就是 agent 的需要不仅是一般意义上相互代理的,而且每个 agent 都是共同需要及其满足的代理。只有代表和满足了类的需要——也就是所有人的需要,才是真正意义上的自己需要的满足。

真正深入到人的需要及其发展,以人类存在的共享方式为代表,人主要以信息方式存在具有深刻的哲学意蕴。

四、人类信息存在方式的哲学意蕴

信息文明时代人主要以信息方式存在,既在存在论层面蕴含着认识论甚至本体论的主要结论,而且意味着价值论的丰富意蕴。而随之而来的,就是使用理论的真正激活。

首先,人主要以信息方式存在,在本体论上具有重要意蕴。信息不是物质,也不是能量,因而从实体角度看,信息具有载体的依附性,但如果从使用的角度看,在语言只有在使用中才具有意义的角度看,我们会发现一个颠倒过来的事实:由于涉及事物存在的形式等,即使不说在某种意义上载体本身为信息所决定,信息也是根本性的。在这个意义上,信息反而具有一种比物能更重要的地位。在人和物能的使用关系中,信息居于越来越重要的地位。正是在这个意义上,物能固然比信息具有更为基础的重要性,而信息却比物能具有更根本的使用上的重要性。信息文明具有基于信息机制的役物特点。作为比物能文明更高层次的文明,信息文明不是意味着物能不再重要了,而是物能的地位变得更为基础,其重要是基础性的重要,而不是在“上手”意义上的重要。

在使用的意义上，在大数据以使用为基本平台的意义上说，信息与物能两者之间的关系似乎表明，在使用的意义上信息有比物能更根本的方面。DNA 与其说是“实体”，不如说是“信息”。如果物能性存在具有所谓“本质”，那也不是抽象的普遍性规定，而是信息。在一种不同意义上，信息可以看作是物能的“本质”，因为物能就在于结构，而结构就在于信息，不管是什么样的基石，都可能建构出人们所需要的创构物。从物能和信息的拥有到满足使用的需要，将会是信息文明给人类带来的重大转变之一。

其次，人主要以信息方式存在，也具有重要认识论意蕴。

人主要以信息方式存在的认识论后果之一，就是对逻各斯中心主义，对基础主义和本质主义的完全解构。利奥塔就相信电脑化助长了后现代主义。他认为“到了进行哲学思考的时候了”①。的确，后现代社会更要转向哲学思维，因为正是去中心化、碎片化、反基础主义和反本质主义等倾向，更需要哲学的整体把握。而信息层面的哲学思考，则是当代哲学整体把握的最新层次。

再次，人主要以信息方式存在，更具有重要价值论意蕴。人主要以信息方式存在。信息创构活动成为人活动的主要内容。它所催生的，不仅将是一种人的活动人性化的文明，而且是一个由拥有向使用转换的价值观发展环节。

从拥有到使用的转变具有两个方面的含义：一是物能意义上的；二是信息意义上的。在物能意义上，共享不仅具有物品更充分利用的意义，这在物能资源的有限性方面具有重要价值，而且具有成本更低，负担更轻，更为重要的是道德上更具优势的因素。物能分享，一方面具有有限性，另一方面又具有更能说明共享性质和原理的特殊性。不必拥有就方便甚至能更方便地使用，正是作为前提的共享基本原理。而在信息文明时代，信息化则为使这一基本原理得到最充分发挥奠定了本体论基础。相对于使用而言，事实上的拥有可能并不符合人的更根本需要。拥有，如果不是最有效的使用策略，常常可能成为负担。

在由拥有到使用转变的信息意义上，共享具有更为根本的性质。如果说物能共享

① Jean-François Lyotard, *The differend*: *Phrases in Dispute*, Georges Van Den Translated, University of Minnesota Press, 1988, p.xiii.

只是某种分有，与物能不同，信息的使用本身就常常意味着拥有。信息的使用比拥有更为根本，甚至可以在一定意义上说，就信息而言，使用才是真正意义上的拥有。物能的使用往往是消耗导致拥有的减少，而信息的使用则使信息的拥有更根本，甚至才能真正拥有。正是在使用过程中，信息才变成作为主要以信息方式存在的人的一部分，甚至可能是人最重要一部分的信息基础。作为主要以信息方式存在的人，正是在信息使用过程中存在和发展的。这种机制，甚至比作为生物体的人在物能吸收和消化过程中存在和发展还要根本，因为对于生物体的人来说，物能的吸收和消化只能在基因的可能性范围内，而信息的使用则使作为信息方式存在的人拥有一个由信息的性质所决定的无限空间。

使用的逻辑意味是共享，拥有的逻辑意味则是没有共享条件下的冗余。

最后，人主要以信息方式存在，意味着使用理论的真正激活。使用理论(use theory)是一个一直处于使用状态、但又始终没有真正成型的理论。其使用的典型状态在语言哲学中，维特根斯坦的语言游戏是最经典的方式。

在信息文明时代，信息的使用本性让使用理论得以真正启动。也正是在这个意义上，在信息文明条件下，使用理论才可能得以真正展开，而且是在信息实践活动中的展开。拥有的理念来自物能共享的有限性，而共享的理念则是信息本身的本性。物能的共享是物能消耗的共同承担，而信息的共享则是信息增长和整体性发展即层次性不断提高的前提。在这方面，物能和信息的性质是完全相反的。比如，如果只是为了正常使用，真正意义上的共享单车就不存在据为己有的必要，因为如果是为了使用，将车据为己有已经没有意义，要用随时可以骑，不必自己完全拥有车辆。而在信息的拥有和使用之间，则除了信息对称与不对称的信息发展基本矛盾，则使拥有和使用发生了完全的地位倒置。在这方面，语言游戏最能说明问题。

在信息文明时代，语言游戏具有特殊意义。人日益主要以信息方式存在，语言是人类信息之源的泉水，因而语言涌现人性。信息的价值在于结构性稀缺，信息的意义却在于思想。

游戏概念一方面凸显了使用中 agent 的相互作用，甚至是自我的历时性相互作用；

另一方面凸显了规定基础上的规则意识，而这正是 agent 活动的实质，因而维特根斯坦的语言游戏将这两方面的特点与对于人类来说至关重要的语言活动相联系，再好不过地强调和突出了实践活动的感性具体性。只是随着信息文明的发展，语言游戏的方式会发生很大变化。

在生存和实践条件高度信息化的信息文明时代，语言游戏在以与传统语言游戏不同的方式进行，因而具有与传统语言游戏不同的性质。了解这些性质，对于理解人主要以信息方式存在具有前提性意义。实际上，电视或各种方式的数字广告已经是完全不同于传统语言游戏的一种新的语言游戏方式。语言游戏有从日常到哲学的，即从日常实用层次的到高深理论层次的。语言游戏方式的变化，正反映了信息文明时代话语的重要性。

在信息文明时代，话语具有特殊的社会意义，这就是为什么福柯这么重视话语实践和话语与权力的关系，因而从社会学角度探索话语的重要原因。而在人更多以信息方式存在的条件下，话语则成了人类相互性最切身的层次或形式。正是在这一层次或形式中，蕴含着更多有待深入挖掘的哲学意蕴。

第 13 章　人工智能与人类命运

新一代人工智能的发展,在触发对人类命运担忧的同时,凸显了对人工智能和人类命运关系探索的紧迫性。这一发展情势晓示着人们的当代深层次需要:在哲学和科学一体化发展的信息文明时代,人类精神家园寻求的具体化。

一、人工智能和人类智能

20 世纪 70 年代,由于科学技术发展的局限,关于人工智能是否可能具有创造性的讨论无果而终;而在 21 世纪的今天,由于信息科技突破所带来的人工智能发展,这一问题以比上个世纪现实得多的方式重新呈现在人们面前。人工智能的话题如今越来越热,AlphaGo 没有悬念地战胜人类围棋高手,似乎预示着人类正面临图灵奇点的到来。

早在 20 世纪 50 年代,图灵就预言,人工智能的发展将迎来超越人类进化的奇点。作为计算机科学和人工智能之父,图灵的预言似乎在人类头顶悬置了一把达摩克利斯之剑,在权力和力量不断增强的同时,人类日益紧张地关注远处渐近的“图灵奇点”。由于近来机器智能水平越来越高,研究人员相信未来几十年内机器可以达到人类智能水平,由此越过图灵奇点,发展为“超级智能”。

由于当代科技的加速发展,人工智能成为具有自主性和交互能力的实体。由此,人工智能学科创始人之一、美国人工智能专家马文·明斯基(Marvin Minsky)在人工智能研究领域引入了“agent”概念,中译“智能体”较能体现具有智能的“agent”的性质。在人工智能领域,“人工智能体”(intelligent agents)概念的使用越来越广泛。由于这种“硅心”智能体(intelligent agents)具有完全不同于人类“信息体”(information agents)的载体,它们具有智能发展的明显优势;由于机器进化可以周期非常短,其速度远非生物体进化可比,出现“超级智能”的可能性显而易见。无论图灵奇点在什么时候出现,人类早晚都会面临这一情势。

关于奇点之后的人类命运,乐观者认为人工智能只是人类的辅助;悲观者则认为人工智能将带来人类的终结。正是这两种截然不同的观点,表现了人类的类智慧。无论图灵奇点后的未来发展将是一种什么样的情景,我们都不得不深入思考这样一个问题:机器智能和人类智能将会是一种什么样的关系?这些关系不仅涉及人类文明的走向,而且关乎人类的命运。

面对人工智能的当代发展,人们的担忧是理所当然的,由此甚至提出了“AI 末日论”。特斯拉首席执行官埃隆·马斯克认为人工智能的进步是“我们作为一个文明面临的最大风险”,“人类可能会被 AI 玩死”。霍金也多次表达“人工智能可能导致人类毁灭”的忧虑,早在 2014 年 12 月,他就说人工智能可能会终结人类。比尔·盖茨等也有同样的担忧。与此相应,脸书公司创始人扎克伯格等对人工智能的未来发展相对持乐观态度,认为人类会用好人工智能这把“双刃剑”,为自身造福,但同时也认为“如果人工智能成为主流,就需要谨慎和监管来保护未来”。

鉴于人工智能当前的发展态势,为了保障人类未来的利益和安全,霍金和马斯克等在美国加州阿西洛马(Asilomar)举办的会议上,联合签署了 23 条 AI 发展原则,其中包括 844 名人工智能和机器人领域的专家。

事实上,早在 70 多年前,美国科普作家阿西莫夫就有机器人三定律的科学幻想。为使机器人服从人类道德律令,他设想给机器人嵌入式内置“机器伦理调节器”,按优先顺序排列出机器人三定律。很明显,这只适用于对相对处于初级阶段的人工智能机器，一旦人工智能发展到具有自主创造能力，这种人为的定律内置迟早要失效。在人机交融发展的特殊阶段，人类最终必须通过依靠自己把握发展原则把控局势。

创新的确是难以预测的，在20世纪90年代，凯文·凯利还认为人工智能威胁论“无异于宗教信仰”。仅仅不到20年，当代新人工智能的发展就已出乎这位被称为本世纪最伟大预言家的想象。那时还认为没有证据支持的人工智能威胁论的五个假设，今天人工智能的发展已经提供了越来越多的证据。虽然AlphaGo的发展仍然是人类智能借助人工智能战胜人类棋手，脸书聊天机器人自创语言交流也不是像人类那样的有意识行为，但从AlphaGo到AlphaZero，从聊天机器助手到脸书聊天机器人自创语言交流等，这些人工智能新成果呈现出让人担忧的新发展趋势。一方面，人工智能开始显露出智能或知识不同但在某些方面优于人类学特性的机器特性；另一方面，人工智能已经开始展示出与人类学相互性相同的机器相互性。人工智能和人类智能以相互性为共同的基本特性。“人工智能算法行为不是边界清晰的单个行为而是集体行为的演化，其行为效果既不由‘某一’行为所决定，亦不由其前提完全决定。”①如果这可以理解为一个类的行为，那就表明人工智能算法行为具有类的特征，而类特征恰恰是智能进化的必要条件。

人类智能的长期发展日益清楚地表明，智能的竞争归根结底是类特性的竞争。具有自我意识的智能一定是经历的产物。因为意识是类的特性，单独的个体不可能产生意识；自我意识是类的意识，而类意识是经历的产物。因此，在智能发展中，关于人工智能和人类智能的关系问题，关键就在于人工智能是否能像人类那样作为一个类进化。

人之所以为万物之灵，人类智能之所以能进化到目前的水平，主要因为人是一个类。人之所以是一个类，一开始可以更多由于生物学的原因，作为群居动物生活。正是群居使得信息在演化中扮演了越来越重要的角色。作为具有自我意识的智能体，人类智能的形成与作为一个类的经历有关。所有具有自我意识的智能体必定是作为一

① 段伟文：《人工智能的道德代码与伦理嵌入》，《光明日报》2017年9月4日。

个类的经历的产物，而正是作为群体活动的经历，构成了一个特定的类，两方面构成双向循环。因此作为现代人类，作为一个类的主要依据，其实越来越是信息，这一点具有深刻意味：随着信息科技的发展，不仅人类个体之间，作为智能体的人类与机器之间会越来越具有同一个类——智能体的性质。以相互性为基本特性的信息本身就具有类的天然倾向，类越大，信息的优势发挥越充分。

因此，只有具有了类的特征，并具有自己的经历，人工智能的发展才可能达到更高层次，图灵奇点才可能来临。由此，关于人类智能和人工智能关系的理解，人工智能和人类命运问题的理解，就必须进入智能进化机制的更深层次。

二、原生进化和次生进化

事实上，当代新人工智能的新成果，已经晓示着智能进化的新图景。的确，可能没有其他智能进化能够以生物进化那样的自然方式发生，但没有任何理由由此认为，智能进化不可能以生物以外的方式进行。就人类目前所知，至少在地球条件下，智能的自然进化只能以类似生物体的方式进行，因为特定的自然条件使生命产生的进化环节只能以化学方式发生。而在生物智能进化方式之外，理论上可以有很多其他可能的智能进化方式，而且就进化速度等而言，它们中的很多还可能是更好更合理的方式，目前已知的电子方式也许还不是其中最好的。但是，电子方式不可能自然发生和进行，而只能建立在作为自然进化结果的人类智能基础之上。目前的科技发展就已经表明，机器智能就能够、同时也只能借助人类智能，在人类智能的基础上进化。人工智能进化是建立在自然进化基础上的机器进化，由于只能在生物智能进化的基础上发生，因而是一种在人类智能进化这种原生进化基础上进行的智能的次生进化。机器智能为人类智能所创生，当人工智能可以自主设计出具有比自己更高水平的智能时，机器智能的自主进化就开始了。与智能的原生进化一样，这种次生进化也包括创造力的形成和发展。至少在某种程度上说，人工智能进行创造是完全可能的，因为创新有时候就是相关要素的重组，而人工智能排列这种组合甚至比人类具有更大优势。

虽然是一种次生进化，但在生物智能进化的基础上，无论智能形式还是进化方式，人工智能都可能是比以生物体为载体的人类智能更高层次的智能。相对于生物智能，也许图灵计算机在很多方面劣势明显，但随着科学技术的发展，量子层次以上的机器智能，将在更多方面越来越具有优势。这样，人类智能和人工智能的关系就进一步展示出来了。一方面，由于其自然性质，生物智能也许是自然发生的唯一智能进化方式；另一方面，受限于信息活动的物能层次，生物体肯定不是信息的最佳载体。随着科学技术的发展，不仅机器智能生物化，而且日益作为信息体存在，人类智能载体的升级换代就不是不可能的了，否则他们就竞争不过自己创造的智能机器。国务院《新一代人工智能发展规划》所提出的五个概念中，就有“人机混合增强智能”，这是富有前瞻性的。

即使人机交融进化，对于人类来说，风险仍然存在。虽然在人机交融进化中，原则上不存在人机竞演的问题，但仍存在巨大风险。

人工智能的发展越过图灵奇点后，关于人类命运的悲观和乐观两种观点都是有根据的。即使人类智能和人工智能交融进化，在人工智能一定的发展阶段，即在人工智能发展到力量足够强大但又层次不足够高，人类智能发展又没有达到具备更新载体的能力时，人工智能就可能构成对人类智能载体的逆损毁威胁。如果人类不足够谨慎，人工智能的放任发展不是没有毁灭人类的可能。在这一特殊时期，如果不严格掌控，仍然有可能出现人类智能和人工智能竞相演化的局面。而且，人类更要警惕的是自己，人们更应当担心的事实上也是人对人工智能的邪恶利用。正因为如此，在这一风险较大的特殊时期，人类仍要有自己的人工智能发展原则。这个发展原则就是：“道在魔先”。人类必须做到“道”在“魔”先：潘多拉魔盒打开之前先要有制服之道，解毒剂是毒药准生证。在整个危险期内，对可能出现的情况做到都有预案。

无论在并行发展还是交融进化的特殊时期，都必须严格遵循“道在魔先”的发展原则。一个最基本也最重要的例子，就是当人类还不具备生物载体更新能力前，不能让人工智能的自主进化发展到人类智能不能控制的程度，或者说，必须到人类具备载体更新能力时，才能让人工智能完全进入自主进化。这时候，人类智能和人工智能已经真正进入交融发展，智能进化已经达到超越生物和机器不同载体发展的更高层次。这样，即使在人工智能发展最具威胁性的阶段，人类也可以有理由抱乐观态度。

人类智能和人工智能的进化都是智能进化，两者之间的主要不同就是载体的区别。当载体可更新替换后，人机区别就会逐渐缩小以至消失，人类智能进化和人工智能进化融合为更高层次的智能进化。人类智能和人工智能的发展进入融合进化的过程，意味着智能升级到更高层次的进化阶段，从而渡过完全融合进化前的危险期，进入融合进化安全期，进入人工智能和人类智能的交融发展。这是一个生物智能机器化和机器智能人类化的发展过程。

由此可见，一方面，所谓人工智能的发展，实质上是智能进化的机器阶段；另一方面，也正是人工智能，开启了从生物载体升级到更高层次载体的智能进化，使智能进化呈现出从生物智能到机器智能的发展图景。智能进化的初级形式以生物进化的自然方式进行，而其高级形式则将涉及信息载体的升级，从生物体向更有利于智能发展的更良载体发展。

在智能进化过程中，载体的进化有两种可能的方式：一是人工智能与人类智能载体独立平行发展，结果较低层次的生物载体处于劣势；二是人类智能和人工智能载体交融进化。前者正是人们担心的方式，后者则不仅是可能避免人类被淘汰，也是最可能的方式。而载体交融进化的方式本身也有两种可能：智能载体一次性替换和渐次升级，即机器和生物载体不断被部分相互替换，采取一种载体渐进交替换代的方式。前一种方式不是逻辑上不可能，而是在发展历程上没有后一种可能所具有的优势。因为具有自我意识的信息体的进化不仅是类的发展方式，而且更是经历的产物，远不只是某种智能——比如计算能力的发展。计算能力不一定非得是有意识的信息体才能具有，计算任务的完成并不是非要有意识的信息体，这种计算甚至可以以物能方式完成。而具有自我意识的信息体是经历的产物，作为经历的产物，这个层次的智能体不可能一次性整个替换载体，而必须以适当的渐进升级载体的方式进行。也就是说，人工智能和人类智能的发展关系，更可能的方式是交互式，人类与智能机器人相辅相成，共同发展进化。那不仅是一个生物智能机器化，而且在某些阶段同时是机器智能人类化的发展过程,即在某种程度上的人机器化和机器人化。由此所展现的,就是智能进化从生物载体到更高层次载体的升级。

无论哪种方式,智能进化的实质都是信息进化。不管是渐进还是一次性整体置换载体,智能都是以作为进化已有结果的信息体为转移的。智能体的实质是具有信息加工和生产能力的信息体,智能进化归根结底是信息或信息体的进化。生物进化所意味着的,事实上只是信息进化的载体进化过程。因此,如果只是立足于物能存在,就会得到更高层次载体的发展意味着人类被淘汰的结论;但如果立足于信息存在,立足于信息体,则可以看到更高层次的智能意味着人类发展的更高层次。

三、零和竞演和融合发展

如果人类智能和人工智能竞相演化,人们始终不能回避这样一个严重的问题:在人类与智能机器人协同发展进程中,具有更高智能水平的机器超级智能是否会选择牺牲人类的发展道路?人类智能和人工智能交融进化,人们应当不用有类似担心。事实上,即使作为单纯的人工智能发展的产物,真正意义上的超级智能不仅不可怕,应当更是人类的福音。因为智能层次涉及观念层次的重要差别,超级智能的出现更有利于人类文明的发展,只是在交融进化过程中,仍然会遇到一系列问题。

1. 社会的技术治理问题

有一个重要的事实可能不太受人关注,那就是处于较低需要层次的人,不仅不可能理解处于较高需要层次的人生成于那一层次需要的一些观念,而且,处于更高需要层次的人工智能,比处于较低层次需要的人类自己更理解其处境和合理选择。由此引出的问题是:当单纯的人工智能发展出超级智能后,人类是不是应当由具有更高智能水平的超级智能体来治理?

当然,就具体个人而言,不同处境的个体会有不同的感受,但人作为一个类,具有自己的类的利益。信息文明的发展将越来越清楚地表明,越是作为信息方式存在的人,越是作为一个类的存在,在智能进化中越具有优势。作为信息方式的存在,人应当是会选择层次越来越高的类的存在方式。这涉及人类所担心的个体利益和集体利益的冲突问题。正是信息方式的存在,使人作为一个类的重要性越来越得以凸显,从而使人们能更好地理解个体和群体的利益关系。因此在社会治理过程中,越来越依靠技术——超级智能机器人,无论在观念还是情感上,都将会越来越倾向于更明智的选择。

2. 智能(思维)达尔文主义问题

在人机交融的智能进化中,虽然不应有类似"种族灭绝"的担心,但可能会有是否会存在智能达尔文主义或思维达尔文主义的忧虑。即使在人机交融进化的条件下,由于观念、技术和经济条件的原因,仍然存在载体更新程度和进度等的差别。由于不同智能载体意味着不同效能,智能载体更新必定带来个体智能效率的不平衡,会不会由此造成不同效能智能体之间的不平等,甚至由此带来智能(思维)达尔文主义泛滥?

由于信息与物能的不同本性,如果说,达尔文主义会在自然界存在,甚至也会在人类社会中存在,那么绝不会在思维领域广泛存在。因为思维领域所涉及的主要是信息的加工和生产,一方面,对于思想生产来说,远非信息速度就是一切;另一方面,信息不仅具有共享的本性,而且思想生产具有共激原理,越是大范围异质信息共享,越可能相互激发出更多思想。

首先,信息的多样性价值使共生成为基本价值观。在信息文明的发展过程中,存在一个重要的价值事实:信息的多样性资源价值。由于信息具有多样性有利存在和发展的性质,信息体的存在或信息方式的存在同样具有多样性价值观。生命的多样性是生态的生命线,这与多样性对于生态的根本重要性密切相关。在自然生态中,生命资源的多样性、差异性与统一性相对,过度的统一性是生态终结的机制性原因。信息生态更是如此,对于信息生态来说,生命的多样性尤为重要。尽管人类由于文化等原因严重卷入相互利害冲突,但理性的人已经明白,生物基因的多样性不仅是使生物适应自然环境变化最重要、最根本的资源,而且是把握新的可能性、创构新的对象的宝贵财富。因而保护生物基因资源的共识,在具有真正意义上的机器超级智能体那里,理解得只会比现在的人类更深刻,而且,关于信息生态的观念,可能在机器超级智能那里已经深入“机蕊”①，应当不用担心智能或思维达尔文主义泛滥，但显然是智能时代必须警惕的。

其次，不仅生物智能体是次生智能体的基础，而且智能进化机制具有重要的互补性。在机器超级智能的理性中，人对于它们就等于自然对于人，没有人类就没有智能机器人，即使已经有了超级智能，一旦人类灭绝，机器超级智能也将失去生存和发展的基础，就像没有了自然界，甚至没有了动物或植物，人类就失去了生存和发展的基础一样。而更重要的依据还在于：同为智能体，同为信息方式的存在，人类智能和机器智能越来越是同一个类，而这一点不是一个人工智能会不会与人类智能是同一个类的问题，更根本的是关乎人工智能能不能成为可与人类智能相比拟的高级智能体的问题。

最后也是最重要的，在智能进化的更高层次，作为信息方式的存在，信息的共享本性使得人类和机器之间不存在你死我活的物能资源争夺。由于与信息的本性不同，物能只能分享，在物能文明时代，主要作为物能存在的人类个体和社会之间，只要存在物能资源匮乏的状态，就始终存在资源争夺，而且在根本上具有“有你的就没有我的”的物能式争夺。作为一种共享文明，信息资源不仅不存在物能资源意义上的匮乏，而且会反因共享而增生。即使在机器智能和人类智能之间，原则上也不存在物能资源意义上的生死争夺。因而，作为一种智能文明，信息文明发展到一定阶段，主体既可以不是单纯以生物为载体，也可以不是以单纯机器为载体的智能，而越来越是载体不断更新的智能体。

3. 人工智能与人类智能的承续问题

尽管明显反映过早，人工智能还远未达到构成人们所担忧的那种威胁程度，但人工智能的发展所引发的担忧并非杞人忧天。因为人工智能的发展之所以那么牵动人心，很大程度上是因为它所涉及的，将是人类革自己的命。

随着发展层次的提升，人类进步越来越来自前提性反思。以往人类的前提性反思主要针对自己的观念、思想、理论以及思维方式和行为方式等进行，人工智能发展到超

① 王天恩：《人工智能的发展和人类文明的走向》，《中国社会科学报》2017年11月7日。

级智能出现的可能，将使人类更进一步涉及自身存在方式的前提性反思。在这个意义上，人工智能的发展涉及人类自身的革命。

人类已经接近涉及由自然人类向非自然人类的发展问题，人们对此多少已经意识到，但还没有足够的思想准备，理论准备则还没有真正开始。科学技术的发展越来越清晰地表明，越是接近引发人本身革命的科技发展时代，越需要有哲学和科学一体化发展才能更具体地提供安顿心灵的精神家园。人工智能的进化凸显了信息的进化，信息文明的发展已经到了需要新的理论准备的阶段。面对人工智能的发展，人们拥有两种相对的认识和态度是值得庆幸的事情。关于人工智能发展的悲观和乐观两极观点，形成了一种重要张力，促使人们在这两种观点之间思考更多更现实的可能性。

科技发展的前景是无可限量的，由于人工智能和人类文明的发展更可能的方式是交融进化，人工智能的发展和人的发展将使我们不能不思考这样一个问题：人类的生物体繁殖是传承，这种传承依靠的是人口生产，那么，依靠人类思想生产的人工智能发展是否也可以是人类的某种传承方式？如果说人工智能是人类思想生产的结果，如果机器智能只能在生物进化智能的基础上生成和进化，人工智能不管进化到什么水平，其发展是不是人类的延续？这是在人工智能生成和发展的形势下，为人类的心灵安顿做精神家园准备必须讨论的重大问题。虽然按照传统的理解，这些问题的讨论似乎具有某种科幻性质，但这正是哲学和科学一体化发展必定出现的现象。关于这些问题的讨论，不仅对于当下人生活的安宁不无助益，而且越来越是不可缺少的。

面对超越人类智能的机器人，其创造者也许更有后嗣感，离机器人的创造者越远则更可能越具有异类感。这就深入涉及机器与人的关系问题，说到底就是人与技术的关系问题，只是问题的焦点集中到了智能上。正是人与技术的关系，决定了人类文明的走向乃至人类的命运；人们必须为此作好理论准备。

人工智能进化的实质是信息进化，即信息体发展的层次提升。智能进化的当代发展过程将表明，人类并不以生物载体为不可替换的根本。以生物为载体的人类只是自然人类，生物体属于智能的初级载体，随着智能的发展，更高层次的物能利用将为智能发展创造更有利的条件。因此智能载体的升级换代是智能本身发展的必然结果，人类不会因为生物载体被替换而不复为人类。

因此，人工智能的发展更可能将是人类智能的延续，而不是并行发展才可能有的人类智能被超越和可能被替换甚至被消灭。主要立足于物能存在，就必定把生物体意义上的人口再生产看作是人类的唯一延续方式，而主要立足于信息存在，则会将思想意识意义上的再生产也看作人类延续的方式，而且是作为信息体存在的人类进化更为根本的方式。正因为如此，科技伦理既要为防范人工智能发展对人产生威胁提供伦理警醒，特别是人对人工智能的邪恶利用；同时随着人工智能和人本身的发展，人类迟早还必须准备不仅为科技进步，而且为自身的发展提供伦理支持。

第 14 章　创造性信息劳动和人的类发展

由于当代社会发展的特定现实，马克思主义人权问题日益引人关注；由于信息文明时代劳动的复杂性和新性质，从劳动角度讨论人权问题意义日渐凸显。目前的研究表明，"劳动人权"的分析框架还有待深化劳动和人权之间逻辑关系的研究。信息文明时代创造性劳动的性质，为切入这一问题的研究提供了新的时代条件。

一、劳动、相互性和人的类权利

马克思主义人权理论是亟须研究的重要课题，提出"劳动人权"无疑是一种很有意义的尝试。正如西方"天赋人权"，"劳动人权"的立论根据也是人权的来源。西方"天赋人权的来源是上帝"，"造物主赋予天赋人权，人被造物主造出来的时候，就有天赋的人权"。而"劳动人权"则"用劳动来解释人的权利"。因为根据马克思主义观点，人是劳动创造的，"一切权利的根源在于劳动，不劳动就没有权利；人类社会任何合理性的根据，最终解释都是劳动"。[①]劳动人权的根据是劳动创造了人，而劳动创造人之所以被认为是人权的根据，所遵循的则是人由上帝创造因而具有天赋人权的逻辑。这里有两

① 何云峰：《劳动人权马克思主义散论》，《上海师范大学学报》(哲学社会科学版)2016 年第 3 期。

方面的问题,值得我们进一步深入思考。

根据上帝造人得到"天赋人权"的观念,虽然并不是一个得到充分学理论证的结论,但由此认为人权天赋,本身却具有特殊意义。这一方面意味着,人的创造者赋予人权的思路,存在需要进一步思考的问题;而另一方面则表明,人权由劳动赋予的研究却正因此而又具有真正开始人权理论探索的重要意义。这一意义集中表现在:从人本身而不是上帝寻找人权的根据。以上帝创造人作为天赋人权的根据,就像牛顿借重上帝解释万有引力,在特定的人类认识发展阶段难免如此。关于"天赋人权",问题的关键不在于天赋观念是怎么来的,而在于天赋观念的意义本身。而关于"劳动人权",意义则进一步深入到人权的学理根据。无论"天赋"还是"天然",这类观念都既具有深刻的认识论根源,同时又具有重要的认识论意义。从人本身寻找人权的根据,就是这一意义在人权研究领域的表现。

作为从人本身寻找人权根据的努力,"劳动人权"概念所涉及的一些问题,需要进一步深化"劳动"概念的理解。就目前关于劳动的理解而言,如果是劳动赋予人权,就会存在一个带有根本性的问题:它可能意味着并不是所有人都一定天生赋有人权,因为只要对劳动作出有别于其他活动的界定,就势必导致这样一个问题:人并不一定天生就有天然的人权,因为劳动人权概念必然和劳动挂钩,以劳动认定哪个范围内的人群具有人权,而在这个范围之外的人则是没有人权的。这样一来,人权就没有了普遍性。劳动与人权的内在关联与由劳动赋予人权之间的矛盾,意味着引出了新的问题。这表明,劳动和人权关系问题的深入研究,需要有更合理的切入角度。

不管是上帝赋予还是劳动赋予,在人类社会发展到一定阶段,人权都必须被认为是天然具有的。任何超越天然概念,把人权归结到更小的范围内,都可能得出有些人并不拥有人权的结论。人本身具有一个重要特性:人是一个类的存在,而人权的普遍性,与此密切相关。人作为一个类的存在,意味着具有这个类的权利。这又意味着人类的每一个成员就天然地拥有人权,不管他劳动与否。一方面,人只有作为一个类的一分子,才能成其为人;另一方面,只要是这个类中的一员,就应当享有天然人权。人权是人类个体都享有的权利,这是一种类权利。类权利源自类特性,人的类特性即人类学特性，而最基本的人类学特性，就是“相互性”。因此，关于人权的根据，“相互性”概念在逻辑上居于重要地位。

人作为一个类的存在，个体之间具有相互性。正是由于人类个体之间具有相互性，只要成为人类的一员，就有天赋人权。相互性意味着关系性，而人是一切社会关系的总和。作为关系的一方，任何关系项都不可能是独立存在的，关系的基本特性是相互性。随着信息文明的发展，人类越来越是这样一种具有复杂相互性的关系体，一个具有劳动性质的关系体。作为这样一个关系体，每个人的活动都与其他人的活动内在关联在一起，每个人的发展都处于与其他人的整体联系中。在这样一个复杂的整体关联中，人作为社会关系的总和，不仅是在人作为生物性存在和社会性存在，而且是作为信息方式存在的“此在”而言的。

在海德格尔那里，理解是此在的存在方式，因而其《存在与时间》一书的第 31 节，标题就是“作为理解的此在”。人越来越是以信息的方式存在的，因此无论作为生物体，还是信息体(作为社会存在是二者的结合)，人权都是人的类权利，只要属于这个类，就享有基本的人权。动物之所以没有这种权利，不只是简单地因为动物不是人，而是因为动物不具有人所特具的这种信息层次的相互性。而将人权在某种程度上扩大到人之外的动植物生命，一方面具有一定的伦理意义，另一方面又由于人和动植物相互性层次的不同而具有根本限制。作为一个类的存在，其他生命虽然与人的生存相联系，甚至关乎人的生存(如植物)，因而是有实在根据的，但无论如何，将人权扩大至人之外的动植物生命，都有一个限制，这个限制是由各自的相互性层次所决定的。比如动植物没有像人那样的言说需要，因而言论自由的人权不可能也没有必要扩展到动植物。而假如智能机器有一天发展到具有像人类这样的高层次信息相互性，其相应权利则是一个需要考虑的问题了。从人作为一个类的存在具有高度复杂以至出现诸如类的“尊严”层次的信息相互性这一角度，问题就不仅很有意义，而且可以挖掘得更深，因而可以使人权天赋有一个更科学合理的根据。

人权应该是普遍的，一个人只要是具有相互性的人类的一员，就拥有天然人权。而在人权讨论中，劳动之所以具有重要意义，则因为劳动作为一种越来越是信息性质的活动，在作为人这样一个类的活动中具有越来越明显的核心地位，而人的类活动在根本上就是相互性的。所以从劳动这个角度去探讨人权，以劳动创造人为根据讨论劳动人权，在大的分析框架里会有一个位置，而且是在天然人权中的重要位置。关于人权的研究，可以从关系项的非独立性导出相互性，建立劳动与人权之间的逻辑关联。

劳动创造人是就人作为一个类的进化而言的，而人类个体成为人则是社会化的产物。人类个体的社会化在一系列活动中完成，信息化的劳动则在社会化活动中处于核心地位，而随着人类劳动的信息化，不仅劳动的相互性不断增强，而且其相互性层次也不断提高。在创造性劳动中，信息层次的相互性最为典型，这一点随着信息文明的发展越来越明显。

信息文明时代的发展越来越清楚地表明，劳动是人类相互性最根本的体现，特别是创造性劳动。不仅劳动过程本身具有典型的相互性，而且创造性劳动成果的共享性质更体现了劳动这一重要性质。

二、创造性劳动的人类权利意蕴

随着人类文明的发展，劳动越来越不仅仅涉及谋生的劳动，而是越来越多地涉及人的高层次展开的创造性劳动。作为人的本真意义上的活动，创造性劳动是最符合人性的活动。成为人的第一需要的将是创造性活动，由此也可以看到马克思作为人的第一需要的劳动为什么与一般意义上的劳动有根本区别。

随着科学技术的发展，人类劳动的方式和性质在快速变化过程中，不仅人权问题，当代社会发展众多谜团的解开，尤其是通过对现有理论的反思批判推进理论的发展，最重要的领域之一正是关于劳动的研究。在当代背景中进一步展开马克思劳动概念的内在逻辑，以解决当代实践中的现实问题，至关重要。马克思的劳动概念中哪些内容可以进一步展开？这无疑是马克思主义哲学时代化的重要课题。它涉及劳动本身在形式和内容上的新发展，以及由此而带来的人和自然、人和社会、人和人之间关系的新变化。这表明，马克思主义人权研究，必须将劳动放在一个更高层次的整体中更深入地进行。

信息文明的到来，使人类劳动的量和质的区分意义日益凸显。高质劳动和低质劳动的区别所涉及的问题，甚至关系到马克思主义基本原理的时代化。而这些基本问题就与马克思主义人权理论研究密切相关。

随着信息文明的发展，由于活劳动从直接生产中的体力劳动者越来越多地变成间接生产中的脑力劳动者，劳动越来越从常规劳动转向创新劳动。与此同时，剩余价值越来越源自创新。社会必要劳动时间只是创新劳动带来剩余价值的社会相对衡量标准，考虑劳动的质成了马克思劳动价值论内在逻辑展开的重要方面。[①]随着创造性劳动的发展，劳动价值仅从劳动量的方面考虑越来越不够，因为创新与劳动量不呈正比关系。二者有必然联系，但是关系越来越弱。通过常规劳动成年累月地去做一件事，可能没有创造性劳动一个晚上的工夫所创造的价值大。当然创造性劳动可能需要长期积累，但问题的关键在于，劳动的量和质是不可公度的。由于劳动的质和量不可公度，高质劳动的价值和低质劳动的价值无法相比，其市场价格只是它们的价值在具体条件下与常规劳动量的大致比值，它由特定供需关系所决定。不仅创新劳动价值论研究成了劳动价值论创新的重要领域[②]，而且创新性高质劳动的性质，空前凸显了创造性劳动的信息性及其所创造的价值的共享性，从而凸显了劳动与人类一般意义上的活动的内在关联，大大强化了人类关系在信息层次上的相互性。

关系的相互性有强弱区别，加强这种相互性，对人类来说具有至关重要的意义。人类相互性的强化和质的提升，主要是关系的信息化带来的。而信息关系的相互性具有两个重要特征：一是对应人的高层次需要；二是具有共享性。深入分析人类劳动的信息相互性及其发展，不仅能清楚地看到创造性劳动的信息层次越来越高，而且可以从不断增强的共享性质看到其深刻的人权普遍性意蕴。

信息共享的天然本性为人类文明发展奠定了一个特殊的基础，在这一基础上，共享范围原则上可以无限扩展。随着信息文明的发展，这一点已经是越来越明显的社会

---

① 王天思：《创新劳动价值论的探索及其启示》，《哲学研究》2011 年第 3 期。

② 王天思：《创新劳动价值论和劳动价值论创新》，《学术月刊》2012 年第 12 期。

事实。在以共享为基本特征之一的信息文明时代,即使作为单纯的消费,也具有与生产的内在关联。即使是单纯的消费者,也可以在某种意义上与生产和社会发展等联系在一起,也与生产密切相关,甚至是间接参与生产的。因此,在信息文明这一共享时代,人权的根据也更为凸显。

越是高层次的信息活动成果,越具有共享的性质。作为典型的信息性创新活动,艺术创作不仅是高质劳动,而且其成果是独一无二的。如果一件艺术品完全没有别人欣赏,作者自己也可以是欣赏者。同一件艺术品,同一个人的确可以既是创作者,同时又是其唯一的欣赏者。不仅艺术品,人类的不少信息作品也具有这种意义,日记就是典型的例子。如果根据没有欣赏者就没有艺术的发展,认为艺术品的创作者和欣赏者在某种程度上享有相似的权利,那肯定有问题,因为把这个问题放大,就类似根据没有消费者就没有生产,得到生产者和消费者享有同样权利的结论。但是,即使在这样的情况下,我们也不能由此否认其中的相互性所意味着的某种程度的权利相似性。在有别人欣赏艺术品的情况下,创作者和欣赏者事实上在共享着某种东西,创作者甚至可能因此无偿地将艺术品赠送给知音,这就意味着某种由高层次信息相互性而具有的相似权利。而在一篇论文完全没有读者阅读时,情况则有所不同。一篇论文如果有人阅读但没有人受到有意义的影响,相互性仍然只是形式上的,意义非常有限。当一篇论文不仅有读者而且阅读者还由此受到启发,从而助力生产出进一步的思想,论文就发生作用了。如果进一步的思想又反馈到论文作者,从而发生相互影响、相互作用,那就构成了相互激发。在这个相互激发过程中,相互性便大大强化了。他们思考的内容相互激发越多,相互性就越强。这种强相互性不仅可以共时地进行,而且可以历时地发生。思想生产之间的历时性关系,正是人类思想发展的重要关联和机制,也正是这种共时性和历时性交错发生的相互性,构成了人类思想生产相互性最典型的案例。这一案例既表明了相互性的强弱和层次,同时也表明:作为信息活动,创造性劳动可以由于错综的相互性而非常复杂。越是高质劳动,越是高层次的创造性活动;越是建立在高层次信息相互性基础之上的创造性劳动,其成果的社会属性越强。这意味着越是建立在高层次信息相互性基础之上的创造性劳动成果,其生产的信息相互性越强,从而越具有共享的性质。

创造性劳动成果的共享性,并不是指成果的无偿共享,而是作为创造性劳动成果的价值事实上无法估量,就整个人类历史发展过程而言,其价值本身在根本上是共享的。随着人和社会的发展,人类劳动越来越是创造性活动。由于创造性劳动的信息相互性使劳动成果的社会属性越来越强,人类的劳动关系越来越广泛而错综复杂。作为创造性活动,信息文明时代信息创构的特点,日益凸显了劳动的关系性质。正是在信息文明时代,劳动作为人类创造物质或精神财富的活动得以更充分体现。在创造性劳动中,人类的相互性日益信息化,并不断强化。而在这种不断强化的信息相互性中,人的创造性劳动的发展,就越来越意味着人权的发展。

三、从创造性劳动看人的类权利

在劳动和人的发展之间,存在一种双向互动关系。一方面,劳动创造了人本身,推动着人的发展;另一方面,人的发展又推动了劳动的发展。劳动不仅仅是人对劳动对象的改造,同时也是自身的展开,因此劳动的过程同时也是劳动者的发展过程,劳动者的发展意味着其劳动的层次越来越高。人越是展开,他的活动的层次就越高,也就意味着劳动的层次越高,并且劳动的质也越高。由此可以看到一个呈螺旋式上升的重要循环机制:劳动是社会发展的原动力,同时又是人的展开,人的发展同时又使得自己的劳动不断上升到更高层次,这样,不仅劳动变得越来越复杂,而且越来越与人权及其发展关系密切。劳动概念本身之所以值得进一步探讨,也亟需深入研究,不仅在于创造性劳动关乎人的发展和社会发展的动力机制,而且与人权及其发展密切相关。

与劳动和人的发展之间的关系一样,在人的发展和社会发展之间,也同样存在这样一种至关重要的互动关系。一方面,劳动的质随着人的发展而不断提高,而劳动是社会发展的原动力,社会的持续发展在根本上依靠劳动质的不断提高。另一方面,社会发展以人为本的深层根据在于:发展归根结底是人的发展。社会的发展是人的发展,只是以社会的形式,以社会的方式实现人的发展。没有人的发展当然没有社会的发展，与此同样重要的是，没有社会的发展，也没有人的发展。正是作为一个类的发展，人的劳动才可能从谋生的必要劳动进到发展的自由劳动。

一般来说，自由劳动已经从谋生的性质转向了自身需要的性质，上升为最符合人性的创造性劳动。而与人权及其发展相联系，这里有一点非常重要：我们可以用各种方式去界定劳动，并对劳动进行分类，但对于不同劳动来说，一个原则性的区别是常规劳动和创新劳动。作为最符合人性的活动，创造性劳动本身是人的第一需要。这不仅意味着创造性劳动成果的共享性，而且关系到人的高层次展开。因此，这一点应当是我们可以作出一个原则性界定的，因为它与人的发展内在相关。就人的需要及其发展而言，这也应当是一个具有根本重要性的标准。比如法制问题，法制的目的是什么？仅仅是为了某种秩序？那么这个秩序的目的又是什么？如果其目的违背大多数人的意愿呢？那法制本身就成了问题。所以在这里，从人权角度研究是很有意义的。就法制问题而言，其目的归根结底是为了人的发展。由此，人的发展和社会的发展就有一个相对确定的标准。在社会发展中，GDP 等等是人的发展的重要条件，经济发展构成人的发展的一个重要基础，但如果 GDP 的追求不符合人的发展的长远需要，比如经济发展以环境的严重破坏为代价，这种性质的发展就对人的发展甚至生存构成威胁。如果这种破坏涉及更高层次的社会生态和信息生态，从而有损于创造性活动的进行和发展，那么就的确因为关系到人的发展而涉及人权问题了。正是由此可以看到，这方面研究的意义值得我们进一步深入认识。

劳动的确涉及人权问题，创造性活动的人权保障就是最为典型的方面之一。从人权的角度分析，劳动有两个基本的层次：一是谋生的层次，人首先必须生存；二是发展的层次，在生存条件得到基本满足的条件下，发展的权利就居于更重要的位置。事实上，由于从劳动创造人这一基本原理看，人在劳动中推进社会发展的同时，自身也得以展开，得到发展；而人的发展又使人进入更高层次的劳动，从而构成了人的劳动和人的发展的良性循环机制。在这一发展过程中，我们不仅可以看到人权发展的规律，而且可以看到人权发展的一个重要标准：创造性劳动。从人类社会发展的目前阶段看，这是一个更高层次的人权标准；而就人类发展的整个过程而言，它则应当是一个基本的人权标准。

与劳动相联系的人权越来越不仅仅涉及谋生的劳动，而且越来越多地涉及作为人的本真意义上的创造性劳动。只有最符合人性的创造性劳动，才可能成为人的第一需要。信息文明时代涌现的创客，就是创造性劳动最具典型性的代表之一。创客的劳动不仅是创造性活动，而且是日益表现为人的自由发展的劳动，更是一种具有共享性质的劳动。在这个意义上，人权更是人的自由发展的权利。对人类来说，既有基本生存，更有自由发展。而对于人的发展来说，最重要的一个标准，就与创造性劳动密切相关。这样一来，就有很多很重要的问题需要进行深入研究。我们说人权应当有个更高的标准，生存权不应当属于人权，否则就把人权降低为动物的权利，动物也有生存权。人权最重要的内容应当是人的自由发展的权利。由此可见，与人的创造性活动相联系，人权就进一步落到实地了，因为如果说创造性劳动是最符合人性的活动，是作为人的自由发展的劳动，那么，为创造性的自由劳动营造良好的社会生态环境就是人权保障的重要方面，而影响、妨碍人的创造性活动的一些因素就是跟人权相悖的。这是比生存权更高层次的、真正意义上的人权概念。这是哲学意义上的人权，它超越了单纯政治意义上人权概念的含义。信息文明的发展越来越清晰地表明，这种意义上的人权发展与信息生态密切相关。

信息文明时代正扑面而来，而创造性劳动根本上就是一种信息活动，由此就形成了自然生态和社会生态基础上的信息生态层次。怎么才能创造一个有利于劳动者的创造性劳动，从而不断解放创造力的信息生态环境；怎样营造一个有利于创造力解放和发挥的信息生态环境，这是一个关乎民族命运的问题。中国崛起不仅是经济的崛起，还要在经济发展的基础上发展文化，这就要在经济发展的基础上推动思想生产的发展。而在信息文明时代，无论物质生产还是思想生产，归根结底靠的都是民族的创造力。创造力的解放不仅仅与社会的经济文化发展相关，而且和人权关系密切，因为随着信息文明的发展，人越来越以信息方式存在。因此，建设有利于创造性劳动进行的良好信息生态，将会是越来越重要的人权保障内容。在更高层次上说，要真正维护人权，就要让越来越多的人能够充分发挥他们的聪明才智，这样就跟出版、言论等信息生态环境联系在一起。在信息文明时代,营造开放的良好信息生态环境将是对人权的基本保障。生产关系必须适合生产力发展的基本原理,在信息文明时代就表现为社会关系特别是信息生态要适合创造力发挥发展的需要。

由此得到的一些结论,无疑不仅仅在劳动人权研究领域。创造性劳动的发展,使劳动的信息相互性不断强化。随着人类劳动相互性的不断增强,劳动与人权的关系越来越密切,这正是由劳动切入马克思主义人权研究的重要意义所在。人类的相互性构成了人权普遍性的人性根据,而人类的相互性主要是信息层次的相互性。人类的创造性劳动及其成果的共享性质,则构成人权普遍性的根据。人权必须是普遍的,否则任何人都可能被认为不拥有人权。人权的普遍性是保证所有人的人权所必不可少的。在创造性劳动日益信息化的时代,人权作为一种类权利,从社会表现形式来说是以人类创造性劳动的相互性为重要根据的法律规定;而就人类需要而言,其实质则是以创造性劳动的相互性为重要根据的深层预设。这种预设是保障以相互性为基本特性的人类自身的尊严,保证人类社会公平正义所必不可少的。在人类理性中,这种预设甚至在更深层次与思维规定内在联系在一起。思维规定是人们为认识的进行和知识体系的建构奠定基础所作出的一些基础假设,既包括对客观对象的认识,也包括出自自身需要、必不可少的基本规定。正是由此可以进一步看到,劳动人权研究同时晓示了天赋观念与思维规定的内在关联。事实上,无论"天赋人权"还是天然人权,都必须是天赋观念。从人本身寻找普遍人权的根据,其意义绝不限于人权研究领域,更涉及天赋观念甚至先验性本身的研究。

四、信息的本性与人的类发展

作为感受性关系,信息不仅是理解大数据和人工智能的基础,而且是理解人类自身的更深层次基础。不同于物能并具有跟物能并列地位的信息,意味着一种不同的与人关系,其中就包括重要的价值关系。因为信息具有与物能完全不同的性质,这种不同性质在大数据特别是人工智能中得到更充分的展开。智能时代的价值观嬗变和重塑，必须在信息、大数据和人工智能的诠释循环中理解。

一方面，信息的相互性不仅是更深入理解信息、大数据和人工智能及其相互关系，而且是理解其与人的价值关系的关键环节。信息的相互性既是理解大数据和人工智能，也是理解大数据和人工智能与人的价值关系的另一重要基础，价值关系是其中的另一高层次内容。

另一方面，信息的共享性不仅是更深入理解信息、大数据和人工智能及其相互关系，而且是理解其与人的价值关系的重要层面。信息的共享性既是理解大数据和人工智能，也是理解大数据和人工智能与人的价值关系的又一重要基础，价值关系是其中的又一高层次内容。

信息本性与人的内在关系，决定了人的存在方式从主要是物能的到越来越是信息的发展。随着信息体和智能体的进化发展，物能越来越沉降为基础的地位，信息越来越上升到界面地位，物能和信息的使用地位相应发生转变。以往人们所关注的，主要是信息的物能使用或用法，现在人们的关注则主要是物能的信息使用或用法。这两种不同的使用关系，使信息的共享特性发挥到与以往不可同日而语的程度。由于物能是实体，无法共享只能分享，虽然具有共享本性的信息可以大大扩展物能分享的范围，丰富物能分享的方式，甚至使人们误以为那是物能共享，典型的例子是共享单车和共享汽车等，但实质上也只是扩展了物能历时性分享的可能，使实质上的分享更似共享。在真正意义上的共享性方面，信息的物能使用远不如物能的信息使用。信息是感受性关系，关系具有共享性，所以信息所具有的共享性使资源的利用发展到一个完全不同的阶段。信息的共享性使物能的分享效率越来越高，而信息共享的最高境界是 agent 的相互激发。这就上升到了人工智能理解和信息理解之间的更高层次。而在其中，大数据又具有重要地位，正是由此构成了人类发展的信息性质，这一点集中表现为人类信息文明整体价值把握的信息特性体现。正因为如此，整体理解信息“庐山”、大数据“世界”和人工智能之“镜”对于人的类发展更为重要。

在信息文明时代，充分利用人工智能之“镜”，使人工智能和人类智能交相辉映；深入认识大数据“世界”，下承信息基础，上启人工智能；在大数据和人工智能的开显中逐步走出信息“庐山”,从而在不断深化理解的信息基础层次进一步深入理解大数据和人工智能。这是在信息文明时代整体推进信息、大数据和人工智能以及个人、社会和整个人类发展的关键,蕴含着两个层次三者整体发展的核心机制。由此不仅可以看到信息文明理解马克思主义理论整体观照的重要性,而且可以看到信息文明发展对于马克思主义理论内在逻辑的时代展开。

随着信息文明的发展,人们才更清楚地看到马克思世界历史理论的超前性,看到世界历史的发展与人类信息文明发展的内在关联。也正是由此,我们可以看到人类解放的世界历史发展条件的成熟。“每一个单个人的解放的程度是与历史完全转变为世界历史的程度一致的。”[①]这里就涉及活动的类化,与人类作为基本特性的相互性密切相关。由此可以看到,在信息本性和马克思主义理论之间具有基本原理性质的关联。这种基本原理性质的关联,必须在马克思主义理论层次,对以人工智能为最高标志的信息文明进行整体把握,才能看得更清楚。

---

① 《马克思恩格斯选集》第1卷,人民出版社2012年版,第169页。

第 15 章　人类解放的人工智能发展前景

人工智能最重要的特征之一,就是呈现出学科一体化发展趋势。学科一体化发展趋势越明显,马克思主义理论的整体层次优势就越突出。面对当前发展形势,在马克思主义理论层次对人工智能作整体观照,不仅对于人类社会,而且对于人工智能本身的发展都具有重要意义。

在马克思主义理论和人工智能的发展之间,最重要的交汇点就是人类解放。关于人工智能和人类解放发展之间的关联,系统深入的研究既至关重要,又适逢其时,其中很多理论和实践问题亟待探索。

一、人工智能的劳动效应

随着从工具性向自主性发展,人工智能逐渐作为人类创造的劳动者,其劳动意义发生着越来越明显的社会效应。从取代人类工作的深层忧虑,到人类劳动解放的希望挑战,人工智能劳动效应的社会影响越来越大,越来越深远。

1. 人工智能取代人类工作的深层忧虑

大数据基础上人工智能的发展,带来了人工智能取代人的工作岗位的广泛担忧。一个重要伦理——甚至涉及基本生存的问题由此凸显:在个人层面,人们怎么面对自已因大数据基础上人工智能发展而失去的生活着落问题？再往深里考虑，即使生活有着落，人们怎么应对由失去工作而导致的生活意义丧失的威胁？在目前关于人工智能所将带来的问题中，这无疑是最多人担忧的严重社会问题。而在社会层面，人工智能的发展将带来人类目前所能想到的最大红利，社会如何尽可能保证人工智能发展红利的分配公平公正？在更深层次上，社会如何对待那些因此不同程度丧失生活意义的人？面对这一不久就将到来的形势，社会应当怎样做好相应的制度安排？这些问题的严重性，足以从最基本的生活需要到最高层次的生活意义寻求，全方位构成人类的现实生活具体问题和存在性风险。

人工智能将不仅快速取代人类的体力劳动，而且更快取代的是非创造性脑力劳动。而我们之所以必须劳动，并不仅仅是为了获取报酬，人工智能的发展将使这一点越来越凸显:劳动是人的类生活，劳动正是获得人的生活意义的基本方式。如果劳动被取代，那么何处寻意义？这本身就成了一个具有越来越重要意义的话题。

面对这些具体问题和存在性风险，必须在马克思主义这样一个更高理论层次理解和制定应对策略，才可能得到不仅更妥善，而且更有人类社会未来发展考虑的理解和解决。在现实发展中，马克思主义所意味着的更高理论层次，可以使我们获得更远的眼光，对人工智能发展将带来的人类生存意义及人的自由全面发展等涉及人类解放的问题，做出更深入的理论理解和实践应对。

在传统观念中，人工智能取代人的工作岗位，的确是一个人类已经开始面临的严重问题，但是从马克思主义理论层次，则反而不仅能看到转忧为喜的更深层次逻辑和根据，而且可以将以前只能远远眺望的前景看得更切近。从人类整体看，从表面上的失业威胁，不仅可以看到实质上的劳动解放现实路径，看到人类解放逻辑的深层次展开，而且可以看到比以往想象更具体从而更客观的情景。

2. 人工智能折射人类发展的悖论性处境

无论认为人类社会发展没有特定规律，还是相信人类社会与自然一样遵循一定的规律发展，人们都很难看到人类未来社会发展会进入一个悖论性处境。而借助人工智能的折射，则可以对此有一个初步的窥见。

在发展进化的相当长一段历史时期，人类只能通过不断细化的分工，谋求类的整体发展。社会分工的发展过程，无疑同时是人类逐步解放的过程，但这一过程不仅复杂，而且在一定历史发展阶段甚至包含矛盾和冲突。一方面，从个人来说，社会分工导致一些人的片面发展。"分工所造成的结果，……一方面是工人的畸形发展，另一方面是劳动活动本身的畸形发展，这种劳动活动局限于单调地机械地终身重复同一的动作。"①"就个人自身来考察个人，个人就是受分工分配的，分工使他变成片面的人，使他畸形发展，使他受到限制。"②劳动分工使一些人从自然人沦落为机器，"工场手工业把工人变成畸形物，它压抑工人的多种多样的生产志趣和生产才能，人为地培植工人片面的技巧，这正像在拉普拉塔各国人们为了得到牲畜的皮毛或油脂而屠宰整只牲畜一样。不仅各种特殊的局部劳动**分配**给不同的个体，而且个体本身也被分割开来，转化为某种局部劳动的自动的工具，这样，梅涅尼·阿格利巴把人说成只是人身体的一个片段这种荒谬的寓言就实现了。"③另一方面，就类的整体而言，社会分工又是人类解放必不可少的基本机制，没有社会分工，生产效率就不可能提高到足以提供人类社会发展到高级阶段的条件。"分工提高劳动的生产力，增加社会的财富，促使社会精美完善，同时却使工人陷于贫困直到变为机器。"④在这一发展过程中，一些社会成员获得更多发展机会的同时，总是有另一些社会成员承担着必不可少的低层次劳动。由于社会效益不断强化的分工，使这些必不可少的低层次劳动甚至越来越比原始劳动更单调，因此不仅造成异化的劳动，而且造成人的异化。更为根本的是，仅仅通过自身和辅助性工具，尽管随着社会的发展，从事自由劳动社会成员的比例在不断扩大，从事低层次劳动社会成员的比例在相应不断缩小，但由于简单劳动的不可或缺，不仅这个比例的变化是有限度的，而且二者的比例还会出现越来越"紧张"的趋势。这方面越来越多的例子，使这一发展形势越来越明显。典型的例子就是，随着社会的普遍发展，二者的反

① 《马克思恩格斯文集》第 9 卷，人民出版社 2009 年版，第 309 页。
② 《马克思恩格斯全集》第 3 卷，人民出版社 1960 年版，第 514 页。
③ 《马克思恩格斯全集》第 42 卷，人民出版社 2016 年版，第 370 页。
④ 《马克思恩格斯全集》第 3 卷，人民出版社 2002 年版，第 231 页。

比变化使保姆越来越供不应求。

今天我们看到,人工智能有希望解决类似问题。正是人工智能的折射,可以看到人类发展的某种悖论性处境:没有谋生的劳动,人类就不会有自由劳动的发展,但自由劳动的普遍发展,又意味着谋生劳动的消灭;而没有了谋生的劳动,自由的劳动就将不再自由,至少人的劳动不完全自由。也就是说,就人类自身和仅仅借助工具,没有谋生的劳动,就没有自由劳动;而人类自由劳动的普遍实现,又意味着自由劳动失去谋生劳动的支撑。人类的选择只能是:要么谋求自由劳动的普遍发展而失去谋生劳动的支撑;要么不谋求自由劳动的普遍发展。前一个选择的结果将是适得其反;后一个选择现实可行,但与人类发展理想和目标相悖,因为这意味着,人类虽然会有越来越多人获得从事自由劳动的机会,但永远不可能摆脱部分人承担不自由劳动的命运,而这又与人类发展规律构成悖论性处境:作为一个类,人类在寻求自身解放的过程中,总是必须以牺牲部分人的自由发展为代价,而人类发展的规律又决定了"每个人的自由发展是一切人的自由发展的条件"①,而这一经典命题的最好注脚,就是"无产阶级只有解放全人类才能最后解放他们自己"。也就是说,所有人的自由发展,必须以每个人的自由发展为前提。只要有人没有得到自由发展,就不会有所有人的自由全面发展。这是人类解放和人的自由全面发展的基本机制和原理。因此结论只能是:仅凭自身,无论借助动物还是工具性的机器,人类都永远不可能发展到整个类自由发展的历史阶段。——这似乎是一个悖论丛生的人类发展处境。

面对人类发展这一悖论性处境,我们可以有两个选择:一是否定马克思主义经典作家的上述原理;二是寻求证实这一基本原理的当代根据,而这必定涉及走出人类发展上述悖论性处境的具体路径。

由当代科学技术的发展所造就,时代的伟大正体现于这样一个特殊的历史环节:走出这一似乎悖论丛生的人类发展处境,两个似乎方向和结果都相反的选择,不仅不是二选一的传统课题,而且二者都与当代发展的前沿动态联系在一起,集中体现为与

① 《马克思恩格斯选集》第1卷,人民出版社2012年版,第422页。

人工智能密切相关。

3. 人工智能预示着劳动的真正解放

当代信息科技的发展,使人们可以看到超越人类发展这一悖论性处境的前景:劳动异化的人工智能扬弃。人工智能从专用到通用的发展,可以形成一个从工具性智能机器到类人智能机器这样一整个系列。不同层次的专用人工智能和通用人工智能承担不同层次的劳动。由于专用人工智能是工具性的存在,在生产中不存在劳动的异化问题,从而劳动分工的问题就由造成劳动异化的根源,变成了多样化的专用人工智能的系列布局,人类乃至通用机器智能都从劳动细化分工中解放出来,主要甚至仅仅从事最符合人的本性的创造性信息活动,异化劳动为人工智能所扬弃。事实上,只要人类社会必须有生产基本物质生活资料的生产劳动,人工智能的发展就是人类劳动异化扬弃的唯一可能方式。人类劳动的异化是没有办法只靠自己解决的,必须依靠人工智能从专用到通用,直至自主进化的发展。

毫无疑问,在消灭分工和促进人的自由全面发展过程中,人工智能具有特殊地位和重要意义。随着人工智能的发展,社会分工将出现新的动向。正是由此可见人工智能发展对人类社会分工意味着什么,可见人工智能之于人类劳动解放的重大意义。

社会分工是一个从被动分派到主动选择的系列。典型的被动分派是强制,之所以能强制人工作,主要是因为谋生甚至生存的需要;典型的主动选择是去做自己最想做的事,之所以工作成了自己最想从事的活动,则是因为符合人的本性的活动是人的第一需要,而这正是社会分工导向人类解放的具体机制。不管人类社会发展到什么程度,总是会存在相对于不同发展程度的低层次劳动,总是会存在不是有人出于内在需要选择的工作,人工智能正可以在最大程度上代替被动分派给人的工作,使人类最大程度进入主动选择形成的社会分工。有鉴于此,关于劳动分工的时代发展,应根据马克思的相关论述重新阐释。

在《资本论》经典著作中,马克思讨论到分工包含自我扬弃的因素,由此涉及“消灭分工”从而实现人的自由全面发展。由于分工的发展,“大工业的本性决定了劳动的变换、职能的更动和工人的全面流动性”。[①]在《哲学的贫困》中，马克思谈到了自动工厂：“现代社会内部分工的特点，在于它产生了特长和专业，同时也产生职业的痴呆。……自动工厂中分工的特点，是劳动在这里已完全丧失专业的性质。但是，当一切专门发展一旦停止，个人对普遍性的要求以及全面发展的趋势就开始显露出来。自动工厂消除着专业和职业的痴呆。”[②]在人工智能发展条件下，关于“旧式分工”和新式分工之间区别的理解，可以大大深化。人工智能发展过程中出现的“逆分工”现象，正是这方面的端倪初露。

与科学发展的一体化相适应，人工智能的发展使社会发展出现“逆分工”现象，劳动在复杂变化中呈现从区分走向融合的某些端倪，甚至在一定程度上出现从分工走向融合的现象。虽然其中很多确实属于“虚假”现象，但由于人工智能的发展，劳动分工逆转越分越细的趋势，出现细化分工的劳动越来越由人工智能承担，人类劳动越来越处于更高整体层次确实是客观趋势。由于人工智能在生产中的普遍应用，智能化工厂乃至整个企业的分工发生历史性变化。由于人工智能的发展和在各个领域越来越普遍的应用，一方面，物能性劳动逐渐为人工智能所承担，人类所从事的越来越是信息性劳动，以往那种与精神劳动相分离的单纯物能性人类劳动已经越来越少，并终将由人工智能所代劳，即使物能产品的生产者，也同时是从事信息性劳动产品的创造者。另一方面，以往与物能劳动相分离的管理等劳动也都信息化，融合在生产各环节，不再是与直接生产相分离的劳动形式。当物能性劳动完全由人工智能承担，人类将从物能性劳动中解放出来。由于在信息层次，信息性劳动超越了以往物能劳动和精神劳动相分离的历史发展阶段，信息性劳动具有比物能性劳动越来越高的整体层次，从而真正开启了人的自由全面发展的全新历史时期。

人工智能的发展，本身是社会分工带来的结果，它又极大地改变了人类劳动分工的发展乃至性质，二者构成了社会发展的一种重要机制。正是在这个意义上，不仅可以进一步深化对社会分工的理解，而且有必要关注和研究劳动的更深层次分化以及这

---

① 《马克思恩格斯文集》第 5 卷，人民出版社 2009 年版，第 560 页。

② 《马克思恩格斯选集》第 1 卷，人民出版社 2012 年版，第 249 页。

种分化的重要人类解放前景。

二、人类生存意义的人工智能挑战

人工智能的当代发展，让越来越多的人真切地感受到工作岗位被取代的现实性，人们这才意识到，在解放人类劳动的同时，也将相应带来人类生存意义的严峻挑战。

1. 生活意义的拷问

在劳动逐渐解放的人类历史发展阶段，劳动的解放实际上并不像在没有解放的劳动中想象的那般浪漫。自由时间不仅并不意味着与不自由劳动相比的轻松愉快，而且可能相反，用于发展的时间意味着更高层次的意义寻求。这是一个低层次需要不再成为人的生活意义来源的发展过程，在这个过程中，要求有新的更高层次需要驱动人类活动，提供生活意义的来源。也就是说，人的解放意味着劳动的解放，而劳动的解放带给人的，绝不是想象中无所事事的轻松愉快，所面临的将是生活意义的更高标准和要求。毫无疑问，劳动的解放为人类生活意义展开了广泛的可能性空间，但对于没有做好准备的人来说，要么面临生活意义的严厉拷问，要么降入失去人类生活应有意义的人群。

以人工智能为重要标志的信息科技发展，意味着人类劳动由物能性活动向信息性活动转换。在人类劳动发展过程中，物能性劳动主要表现为体力劳动，信息性劳动主要表现为脑力劳动。随着信息文明的发展，二者之间具有越来越大的不同。体力劳动能力几乎是与生俱来的，而信息性劳动能力则几乎完全由后天教育学习获得。面对信息性劳动，人类将面临全新的处境。获得信息性劳动能力本身，对于人类就是需要付出更多努力的事情，而信息性劳动所意味着的创造性，则大大提高了人的生存意义标准，生活意义的标准越来越与劳动的创造性密切相关。

正是人工智能发展所带来的劳动解放，将迎来一个劳动即创造的时代。人工智能的发展日益取代人类的非创造性劳动，人类劳动越来越是创造性活动。随着无人工厂的出现，人工智能不仅承担所有物能性劳动，而且使环境越来越智能化，其结果是人类越来越主要与信息打交道。人类信息创意的人工智能物能实现(无人工厂),将带来物信息化和信息物化的加速循环。从创新1.0到创新2.0,从劳动1.0到劳动2.0,人类将进入一个主要以信息方式存在的时代。作为其重要结果,物能所具有的基础意义上的重要性永恒存在,信息所具有的界面意义上的重要性却日渐凸显。创造是最符合人性的活动,而创造活动实质上都是信息活动。正是人类生存的意义将上升到创造性层次,创造性劳动将成为人类生存的更高层次标准,从当下人类的存在状态,可以看到挑战的极端严峻性。由于信息性劳动和物能性劳动的价值差异,即使从当下物能性劳动和信息性劳动产品价值的不同性质,也可以看到将构成什么样的更高层次挑战。

2. 生存意义的分化

由于物能和信息的不同本性,物能性劳动和信息性劳动产品的价值具有重大区别。物能性劳动产品的价值主要由劳动的量衡量,对于单纯的物能产品来说,价值量虽然有大有小,但正常的劳动产品总有其价值,不管劳动生产率有多大差别,生产出来的粮食总有其一定价值;而对于信息性劳动产品而言,情况就完全不同,由于信息性劳动产品的价值主要由劳动的质衡量,价值不仅有量的大小,而且由于质的层次性和信息产品使用的社会共享性质,可以体现为正负价值。同类信息产品,一个产品在质上一旦有创新性提升,其他所有同类产品就可能面临淘汰,结果不仅完全失去价值,而且往往因产品处理反而还必须有额外的成本付出。从当代信息产品越来越频繁的更新换代,就可以看到最常见的生动说明。理解和迎接这种发展形势,必须在马克思主义这一更高理论层次作整体观照。

如果把人工智能、大数据和信息作为一个整体考察,关于人工智能的理解将大大深化。基于大数据的人工智能应用与人类命运的关联是极端情景,在通常的理论和实践问题中,基于大数据的人工智能发展给人类带来的生活意义问题,则是最基本的。在更深层次上,这个重要问题与大数据本身的意义问题联系在一起。

由于大数据实时反映了人的需要及其发展,因而动态地与人的需要相关联;由于人的本性就是人的需要,人的需要又决定了人生存意义的层次,因而关于大数据相关关系的理解与人的生存意义密切相关。大数据相关关系的价值何在不仅取决于大数据本身和数据挖掘者的素养,更取决于对人的需要及其发展的理解和把握。同样一个大数据,同样的相关关系,在有的人眼里是一堆垃圾,毫无价值;而在另一些人看来则可能是一座金山,价值连城。随着大数据的发展,这一事实会越来越触目惊心。正是这些大数据相关关系的价值与人的智慧的关联,的确可以说这是一个智慧的时代;由于哲学与智慧相连,因而在一定程度上也可以说是一个哲学的时代。从这个角度看,有一天我们的确会发现人群分化出了标志着两极的两类人,一类人生产意义,另一类人消费意义。一方面,万物都在数据化,都是数据化的对象。作为数据化的对象,人固然有其意义,但其意义不取决于自己,而是取决于意义生产。只是这种分化所产生的可能不是绝然两分的两类人,而更可能是这样一个人群系列:一极是典型的生产意义从而拥有更高层次意义的人;另一极则是典型的单纯消费意义从而因意义层次相对降低而不同程度丧失生存意义的人。人群的这种分化会非常之快,失去意义意味着只能在社会上消费,有人把这表述为"无用阶层连剥削的价值都没有了"。而在理论上真正到位的阐述,早在《资本论》中就有所论及。谈到当时的大工业生产,马克思就已深刻论及:在工人的"局部职能变成过剩的同时,他本身也变成过剩的东西"[①]。不能参与生产意义的人,其利用价值就是消费过程被数据化,但其消费所具有的意义就与生产意义完全不同了。而这里所隐含着的,则是一个人类必须面对新的社会生产方式,甚至更深层次上的存在方式问题。

从物能性劳动和信息性劳动的不同,可以看到信息产品和物能产品性质的根本区别;而从劳动产品性质的根本区别,又可以看到劳动者地位的根本变化。正是从劳动者地位的变化,可以看到劳动解放条件下人类生存和生活意义的根本分化。

3. 劳动的意义考量

劳动解放条件下人类生存和生活意义的分化,根本原因在于创造是最符合人性的活动,而在劳动即创造的时代,这一点有了充分展开的时代条件。劳动即创造具有非同寻常的生活意义意蕴:随着人工智能的发展,劳动将回归人的本真活动。人工智能

---

① 《马克思恩格斯文集》第5卷,人民出版社2009年版,第560页。

的发展意味着人的体力劳动甚至体力本身意义递减,而脑力劳动的意义则呈几何级数剧增。这样一种发展形势,对于人类的影响将是历史性的。不能生产意义就只能消费意义;只能消费意义可能会被满足需要型环境所吞噬。由于大数据基础上的创构以人的需要为出发点,以人的需要的满足为最终目的,人造环境不仅越来越鸦片化,而且越来越主动化,主动迎合人的欲望,使人类低层次需要处于自然满足状态,从而不再是生活意义的来源。劳动的解放和解放的劳动不仅将把生活的意义问题全面呈现在人类面前,而且将使人类逐步进入自己创造的智能环境。与此同时,劳动的价值性将逐渐转向劳动的意义化。传统劳动以价值考量为主,创造性劳动以意义考量为主。从劳动价值到劳动意义的转化,使人类劳动成为本真意义上的活动,同时也使人面临人类发展史上最严峻的意义拷问。

由于人越来越以信息方式存在,在这一发展过程中,必定分化出主要以信息方式存在和主要以物能方式存在的人和人之间新的区别。由于信息和物能性质的根本不同,人的这两种存在方式有重大分化,两类人之间的差异会变得非常之大,以致不仅生活趣味有重要区别,而且基本感受性都甚至可能趋向绝缘。这无疑会增加人和人之间的分离,直到所有人都主要以信息方式存在。就人类整体发展而言,这是大势所趋;而对一些个人来说,可能就意味着存在性威胁。

人工智能的发展给人类带来的具体生活问题和存在性威胁,不仅有负面的,而且有正面的。具体生活问题是正面的还是负面的,取决于个人的发展。负面的威胁是对整个人类,而正面的威胁则只是对人类的部分成员。所谓人工智能发展给人类带来的正面威胁,主要指的是实质上可以转化为具有积极意义的挑战。典型的比如人工智能超越人类部分成员的能力,对这些成员存在价值构成挑战。最为明显的事实是,随着人工智能的发展,哪怕还没有达到具有自我意识的通用人工智能发展阶段,只是专用人工智能大大超越人类能力,“大多数人都可能不再具有……经济上的价值”[①]。因此在更深层次涉及人工智能发展条件下人类生存的意义,甚至人类如何生存本身这样一

---

① 尤瓦尔·赫拉利:《未来简史》,林俊宏译,中信出版社 2017 年版,第 279 页。

系列严重问题。这些问题,正典型涉及人工智能发展风险应对的马克思主义理论层次研究,特别是关于真正的人类历史的更具体理解。

三、真正人类历史的人工智能开启

人工智能的发展,更具体地晓示了人类发展的前景。在人类解放前程中,可以越来越清楚地看到:人工智能在开启真正的人类历史。

1. 人工智能展示了人类解放的现实路径

至少就目前为止所能看到的而言,人工智能的发展是人类整体自由发展的唯一现实途径。整个人类的解放,必须借助人工智能的发展才有可能。从专用人工智能到通用人工智能的系列发展,集中体现了人工智能对于人类解放的意义。人工智能的发展将不仅为整个人类自由发展创造条件,而且将使人类进化到更高层次,其方式主要有两种:专用人工智能的发展和通用人工智能的进化。

专用人工智能的发展可以生产出作为工具的人工智能,以此解决人类整体自由发展低端不自由劳动必须有 agent 承担的问题。而通用人工智能的发展,则能够与各个层次的专用人工智能相结合,形成真正的无人工厂,满足人类和类人智能的需要,构成其自由发展的基础条件。因此,人工智能的发展策略可以是从专用人工智能到通用人工智能,直至人机融合智能一整个系列。越是前者越是工具性人工智能,越是后者则越是目的性人工智能。不同发展阶段的智能体具有不同的地位:从人类工具到通用机器人,直至人机融合智能体,也就是从劳动的解放到人类解放,再到人类更高层次的发展。

随着人工智能的发展,人类劳动成了一个内涵越来越丰富,因而也越来越需要深入探索的话题。人类在由以物能活动为主向以信息活动为主转换的历史时代,关于劳动的研究的确越来越重要。

在漫长的发展过程中,劳动创造了人。信息文明是劳动大变革的时代,劳动不仅在更高层次推动人的发展,而且人的创造性劳动解放了人。人工智能的发展,日益取代了人类的工作岗位，使人类节约了越来越多的劳动时间。“节约劳动时间等于增加自由时间，即增加使个人得到充分发展的时间，而个人的充分发展又作为最大的生产力反作用于劳动生产力。”①在这样的发展条件下，人们确实可以“原来，当分工一出现之后，任何人都有自己一定的特殊的活动范围，这个范围是强加于他的，他不能超出这个范围：他是一个猎人、渔夫或牧人，或者是一个批判的批判者，只要他不想失去生活资料，他就始终应该是这样的人。而在共产主义社会里，任何人都没有特殊的活动范围，而是都可以在任何部门内发展，社会调节着整个生产，因而使我有可能随自己的兴趣今天干这事，明天干那事，上午打猎，下午捕鱼，傍晚从事畜牧，晚饭后从事批判，这样就不会使我老是一个猎人、渔夫、牧人或批判者”。②“在所有的人实行明智分工的条件下，不仅生产的东西可以满足全体社会成员丰裕的消费和造成充足的储备，而且使每个人都有充分的闲暇时间去获得历史上遗留下来的文化——科学、艺术、社交方式等等——中一切真正有价值的东西。”③这使人们真正看到了人类解放实现的现实方式。正是人工智能所带来的无人工厂普遍出现，才真正使社会的物质财富大量涌流，才使人类真正从物能的压迫中解放出来，在中国传统文化的观念中，就是从“人为物役”时代发展到“物为人役”的时代，从而人得以充分展开作为信息方式的本真存在。也正是在人类解放这一更高整体层次，我们才能看到人工智能与人类发展的根本关系，才能在人工智能发展的具体问题和存在性风险应对中，将规则落实到相应规律的基础之上，制定出合理有效并不断根据现实发展调整的应对策略，既不因噎废食，又现实可行；人类不仅不担忧人工智能的发展，而且期盼并努力促进人工智能的发展，以早日带来自己的普遍解放。而从个人层面看，则由于人工智能发展所带来的人类普遍解放，每个人的自由全面发展才真正具备了物质和社会条件，人的生存和生活意义才有了上一个新的层次的基础。

由于人工智能的广泛发展和应用，人类社会会发展到一个更高层次。人工智能的

① 《马克思恩格斯全集》第 31 卷，人民出版社 1998 年版，第 107—108 页。

② 《马克思恩格斯选集》第 1 卷，人民出版社 2012 年版，第 165 页。

③ 《马克思恩格斯选集》第 3 卷，人民出版社 2012 年版，第 199 页。

强大力量为人所用，引发了对未来人类政治制度的关注，赫拉利认为未来的政治制度“既非民主，也非专制”①。一些研究则不无担心地认为，人工智能的发展可能会使人类向专制社会回归。“人工智能可能带来新的专制社会，会威胁民主制度。”②这无疑是人类必须全面深入研究的重要问题。从人类信息存在方式的发展，可以看到一个更乐观的前景。物质生活压力越来越小的人类，不会因为一个组织的垄断失去个人存在的意义。正像创客们现在正在做的那样，他们发动几个志同道合的同伴，一起在车库里进行创构活动，就能寻获自己的生存意义。这也正是在去中心化条件下，每个人充分发展的一个非常有利方面。只是在信息文明条件下，人们必须随着科技社会的发展而不断提升自身的创造能力，而这正意味着人的自由全面发展。

正是人工智能的发展，为人类自由发展创造了必不可少的条件。人工智能的发展不仅使人类从被迫的劳动中解放出来，而且通过人机融合，为人类自由发展提供了新的可能性。

2. 人工智能之“镜”和人的自由全面发展

在哲学上，“认识你自己”既是人类最艰难的课题，也是人类更高层次发展的重要前提。作为个体，人类总是通过将自己面对的存在作为镜子认识自己。通过物能这面镜子，人类认识自己作为物能存在的身体；通过草木和动物这面镜子，人类认识自己的生命特性和动物本能；通过他人这面镜子，人类认识自己的心理奥秘、精神世界和社会本性；透过人工智能这面镜子，人类则不仅得以与另一个类构成观照，而且让自身反思有可能达到一个更高层次，实现对自身认识新的层次性超越。人是一个类的存在，一个以生物为智能载体的人类。对于作为生物智能的人类，机器智能及其发展无疑不仅给人类提供了一面更高层次的特殊镜子，而且提供了人类发展的新的重要基础。从人工智能之镜，不仅可以得到人工智能的人类发展启示，而且可以获得人作为一个类的自由全面发展必不可少的前提性基础。

作为人类的一面镜子，人工智能对于人类发展的启示是多方面的。不仅目前人工

① 尤瓦尔·赫拉利：《未来简史》，林俊宏译，中信出版社 2017 年版，第 344 页。

② 赵汀阳：《人工智能会是一个要命的问题吗？》，《开放时代》2018 年第 6 期。

智能发展的成就,对于人类自身认识的深化构成了具有重要张力的互动,甚至其发展瓶颈,也能给人类自身认识以深刻启示。DeepMind 最近研究表明,深度学习的"分布强化学习"也是人脑的学习机制①,就是前者最新的重要例子;而目前人工智能不能达到类人理解能力的关键瓶颈,则是后者的重要例子——缺乏具体的类特性——这与人的类解放密切相关。

3. 人的类解放的人工智能启示

对于人工智能这个类,当然也可以概括出抽象的类特性,但人工智能到目前为止不具有人类所拥有的具体的类特性,或个体间的类群关联。这是目前人工智能与人类智能的关键区别,这一关键区别对人类自我认识的启示是非常深刻的:真正的通用智能一定是在一个类群中生成进化的。对此,凯文·凯利有一个观点至关重要:"(在生物学意义上)非群体系统不能进化。"②人类智能在根本上是一个类的存在,个体只是在不同层次分有人类的智能。在这里,启示是相互的。没有类群关系,就不会有语境,没有语境就不可能有类人理解,从而也就不可能有通用智能;正是从目前人工智能与类人智能的关键区别,可以看到人类所具有,人工智能所缺乏的个体间相互性,并由此看到作为人类学同时也是信息基本特性的相互性。

作为人类学基本特性,相互性也是通用人工智能必须具有的。相互性不仅关系到人机融合进化,从而关系到人类更高层次的发展和人的更高意义存在,而且与人的类解放密切相关。对于人类解放来说,人工智能的意义具有历史性。因为正是——目前也只能看到——人工智能的发展,可以让人类走出自身发展悖论丛生的处境。

令人叹为观止的是,马克思主义经典作家上述关于人类解放和人的自由全面发展基本机制和原理的远见,现在可以在信息的本性中找到深刻根据:信息需要满足乃至产生的共同性。信息的相互性,决定了信息需要具有物能需要所没有的共同性。人吃

---

① Will Dabney, Zeb Kurth-Nelson, Naoshige Uchida et al., A Distributional Code for Value in Dopamine-based Reinforcement Learning, *Nature* 577, 671—675(2020).

② Kevin Kelly, *Out of Control: The New Biology of Machines, Social Systems & the Economic*, World-Basic Books, 1995, p.22.

面包满足自己的食物需要，可以一个人独自满足，太多人分享反而可能影响自己的满足程度；而人要满足和特定人群直接通电话的信息需要，必须所有人都拥有电话才可能，更为重要的是，不仅其中任何一个个体要得到电话通信信息需要的满足，必须使这个群体中的其他人有相应的满足，而且这种信息需要的满足必须是同时实现的。信息的相互性，使人的信息需要具有满足乃至产生的共同性。这不仅与人的类特性密切相关，而且是人类个体之间关系的基本原理。总之，人工智能发展的渐次展开充分表明，正是作为信息的基本特性，相互性决定了人的信息需要产生和满足的共同性。越是高层次的信息需要，越必须在合作中才能获得共同满足；要么都得到需要的满足，要么都得不到满足。不仅需要的满足，而且需要的产生和发展也是共同的，情感和很多社会需要就已经明显是人和人共同的相互需要。由于信息需要的满足和产生具有共同性，在信息需要满足和发生的共同性与人的自由全面发展之间，具有基本原理层次的关联。

人工智能的发展将迎来人类解放，意味着人类存在的更高意义层次，但人类解放并不意味着瞬间进入天堂，那不是一个打开大门拥入天堂尽情享乐的简单过程，而是真正的人类历史的开始。这是一个人类生活从自然拥有意义到人为寻求意义的过程，一个进入人的本真存在的过程。人的本真存在意味着人的存在层次的提升，人类解放只是为这种提升提供了必不可少的前提性条件。正是人工智能的发展，为人类进入真正的人类历史，为人的本真存在——人真正作为人存在——奠定了基础，开辟了现实路径和广阔天地。这既是人类认清人工智能和人类发展的关系，也是人工智能发展问题和风险人类应对的基本根据，既包括人工智能发展给人类带来的具体问题，也包括其所带来的存在性风险①。这充分表明，在马克思主义人类解放学说这一更高理论层次，人工智能发展给人类带来的具体问题可以得到更合理的理解和解决；人工智能发展对于人类的意义也可以看得更清楚：人类将由此步入——而且是刚刚步入自己真正的历史。

---

① 王天恩：《人工智能存在性风险的伦理应对》，《湖北大学学报》（哲学社会科学版）2020 年第 1 期。

主要参考文献

一、中 文 部 分

《马克思恩格斯选集》第1—3卷,人民出版社2012年版。

《马克思恩格斯文集》第5、9卷,人民出版社2009年版。

《马克思恩格斯全集》第3卷,人民出版社1960年版。

《马克思恩格斯全集》第3卷,人民出版社2002年版。

《马克思恩格斯全集》第31卷,人民出版社1998年版。

《马克思恩格斯全集》第42卷,人民出版社2016年版。

《马克思恩格斯全集》第44卷,人民出版社2001年版。

丹尼尔·贝尔:《后工业社会的来临——对社会预测的一项探索》,高銛等译,新华出版社1997年版。

《狄德罗哲学选集》,江天骥、陈修斋、王太庆译,商务印书馆1997年版。

福柯:《规训与惩罚:监狱的诞生》,刘北成等译,三联书店1999年版。

高盛:《2017人工智能报告中文版》,2017年。

凯文·凯勒:《失控》,张行舟等译,电子工业出版社2016年版。

马克·波斯特:《信息方式——后结构主义和社会语境》,范静华译,商务印书馆

2000 年版。

王天恩:《哲学描述论引论》,上海人民出版社 2009 年版。

邬焜:《信息哲学问题论辩》,西安交通大学出版社 2008 年版。

肖峰:《信息的哲学研究》,中国社会科学出版社 2018 年版。

《荀子·修身》,中华书局,2018 年。

尤瓦尔·赫拉利:《未来简史》,林俊宏译,中信出版社 2017 年版。

雨果·德·加里:《智能简史》,胡静译,清华大学出版社 2007 年版。

钟义信:《信息科学原理》(第五版),北京邮电大学出版社 2013 年版。

陈忠:《信息究竟是什么?》,《哲学研究》1984 年第 11 期。

蔡自兴:《艾真体——分布式人工智能研究的新课题》,《计算机科学》2002 年第 12 期。

曹劲松:《论信息伦理原则》,《江西社会科学》2003 年第 10 期。

陈强、余伟:《英国创新驱动发展的路径与特征分析》,《中国科技论坛》2013 年第 12 期。

陈曙:《信息生态研究》,《图书与情报》1996 年第 2 期。

成素梅:《信息文明的内涵及其时代价值》,《学术月刊》2018 年第 5 期。

戴维·申克:《信息烟尘》,江西教育出版社 2001 年版,第 175 页。

段伟文:《人工智能的道德代码与伦理嵌入》,《光明日报》2017 年 9 月 4 日。

弗洛里迪:《信息哲学的若干问题》,刘钢译,《世界哲学》2002 年第 4 期。

高新民、张文龙:《自主体人工智能建模及其哲学思考》,《自然辩证法研究》2017 年第 11 期。

何云峰:《劳动人权马克思主义散论》,《上海师范大学学报》(哲学社会科学版)2016 年第 3 期。

胡振华、杨琼:《创新驱动的双重路径与后发赶超》,《学习与实践》2014 年第 5 期。

韩义雷:《大数据时代,"拥有"正在被"使用"代替》,《科技日报》2015 年 6 月 12 日。

嵇立群:《农业文明与信息文明的同质性》,《经济学家》2001 年第 3 期。

柯健等:《我国信息生态研究综述》,《情报科学》2016 年第 10 期。

李海鹰:《信息文明论纲》,《天府新论》2006 年第 5 期。

李振京、张林山:《“十二五”时期科技体制改革与国家创新体系建设》,《宏观经济管理》2010 年第 6 期。

刘强、曾民族:《信息构筑体系及其对推动信息服务业进步的影响》,《情报理论与实践》2003 年第 1 期。

马克:《创新驱动发展:加快形成新的经济发展方式的必然选择》,《社会科学战线》2013 年第 3 期。

秦殿启:《论叙事学理论对信息学研究的启发》,《情报杂志》2000 年第 3 期。

沙勇忠、高海洋:《关于信息消费的几个理论问题》,《图书情报工作》2001 年第 5 期。

王天恩:《试论因果结构》,《中国社会科学》1991 年第 1 期。

王天恩:《存在方式、思维方式和行为方式的互动结构》,《求实》2003 年第 3 期。

王天思:《创新劳动价值论的探索及其启示》,《哲学研究》2011 年第 3 期。

王天思:《创新劳动价值论和劳动价值论创新》,《学术月刊》2012 年第 12 期。

王天恩:《大数据中的因果关系及其哲学内涵》,《中国社会科学》2016 年第 5 期。

王天恩:《论道德教育的根本途径》,《思想理论教育》2017 年第 4 期。

王天恩:《大数据将把人类带进怎样的新世界?》,《解放日报》2017 年 8 月 29 日。

王天恩:《人类信息文明时代的相互性叠加》,《中国社会科学报》2017 年 10 月 10 日。

王天恩:《人工智能的发展和人类文明的走向》,《中国社会科学报》2017 年 11 月 7 日。

王天恩:《重新理解“发展”的信息文明“钥匙”》,《中国社会科学》2018 年第 6 期。

王天恩:《马克思的哲学革命及其内在逻辑的当代展开》,《江西师范大学学报》(哲学社会科学版)2019 年第 1 期。

王天恩:《创构时代的思维规定》,《南国学术》2019 年第 3 期。

王天恩:《人工智能存在性风险的伦理应对》,《湖北大学学报》(哲学社会科学版)2020年第1期。

肖峰:《信息生态的哲学维度》,《河北学刊》2005年第1期。

肖峰:《基于技术哲学视野的信息文明特征》,《东北大学学报》(社会科学版)2015年第1期。

肖峰:《信息文明的本体论建构》,《哲学分析》2017年第4期。

肖峰:《论作为哲学对象的“信息文明”》,《学术界》2016年第8期。

杨文祥:《论信息文明与信息时代人的素质——兼论信息、创新的哲学本质》,《河北大学学报》(哲学社会科学版)2001年第1期。

约翰·希利·布朗、保罗·杜奎德:《信息的社会层面》,商务印书馆2003年版,第5页。

张蕾:《中国创新驱动发展路径探析》,《重庆大学学报》(社会科学版)2013年第4期。

张青松:《信息文明建设的哲学思考》,《理论探讨》1997年第4期。

马士成:《信息产业努力创信息文明》,《群众》1994年第10期。

张晓第:《创新驱动在转变经济增长方式中的理论与实践探索》,《经济研究导刊》2008年第3期。

赵汀阳:《人工智能会是一个要命的问题吗?》,《开放时代》2018年第6期。

二、西 文 部 分

Alex Stephany, *The Business of Sharing*, New York: Palgrave Macmillan, 2015.

Alexei L. Eryomin, Information Ecology—A Viewpoint, *International Journal of Environmental Studies*, Vol.54, no.3—4, 1998, pp.241—253.

Alfons Josef Schuster, eds., *Understanding Information*, *From the Big Bang to Big Data*, Springer International Publishing AG 2017.

Andrzej P. Wierzbicki, Technology and Change: the Role of Information Technology in Knowledge Civilization, *Journal of Telecommunications and Information Technology*, No.4, 2006, pp.3—14.

Bonnie A. Nardi, Vicki L. O'Day, *Information Ecologies: Using Technology with Heart*, MIT Press Cambridge, 1999.

Charles Cole, *The Consciousness' Drive: Information Need and the Search for Meaning*, Springer International Publishing AG, part of Springer Nature, 2018.

Chris Anderson, *The End of Theory: The Data Deluge Makes the Scientific Method Obsolete*, Wired, June, 2008.

Claude E Shannon, The Mathematical Theory of Communication, *The Bell System Technical Journal*, Vol.27, July, October, 1948, pp.379—423.

Daniel Bell, *The Coming of Post-Industrial Society: A Venture in Social Forecasting*, Basic Books, 1973.

David Nicholas, *Assessing Information Needs: Tools, Techniques and Concepts for the Internet Age*, Second edition, the Taylor & Francis, 2005.

Donald O. Case, *Looking for Information: A Survey of Research on Information Seeking, Needs, and Behavior*, second edition, Elsevier Ltd. (USA), 2007.

Fredric Jameson, *The Political Unconscious*, Cornell University Press, 1981.

Farhang Rajaee, *Globalization on Trial, The Human Condition and the Information Civilization*, Kumarian Press, 2000.

François Dupuis & Joëlle Noreau, The Sharing Economy: A Black Box, *Desjardins Economic Studies*, Volume 26/November 2016.

Gereon Meyer, Susan Shaheen, *Disrupting Mobility: Impacts of Sharing Economy and Innovative Transportation on Cities*, Berlin: Springer International Publishing, 2017.

Giuseppe Longo, *Information Theory: New Trends and Open Problems*,

Springer-Verlag Wien, 1975.

Harris K., Information Ecology, *International Journal of Information Management*, 9(4) 1989, pp.289—290.

Henrique Schneider, *Creative Destruction and the Sharing Economy, Uber as Disruptive Innovation*, Cheltenham: Edward Elgar Publishing Limited, 2017.

Irene B. Hoadley, Access vs. Ownership: Myth or Reality, *Library Acquisitions: Library Acquisitions Practice & Theory*, 1993, Vol.17, pp.191—195.

Jean-François Lyotard, *The Differend: Phrases in Dispute*, Georges Van Den Translated, University of Minnesota Press, 1988.

Joshua Meyrowitz, *No Sense of Place: The impact of electronic media on social behavior*, Oxford University Press, 1986.

Jozsa, Richard. Illustrating the Concept of Quantum Information. *IBM Journal of Research and Development*, 2004, 4(1), 79—85.

Karl Leidlmail. From the Philosophy Technology to a Theory Media, *Philosophy & Technology*, Vol.4, No.3, 1999.

Kevin Kelly, *Out of Control: The New Biology of Machines, Social Systems & the Economic*, World-Basic Books, 1995.

Ludwig Wittgenstein, *Tractatus Logico-Philosophicus*, Routledge & Kegan Paul Ltd., 1955.

Ludwig Wittgenstein, *Philosophical Investigations*, The Mcmillan Company, 1964.

Ludwig Wittgenstein, *Philosophical Remarks*. Ed. R. Rhees. Trans. R. Hargreaves and R. White, Basil Blackwell, 1964.

Ludwig Wittgenstein, *Remarks on the Foundations of Mathematics*, Ed. G.H. von Wright, Rush Rhees and G.E.M. Anscombe, trans. G.E.M. Anscombe, Basil Blackwell, 1975.

Lynda Davies and Paul Ledington, *Information in Action: Soft Systems Methodology*, Macmillan Education LTD, 1991.

Mark Hatch, *The Maker Movement Manifesto: Rules for innovation in the New World of Crafters*, New York: McGraw-Hill, 2013.

Mark Poster, *The Mode of Information: Post-structuralism and Social Context*, Polity Press, 1990.

Marvin Minsky, *The Society of Mind*, New York: Simon & Schuster, 1985.

Matthias Klusch, Sonia Bergamaschi, Pete Edwards, Paolo Petta Eds., *Intelligent Information Agents: The AgentLink Perspective*, Springer-Verlag Berlin Heidelberg, 2003.

Matthias Klusch, Michal Pechoucek, Axel Polleres Eds., *Cooperative Information Agents XII*, Berlin: Springer-Verlag Berlin Heidelberg, 2008.

Max H. Boisot, Ian C. MacMillan, and Kyeong Seok Han, *Explorations in Information Space: Knowledge, Agents, and Organization*, New York: Oxford University Press Inc., 2007.

Michel Foucault, *The Order of Things: An Archaeology of the Human Sciences*, London and New York, Routledge, 1989.

Mike Sharples ect., *Innovation Pedagogy*, The Open University Innovation Report 2, 2013.

Nicholas Negroponte, *Being-Digital*, London: Hodder & Stoughton, 1995.

Norbert Wiener: *Cybernetic, or Control and Communication in the Animal and the Machine*, second edition, Cambridge: the M.I.T. Press, 1985.

Paul Beynon-Davies, *Significance: Exploring the Nature of Information, Systems and Technology*, Palgrave Macmillan, 2011.

Peter Janich, *What Is Information?* Translated by Eric Hayot and Lea Pao, University of Minnesota Press, Minneaplis London, 2018.

Philippe Aigrain, *Sharing: Culture and the Economy in the Internet Age*, Amsterdam: Amsterdam University Press, 2012.

Reijo Savolainen, Information Need as Trigger and Driver of Information Seeking: A Conceptual Analysis. *Aslib Journal of Information Management*, 69(1), 2017, pp.2—21.

Richard Lynn, *Race Differences in Intelligence An Evolutionary Analysis*, Augusta: Washington Summit Publishers, 2006.

Richard Terdiman, *Discourse/Counter-Discourse: The Theory and Practice of Symbolic Resistance in Nineteenth-Century France*, Cornell University Press, 1985.

Roger Brown, The Changing Economic Environment Access vs Ownership: Access Where? Own What? —A Corporate View, *Serials*, Vol.8, No.2, 1995.

Rolf Landauer, Information is a Physical Entity, *Physica A: Statistical Mechanics and its Applications*, Volume 263, Issues 1—4, 1 February 1999.

Sander Klous, Nart Wielaard, *We Are Big Data: The Future of the Information Society*, Atlantis Press, 2016.

Scott J. Muller, *Asymmetry: The Foundation of Information*, Berlin: Springer-Verlag Berlin Heidelberg, 2007.

Shoshana Zuboff, Obama, Merkel, and the Bridge to an Information Civilization, *Frankfurter Allgemeine Zeitung* GmbH, 17.01. 2014.

Shoshana Zuboff, Big Other: Surveillance Capitalism and the Prospects of an Information Civilization, *Journal of Information Technology*, No.30, 2015, pp.75—89.

Shoshana Zuboff, *Master or Slave? The Fight for the Soul of Our Information Civilization*, New York: Public Affairs, 2017.

Tadashi Takenouchi, Information Ethics as Information Ecology: Connecting Frankl's Thought and Fundamental Informatics, *Ethics and Information Technology*, No.8, 2006, pp.187—193.

Thomas H. Davenport, *Information Ecology: Mastering the Information and Knowledge Environment*, New York: Oxford University Press, 1997.

Tom Stonier, *Information and the Internal Structure of the Universe: An Exploration into Information Physics*. London: Springer-Verlag, 1990.

Weiming Shen, Douglas H. Norrie and Jean-Paul A. Barthès, *Multi-Agent Systems for Concurrent Intelligent Design and Manufacturing*, New York: Taylor & Francis Inc, 2005.

Will Dabney, Zeb Kurth-Nelson, Naoshige Uchida et al., A Distributional Code for Value in Dopamine-based Reinforcement Learning, *Nature* 577, 671—675(2020).

Viktor Mayer-Schönberger, Kenneth Cukier, *Big data: A Revolution that Will Transform How We Live, Work and Think*, New York: Houghton Mifflin Harcourt, 2013.

Xiwei Wang etc., Information Ecology Research: Past, Present, and Future, *Information Technology Management*, No.18, 2017, pp.27—39.

图书在版编目(CIP)数据

信息文明与中国发展/王天恩著.—上海:上海人民出版社,2021
(智能时代的马克思主义研究)
ISBN 978-7-208-17392-7

Ⅰ.①信… Ⅱ.①王… Ⅲ.①信息化社会-研究-中国 ②发展战略-研究-中国 Ⅳ.①G201 ②D60

中国版本图书馆 CIP 数据核字(2021)第 215327 号

责任编辑 陈佳妮
封面设计 陈绿竞

智能时代的马克思主义研究
信息文明与中国发展
王天恩 著

出　　版 上海人民出版社
(201101 上海市闵行区号景路 159 弄 C 座)
发　　行 上海人民出版社发行中心
印　　刷 上海商务联西印刷有限公司
开　　本 720×1000 1/16
印　　张 16.25
插　　页 2
字　　数 235,000
版　　次 2021 年 11 月第 1 版
印　　次 2021 年 11 月第 1 次印刷
ISBN 978-7-208-17392-7/D·3854
定　　价 72.00 元